L. Mongin

(Couronné — La Cour (illis.))

1683

TOULON

SA RADE, SON PORT, SON ARSENAL

SON ANCIEN BAGNE

I0129887

A. LIONS, Éditeur, TOULON

L. MONGIN

TOULON

Sa Rade, son Port, son Arsenal

Son Ancien Bagne

TOULON

IMPRIMERIE ANDRÉ LIONS, ROUTE DE LA VALETTE, 148

1904

A LA MÉMOIRE

de mon bisaïeul Claude *MONGIN* et de tous les
Toulonnais qui, en 1793, restèrent fidèles à la
Patrie,

je dédie ce livre.

DU MÊME AUTEUR :

Toulon Ancien et ses Rues

deux volumes grand in-8°

POUR PARAITRE PROCHAINEMENT

Théâtre :

Un Souper sous la Terreur à Toulon

page d'histoire en quatre actes

EN PRÉPARATION

Histoire :

TOULON DEVANT L'HISTOIRE

Le grand poëte provençal Frédéric Mistral
nous a adressé, à l'occasion de nos études sur
Toulon, la lettre suivante :

Cher Confrère

*Je m'empresse de vous dire que j'ai lu avec grand
intérêt votre excellent ouvrage* Toulon Ancien et ses Rues.
*Votre travail consciencieux est la classification de tout le
passé toulonnais. La période révolutionnaire y est palpi-
tante de vie et de réalité. Je vous adresse mes vives
félicitations. Vous avez fait œuvre de bon patriote et de
sincère historien, et vous avez bien mérité de votre cité
natale.*

Il me tarde de lire dans votre troisième volume
Toulon, sa Rade, son Port, son Arsenal, son ancien
Bagne, *la description de cet arsenal et de ce bagne que
j'ai visités dans ma jeunesse, vers 1851. Ce souvenir me
suggéra un épisode de mon* Poëme du Rhône, *la descente
de ce fleuve par « une chaîne de forçats ». Je vous envoie
ce passage, texte et traduction.*

Tout à vous,

F. MISTRAL.

Maillane.

NOTE DE L'AUTEUR. — Cet épisode « une chaîne de forçats » est
relaté à la fin du chapitre de l'ancien bagne.

PRÉFACE

Pour déférer au désir que nous ont témoigné nos concitoyens, nous complétons aujourd'hui notre ouvrage « Toulon Ancien et ses Rues » par l'histoire de sa Rade, de son Port, de son Arsenal et de son ancien Bagne.

Nommer Toulon ce n'est pas seulement faire revivre Telo Martius et la petite cité du Moyen-Age. C'est aussi et surtout saluer la ville moderne si admirablement fortifiée et son port auquel se rattache une bonne part du passé maritime de la France ; c'est rappeler son lac bleu, ses rivages si hardis et si gracieux, ses collines dont les chaînes capricieuses festonnent ce littoral incomparable ; sa rade merveilleuse qui est le plus précieux joyau de la Méditerranée française ; c'est évoquer les immortelles figures de Pierre Puget et de Vauban qui planent sur son arsenal conçu et créé par leur génie ; c'est enfin éveiller le souvenir de son ancien bagne : lieu d'esclavage, de misères et de souffrances.

Combien de fois nous avons parcouru cette côte lumineuse que la richesse de son terroir, la séduction de son climat et l'éclat de sa flore ont fait surnommer la Provence dans la Provence. Combien de fois encore nous avons contemplé d'une montagne environnante ce bassin féerique qui offre une harmonie si parfaite entre le ciel, la mer et la verdure. Nous nous plaisions à laisser notre regard se perdre sur cette mer intérieure célèbre

entre toutes ; nous aimions à songer que toute l'antiquité
avait passé sur cette terre de soleil et de lumière ; que les
riches familles patriciennes de Rome avaient fait de ce
littoral enchanteur le lieu de leur résidence, que les peuples
barbares avaient, à maintes reprises, occupé ce pays sans
jamais parvenir à s'en emparer. . . . .

. . . .

Mais ce ciel à l'azur presque éternel, cette mer
étincelante et sans ride tant que l'impétueux mistral ne
vient pas la bouleverser, cette nature si pittoresque et si
charmante, cet arsenal berceau de toutes les flottes qui ont
porté avec tant de gloire, sur tous les Océans, l'emblème
sacré de la Patrie, ont été les témoins de scènes d'horreur,
au moment où tous des Français aveuglés par la haine
des partis ont fait appel à l'étranger pour triompher d'une
Assemblée légalement élue et représentant la France.

Quoi qu'il pût nous en coûter de rappeler des jours
sur lesquels notre âme de Français voudrait jeter le voile
de l'oubli, de prononcer des noms dont plus d'un est
accompagné aujourd'hui de l'estime publique, nous avons
pensé que l'Histoire elle aussi avait ses droits, qu'elle
devait les revendiquer sans éclat mais sans faiblesse, tout
en laissant au bon sens de chacun le jugement définitif
qu'il convient de porter sur des défaillances qui datent de
plus d'un siècle et qui ne sauraient, en notre temps de
responsabilité personnelle, atteindre les réputations les
plus respectables.

C'est assez dire dans quel esprit nous avons écrit ce
livre. Nous y avons mis tout l'amour qu'un citoyen peut
porter à sa ville natale, nous enorgueillissant de ses gloires
et de ses prospérités, et partageant également toutes ses
tristesses et toutes ses douleurs . . . .

. . . .

En terminant j'ai le devoir de remercier publiquement la Municipalité de Toulon et le Conseil général du Var des subventions qu'ils m'ont si généreusement allouées.

J'adresse aussi, avec une gratitude toute spéciale, mes remerciements à M. Roure, adjoint délégué à l'Instruction publique et aux Beaux-Arts qui a soutenu et encouragé mon labeur ; à M. le vice-amiral Bienaimé, commandant en chef, préfet maritime à Toulon, qui m'a autorisé, avec une parfaite bienveillance, à visiter en détail notre arsenal et en compulser toutes les archives ; à MM. Noir, chef d'escadron d'artillerie de la guerre ; Desbans, lieutenant de vaisseau, chargé du service des Cartes du Ve arrondissement maritime ; J. David, adjoint principal de la marine ; à mon excellent ami Antoine Esclangon, le distingué félibre toulonnais pour les renseignements de toutes sortes qui m'ont été gracieusement fournis ; enfin à la Presse locale et régionale qui m'a toujours prodigalement accordé son précieux concours.

L. MONGIN

INTRODUCTION

Assis sur un terrain légèrement incliné vers la mer
et au pied du versant méridional de hautes collines
calcaires, Toulon est situé au fond d'une double rade
qui lui donne son importance exceptionnelle.

Malgré sa situation privilégiée, Toulon ne fut pourtant, pendant de longs siècles, qu'un bourg maritime (1).
Toutefois, quelques rares documents (2) échappés à
l'action destructive du temps et des hommes, nous
apprennent que *Telo Martius* était, au commencement
de notre ère, une cité assez florissante du littoral
méditerranéen.

Au IIe siècle, cette cité avait déjà fixé l'attention des
empereurs de Rome : elle était une station maritime

---

(1) Nous renvoyons le lecteur à notre ouvrage *Toulon Ancien
et ses Rues* pour tout ce qui est relatif aux origines et aux fortifications
de la Ville.

(2) L'Itinéraire maritime d'Antonin, la notice de l'Empire, et la
lettre synodique adressée à Saint-Léon par les évêques des Gaules.

très fréquentée, où les courriers de la côte s'arrêtaient pour prendre et déposer des passagers, échanger la correspondance et embarquer ou débarquer des marchandises. C'est dans les criques de sa rade que ces bateaux, qui ne naviguaient que de jour, mouillaient de préférence, le soir, au coucher du soleil, ou qu'ils venaient chercher un abri lorsque le terrible Circius (1) soufflait en tempête.

Dans ces temps lointains, la partie de la côte, comprise entre Fréjus et Arles, était encore dépourvue de ce réseau de voies de communication, qui devait relier plus tard toutes les villes du littoral, non seulement entre elles, mais aussi avec la métropole. Pour y suppléer, les Romains avaient utilisé de bonne heure la mer comme la route la plus sûre et la plus directe.

---

(1) Le *Mistral* : « Ce vent était célèbre dans l'antiquité. Strabon « parle d'un vent terrible qui, dans les plaines de La Crau, soulevait « les pierres, précipitait les gens de dessus les chars et dont la « violence était telle qu'elle les dépouillait parfois de leurs vêtements. « Ce vent n'est autre que le Mistral qui, il faut le reconnaître, ne « souffle que rarement avec autant de force.

« Pline le nomme *Circius* : « *clarissimus ventorum*, dit-il, *nec ulli « violentiâ inferior »* ; et il ajoute qu'il est particulier à la province « narbonnaise, qu'il n'arrive pas même jusqu'à la Viennoise.

« Solery raconte qu'en 1556 et 1569 « il renversa une très « grande quantité de bastides en la campagne, et de maisons dans les « villes. »

« Bouche dit que « ce merveilleux vent est vulgairement dit « *meistral* comme *magistral*, étant le maître, par sa grande violence, « de tous les autres vents.

« Mais s'il occasionne parfois des accidents sur terre et des « sinistres en mer, il faut reconnaître que le mistral exerce une « action très favorable au point de vue de la salubrité du climat de la « Provence.

« Sénèque rapporte que César-Auguste étant en Gaule, fit « dresser un temple en son honneur, à raison des bienfaits qu'il « procure au climat de cette province. »

Ports maritimes de la France. Ministère des Travaux Publics : Tome VII.

Doté vers le IVᵉ siècle d'une teinturerie en pourpre, *Telo Martius* ne tardait pas à s'élever au rang des principales villes manufacturières de l'empire. Un mouvement incessant régnait dans la petite colonie laborieuse et prospère, et sa rade était continuellement sillonnée par les galères qui apportaient les étoffes brutes et emportaient les étoffes teintes. Déjà *Telo Martius* rivalisait d'activité avec Massillia, sa puissante voisine.

Plusieurs historiens pensent que le port de *Telo Martius* et l'établissement de la teinturerie devaient se trouver dans la partie de Castigneau qui avoisine l'ancienne boulangerie de la marine (1). Cette opinion que nous partageons entièrement est toute naturelle, si l'on songe que primitivement les eaux de la vallée de Dardennes arrivaient librement et en grande abondance dans la plaine de Castigneau, et la transformaient en un vaste marais. Les Romains n'avaient eu donc à exécuter que quelques petits travaux de canalisation pour amener les eaux dans l'établissement impérial. De plus, les restes de quais et de substructions antiques découverts à Castigneau au XVIIIᵉ siècle (2), paraissent confirmer pleinement les suppositions de ces historiens.

---

(1) Voici ce que dit le P. Isnard, cité par M. G. Lambert dans son Histoire de Toulon :

« L'an 1558, le premier jour du mois de décembre, dans une
« terre proche l'église Notre-Dame d'Entrevignes, comme l'on
« exécutait à creuser les fossés pour planter une vigne muscate, l'on
« découvrit, sous la terre, les fondements de plusieurs maysons, et
« entre autres une de dix cannes carrées, et dans ces vieux fondements mesmement des estuves. »

Nous ajouterons que la grande avenue de Castigneau a été tracée dans l'ancien quartier d'Entrevignes.

(2) « M. Niquet, directeur des fortifications, écrivait le 3 décembre
« 1709, à M. le Ministre de la guerre, que dans les fouilles faites
« autour de Toulon pour essayer les terrains les plus favorables à
« l'agrandissement de cette ville, il avait trouvé à Castigneau des
« restes de quai, de construction romaine. »

2

En se fixant sur notre littoral, les Romains trouvèrent, sur ce point du rivage, un étroit bras de mer (1)
qui s'avançait assez loin dans l'intérieur des terres. Ils
l'approfondirent, le bordèrent d'un quai et en firent un
petit port à l'extrémité duquel furent édifiés les ateliers
de la teinturerie.

Par contre, il serait téméraire de croire avec M. le
comte d'Aumale, directeur des fortifications de Toulon,
en 1774, qu'un arsenal était attenant à ces ateliers (2).
Jusqu'à ce jour, rien n'est venu justifier l'existence d'un
arsenal romain dans ces parages.

Au Vᵉ siècle, *Telo Martius* est un centre populeux,
industriel et civilisé. Tout à coup s'ouvre pour ses
destinées une ère de désastres, ère appelée, avec juste
raison, *période sarrasine*. Sous le flot toujours montant
de ses envahisseurs, la malheureuse cité disparaît du
sol de la Provence, et ce coin de rivage, naguère encore
si prospère, n'est plus qu'un amoncellement de ruines.
Les calanques de ses côtes, autrefois lieux de relâche
pour les galères romaines, sont maintenant des points
de refuge pour les barques des pirates. Son territoire
abandonné est couvert de ronces.

Tristes et longs, les siècles passent et se succèdent
sur cette contrée redevenue sauvage et silencieuse. Seul
le murmure monotone et continuel du flot expirant
sur la grève retentit dans cette âpre solitude, comme
une plaintive mélopée sans fin.

Mais les Sarrasins sont à jamais vaincus et chassés
de leurs repaires. L'atmosphère de deuil se dissipe, et

-----

(1) Le canal actuel de la Boulangerie.

(2) Le 18 septembre 1774, M. le comte d'Aumale écrivait au
Ministre de la guerre une lettre dans laquelle il lui disait :

« Des débris de quai trouvés à diverses époques, même assez
« avant dans les terres, donnent à penser qu'un arsenal y était
« attenant, et sans prétendre qu'il avait l'importance de celui de
« Fréjus, qu'il contenait néanmoins des ateliers de construction, des
« chantiers de radoub et des magasins pour la marine. »

Toulon, sortant de ses cendres, revient à la vie. Toutefois, cette résurrection se fit lentement, car à la fin du Moyen-âge, Toulon n'est encore qu'une humble bourgade perdue sur les bords de la Méditerranée et exposée sans cesse aux entreprises de ses ennemis.

Ses habitants, forcés de tenir constamment la mer pour surveiller la côte, étaient devenus, à ce rude labeur, des marins habiles.

Cet état permanent d'hostilités qui tenait nos ancêtres éloignés de leurs champs, et les empêchait de les cultiver, les difficultés innombrables qu'ils éprouvaient à se ravitailler, enfin la terrible perspective d'une disette toujours prochaine, en avaient fait aussi des pirates audacieux. Nous devons nous empresser de dire, pour excuser nos aïeux, que les mœurs primitives et les besoins impérieux de ces temps, faisaient considérer la piraterie comme une industrie toute naturelle et même légale. Nous ajouterons encore que les Toulonnais se croyaient autorisés à se livrer à ces actes, en vertu de deux privilèges très anciens qui leur permettaient de « saisir, en temps de disette, le blé nécessaire à la « nourriture des habitants, tant sur terre que sur « mer. » (1).

Quoi qu'il en soit, Toulon avait, comme toutes les villes du littoral, des galères qui, munies de lettres dites de *marque* et délivrées par la commune, allaient arrêter au large les navires de commerce. La piraterie s'exerçait non seulement avec l'assentiment des magistrats municipaux, mais aussi quelquefois avec leur concours personnel. C'est ainsi qu'au mois d'octobre 1346, le Conseil

(1) Archives communales. HH. 9.
Ces mœurs n'avaient pas encore tout à fait disparu dans la première moitié du XVIIᵉ siècle. Nous lisons en effet dans le registre des délibérations de 1649, « qu'il sera armé une galère de sa Majesté « pour amener au port les barques chargées de blé que l'on rencon-« trera sur la côte. » Archives communales. BB. 60.

de la Communauté, à la veille d'une famine, avait armé en course une galère et quelques petits bâtiments en vue d'une expédition de ce genre. Le 16 novembre de la même année, une flûte ayant été signalée dans les parages des îles d'Hyères, le bailli et huit conseillers n'hésitèrent pas à s'embarquer sur la galère, à se porter à la rencontre de la flûte et à l'amener « manu armatâ » devant Toulon.

Ces mœurs, loin d'être particulières aux Toulonnais, étaient communes à toutes les populations côtières voisines. Nous en trouvons la preuve dans les nombreux traités de paix passés au XIIIe siècle, non seulement entre les diverses cités maritimes provençales, mais encore entre celles-ci et les villes du Languedoc et même de l'Italie (1). Mais la piraterie était trop dans les habitudes des populations pour que ces dernières pussent respecter bien longtemps les traités signés par leurs représentants. Les documents parvenus jusqu'à nous mentionnent que les cités les plus acharnées à se livrer aux expéditions sur mer, furent celles de Gênes et de Toulon dont les navires se faisaient une guerre continuelle.

A la fin du XVe siècle, Toulon était encore un centre d'armement et de ravitaillement pour les pirates, qui y trouvaient un refuge assuré et des débouchés avantageux pour le produit de leurs brigandages. De plus — et nous devons en faire l'aveu — Toulon était devenu un marché très actif d'esclaves, conséquence forcée de la piraterie à laquelle notre ville se livrait.

Mais les faits de violence se succédèrent si fréquemment et avec une telle audace, que les syndics de Toulon

---

(1) « La piraterie qu'a seule pu réduire l'organisation ou la « réorganisation des marines d'Etat, était tellement dans les mœurs « maritimes au Moyen-Age, qu'il y avait à Gênes une sorte de bureau « où se traitaient des affaires se rapportant aux dépradations commises « en mer ». M. J. Fournier, archiviste-adjoint des Bouches-du-Rhône. *La Marine militaire à Marseille sous les comtes de Provence.*

eux-mêmes s'en émurent et demandèrent instamment au prince Charles de Tarente, vice-roi des Comtés de Provence et de Forcalquier, d'y mettre un terme.

En présence des entraves sans nombre que ce prince ne tarde pas à apporter aux actes de piraterie (1), et au contact d'une civilisation toujours plus avancée, Toulon se dépouille de ses mœurs barbares. D'autre part, la royauté daignant jeter les yeux sur cette baie sans égale dont la nature avait doté la France, se décide à en tirer profit. Successivement, la rade est mise en état de défense, le port est creusé et encadré de quais, et l'arsenal est créé. Et tandis que s'accomplissent ces premiers travaux, précurseurs d'autres vraiment gigantesques qui doivent faire de Toulon un des plus beaux ports de guerre, la petite bourgade s'agrandit et se fortifie en même temps que se développe son importance maritime. Enfin, sous l'effet d'une sorte de révélation de la grandeur future de leur cité, les Toulonnais, ces hardis pirates d'autrefois, se transforment en vaillants corsaires et viennent mettre au service de la Patrie leur courage, leur dévouement et leur science consommée des choses de la mer.

Dès ce moment, un rayon de gloire qui ne s'obscurcira qu'un seul instant, en 1793, resplendit sur Toulon; et cette ville, désormais l'orgueil de notre belle Provence, devient la sentinelle vigilante, préposée à la garde du lac méditerranéen, de ce vaste échiquier politique, où doivent se jouer un jour les destinées du monde (2).

---

(1) Le 30 décembre 1402, Charles de Tarente « ordonne aux « officiers royaux de Toulon de ne plus recevoir à l'avenir, sous « peine d'une amende de 100 marcs d'argent fin, les pirates et « forbans, ni le produit de leurs vols et pillages ». Archives communales. *Livre rouge.*

(2) La valeur stratégique de Toulon a été encore augmentée par la création de l'arsenal de Bizerte, ces deux places se prêtant un mutuel appui.

CHAPITRE I

La Rade de Toulon

Dans toute la Méditerranée, il est peu de spectacles plus imposants que celui de la rade de Toulon, contemplée, par une belle journée, du sommet de la colline du cap Cépet. De ce point, le regard embrasse en entier l'admirable découpure de l'extrême pointe méridionale de cette partie de la France.

C'est d'abord la haute mer qui se déploie majestueusement, avec ses horizons infinis sur lesquels se détache tantôt un bateau à vapeur enveloppé d'un panache de fumée, tantôt un navire de commerce naviguant toutes voiles dehors. Puis, c'est la nappe d'eau vaste et bleue qui, s'enfonçant dans l'intérieur des terres entre le cap Cépet et la pointe de Carqueiranne, fuit, en s'arrondissant, vers l'anse où repose la petite ville de La Seyne. Tout l'azur du ciel incomparable de la Provence semble se refléter, avec une orgueilleuse ivresse, dans ce lac étincelant où le soleil se brise en sillons lumineux. Parfois, comme pour faire diversion au tableau ensoleillé qui éblouit la vue, apparaît, sur le fond bleu de la voûte céleste, et semblable à un vol de mouettes étroitement rassemblées, un nuage d'une blancheur éclatante;

et son image promenée au gré de la brise, glisse sur les flots miroitants, laissant après elle comme un sillage argenté.

Dans le lointain, c'est la presqu'île de Giens avec sa bordure d'écueils, les îles d'Hyères qui paraissent dormir au milieu des brumes violacées et vaporeuses de l'horizon. En face, le paysage enchanteur de la côte avec son rivage capricieux, festonné de rochers pittoresques, de criques riantes, et surplombé, en certains endroits, de falaises bizarrement creusées. Au-dessus du rivage et dans les collines boisées qui l'encadrent, des bastides et de coquettes villas émergeant de la verdure des pins et des chênes, comme autant de silhouettes blanches et gaies. Çà et là, des parterres onduleux et grisâtres d'oliviers. De loin en loin, des sentiers tracés en zigzags et descendant jusque sur les bords de la mer.

A l'Est, au Nord, à l'Ouest, comme fond du décor imposant de ce magnifique panorama, une haute ceinture de montagnes couronnées de forts, estompées, par endroits, d'une verdure de pins clairsemés, et revêtant ces douces teintes grises et légèrement bleues particulières aux rochers de la Provence : tout cet ensemble grandiose de beautés naturelles et d'ouvrages militaires qui respirent à la fois tant de puissance au repos et de calme dans la force.

A l'Est, c'est la montagne du Coudon avec son pic original et caractéristique, et son escarpement en forme d'immense éperon. Fièrement projeté comme un gigantesque promontoire, le Coudon sert de point de repère à toute la Provence côtière.

Au Nord, la chaîne du Faron, masse abrupte aux assises puissantes et à la crête mouvementée, contre laquelle est adossée la ville de Toulon. Ce massif, coupé de profondes fractures qui le divisent, pour ainsi dire, en autant de massifs distincts, est hérissé d'ouvrages fortifiés, quelques-uns d'entre eux très anciens et pour la possession desquels se livrèrent, en 1793, des combats sanglants.

A l'Ouest, les monts de Caoume et du Baou de
quatre heures dont les sommets transformés en véritables citadelles, dominent tout le système défensif de
Toulon. Entre les montagnes de Caoume et de Faron,
la riante vallée de Dardennes où se trouvent les sources
pures et abondantes qui alimentent les fontaines de la
Ville. Au fond de cette vallée et accroché comme un
aire au sommet d'un vert coteau, le paisible village du
Revest, flanqué de sa vieille tour carrée. A l'extrémité
Ouest de l'escarpement du Baou de quatre heures, les
Gorges d'Ollioules, long défilé étroit, tortueux, aride et
sauvage.

Au Sud-Ouest, la montagne fortifiée de Six-Fours
qui surveille la haute mer.

Au Sud, les collines boisées du cap Sicié et du cap
Cépet qui dissimulent, sous leur épais manteau de
verdure, de nombreuses et puissantes batteries.

Sur le rivage occidental de la Rade, la ville de La
Seyne avec ses chantiers de constructions navales, les
plus grands, peut-être, qui existent en Europe.

Plus loin, Tamaris, une des plus ravissantes stations
d'hiver et d'été : au-dessous de Tamaris, les Sablettes,
avec sa superbe et éblouissante plage de sable.

Enfin, au Nord, le port de Toulon, l'arsenal maritime, et la ville avec ses hautes maisons blanches aux
toits rouges.

La rade de Toulon, une des plus sûres du monde,
constitue le joyau le plus beau et le plus précieux de la
Méditerranée (1). Dans le sens de la longueur, elle mesure
un peu plus de 6 milles marins, et sa largueur moyenne
est de 1 mille et demi. Son ouvert compte 3 milles
environ.

(1) « La rade de Toulon est la plus belle et la plus excellente de
« la Méditerranée, de l'aveu de toutes les nations. » Premier mémoire
de Vauban, 9 mars 1679.

Considérée dans son ensemble, elle se divise en deux parties bien distinctes : la Grande et la Petite Rade.

La première s'ouvre entre le cap Cépet et la pointe de Carqueiranne et s'arrête aux jetées ; la seconde prend naissance entre les musoirs de la Grande Jetée et de la jetée de Saint-Mandrier pour se poursuivre, sous le nom de baie de La Seyne, jusqu'au pied de cette ville. La Petite Rade et la baie de La Seyne sont virtuellement démarquées par une ligne droite qui joindrait le Bois-Sacré et la poudrière de Lagoubran.

Avant la construction des jetées, en 1878, la Grande Rade se terminait au Goulet (1) formé par le fort de l'Aiguillette et la Grosse Tour, et la Petite Rade commençait à ce goulet même. Par suite de la modification que ce barrage a apportée à l'étendue respective des deux rades, toute la plaine liquide, comprise entre le goulet et les jetées, c'est-à-dire l'anse du Cros Saint-Georges et la baie du Lazaret, se trouve englobée dans la Petite Rade.

La Grande Rade offre dans l'échancrure dessinée par sa côte Est et dénommée rade des Vignettes, un très bon mouillage aux bâtiments de toute grandeur qui cherchent un abri contre les vents d'Ouest. Quant à la Petite Rade, elle est protégée par un rideau presque circulaire de collines contre les vents qui soufflent depuis l'Est jusqu'à l'Ouest en passant par le Nord, et par les jetées et l'isthme des Sablettes qui la défendent contre les lames creuses et dures du large. Aussi assure-t-elle non seulement dans la partie qui constitue la Petite Rade proprement dite (2), mais encore dans l'anse du Cros Saint-Georges et la baie du Lazaret (3), un

---

(1) Aujourd'hui le Goulet se trouve moralement reculé jusqu'à la passe formée par la Grande Jetée et la jetée de Saint-Mandrier.

(2) Cette nappe d'eau est circonscrite par la poudrière de Lagoubran, le Bois-Sacré, le fort de l'Aiguillette et la Grosse Tour.

(3) Dans la baie du Lazaret il est interdit de mouiller à l'Est de l'alignement : Pointe de la Vieille. — Tour de Balaguier.

excellent refuge aux navires de commerce surpris par le mauvais temps dans les parages du cap Cépet.

La profondeur moyenne de la Petite Rade est d'environ 10 mètres : dans certaines fosses (1), elle atteint 22 mètres. La baie de La Seyne, au contraire, est très peu profonde, 3 mètres en moyenne, sauf dans le chenal d'accès du port de cette ville qui a été draguée à 7 mètres.

La Petite Rade est parsemée dans presque toute son étendue de coffres, de tonnes et de corps morts affectés à des destinations différentes, savoir :

7 coffres servent à la régulation des compas et aux essais au point fixe ;

23 corps morts réservés exclusivement aux vaisseaux de guerre pour s'amarrer ;

8 tonnes blanches jalonnant la partie de la rade où se font les expériences de torpilles ;

3 tonnes rouges et une blanche indiquant le chenal qui conduit au petit bassin des artifices de la Pyrotechnie ;

10 coffres de touage (2) en bois et distingués par des numéros suivis de la lettre T ;

6 coffres rouges marqués D. P. (3) et servant pour les besoins de la Direction du Port.

Les bâtiments de commerce n'ont pas le droit de prendre les corps morts de la rade : ceux qui entrent en relâche doivent mouiller soit entre la Darse-Vieille et le Port-Marchand, soit entre la Chaîne-Vieille et la Chaîne-Neuve. Seuls les bateaux de plaisance peuvent, avec l'autorisation du préfet maritime et en l'absence de l'escadre, se servir des corps morts.

---

(1) Hauts-fonds.
(2) Action de haler un bâtiment.
(3) Direction du port.

Enfin, il existe sur la Petite Rade trois balises, dont deux rouges qui servent à faire éviter le banc de l'Ane, et une noire qui indique qu'il faut s'écarter de la pointe de l'Aiguillette.

Les vents prédominants sur la rade de Toulon sont :
En été :

1° Les vents de l'Ouest au Nord. Le plus connu d'entre eux est celui de Nord-Ouest, dit Mistral, qui personnifie en Provence tous les vents de cette partie de la Rose et qui, du reste, lui a donné son nom.

2° Les vents d'Est et de Nord-Est qui prennent souvent l'allure de vents *solaires*. Ces vents sont ainsi appelés parce que leur force varie avec la hauteur du soleil au-dessus de l'horizon. Ils commencent, le matin, un peu après le lever du soleil, augmentent à mesure que celui-ci s'élève, puis mollissent et tombent insensiblement à mesure que le jour disparaît.

En hiver :

Le Mistral, qui durant cette saison est d'une très grande violence ; il peut durer trois, six et même neuf jours. Lorsque les vents de Nord-Ouest passent au Sud-Ouest, ils deviennent dangereux pour les navires qui se trouvent dans les parages de la côte.

Les vents de Sud-Est, presque toujours pluvieux, n'ont généralement pas la force des vents d'Ouest ; mais ils sont plus tenaces, et lorsqu'ils soufflent par rafales, se montrent tout aussi redoutables.

Les coups de vents du Sud sont rares et ne durent pas plus de deux jours.

Par une belle journée, en hiver principalement, un phénomène assez fréquent se produit en rade. Alors que l'air est calme et la mer plate, un *cumulo-nimbus* (1)

(1) Nuage lourd, épais et de teinte grise.

dévalant soudain des collines du Nord, vient obscurcir le soleil. Une variation subite de la pression atmosphérique donne aussitôt naissance à une forte brise qui change complètement l'aspect de l'immense nappe d'eau. C'est un grain (1) qui s'abat. La mer se met à moutonner, les vagues déferlent et les embruns jaillissent en poussière impalpable et nacrée. A partir de ce moment, les canots à la voile doivent veiller au grain, car les risées sont brusques et risquent de donner des inclinaisons dangereuses pour la stabilité des embarcations.

Les marées sont fort peu sensibles sur les côtes de Toulon. L'amplitude des oscillations au-dessus et au-dessous du niveau moyen peut cependant, dans certaines circonstances, atteindre près de 0ᵐ50. Ces dénivellations relativement élevées sont dues, d'une part à l'attraction luni-solaire, et d'autre part à l'influence des vents régnants. En général, le niveau monte par des vents de Sud-Est et descend par ceux de Nord-Ouest.

Les courants sont peu appréciables et suivent presque toujours la direction du vent. Les plus fréquents sont ceux qui portent à l'Ouest.

Il n'est pas hors de propos de mentionner ici que l'observatoire de la marine à Toulon signale l'heure aux bâtiments sur rade au moyen d'une boule noire. Chaque jour, la boule est hissée à 9 h. 55 en tête d'un mât élevé sur la terrasse de l'établissement, et sa chûte a lieu à 10 heures (temps moyen de Paris). On la remonte aussitôt pour la laisser retomber à 10 h. 2 m. (2).

(1) Coup de vent subit, violent, de peu de durée et mêlé de pluie. Du bas latin *gradinare*, tomber comme la grêle.

(2) Avant d'être édifié sur le boulevard de Strasbourg, l'observatoire de la marine se trouvait situé, depuis 1719, au-dessus du deuxième étage de l'hôpital maritime de Toulon.

Nous terminerons ce rapide aperçu en mentionnant qu'il fut un instant question, en 1856, de relier la Petite Rade de Toulon avec la baie de Sanary, qui occupe, à l'Ouest de la presqu'île de Sicié, l'espace compris entre la pointe de la Cride et le petit archipel des Ambiers. Sur le rapport des ingénieurs, chargés de l'examen de cette question, on ne donna aucune suite au projet qui, s'il présentait une certaine importance relativement à la défense du port de Toulon, n'offrait au contraire qu'un médiocre intérêt au point de vue commercial.

Au commencement du XVIᵉ siècle encore, la rade de Toulon, qui n'était défendue par aucun ouvrage fortifié, se trouvait complètement ouverte aux flottes ennemies. Quant à la ville, elle n'avait pour résister aux expéditions maritimes dirigées contre elle, qu'une muraille construite du côté de la mer et flanquée de tours. La principale de ces tours était celle du Casteou de la Mar (1). Aussi, c'est par la mer que Toulon avait eu à subir jusqu'à ce jour les agressions les plus désastreuses.

Sur les instances de la Province, justement soucieuse de mettre désormais cette ville à l'abri d'une attaque par mer, Louis XII ordonna, en 1513, la construction de la Grosse-Tour. Ses successeurs, complétant cette œuvre de défense, firent élever d'autres fortifications, soit autour de la ville, soit sur la côte même. A ces ouvrages aujourd'hui déclassés ont succédé des forts et des batteries qui se prêtent admirablement aux exigences de la guerre moderne, et qui assurent d'une manière

---

(1) Château de la Mer.

parfaite la défense de la place et de la rade. De plus,
les progrès de l'artillerie ont transformé en bastions
naturels les hautes collines qui dominent la ville de
Toulon au Nord et qui la flanquent à l'Est, à l'Ouest et
au Sud.

Au cours de la promenade que nous allons entreprendre autour de la rade, nous rencontrerons à chaque
pas soit un fort ancien ou moderne, soit des ouvrages
fortifiés de création récente, soit enfin l'emplacement de
quelque batterie disparue depuis longtemps.

Par un sentiment de patriotisme que tous nos concitoyens comprendront, nous nous ferons un devoir de ne
point parler des moyens de défense actuels, dans la
crainte d'encourir le grave reproche d'avoir commis des
indiscrétions coupables.

Nous nous bornerons à saluer au passage les anciens
forts et batteries de la côte, ces glorieux vétérans qui, à
l'heure du danger, firent retentir les échos de la rade de
leur voix grondante et opposèrent toujours aux envahisseurs une résistance héroïque.

Avec ses dentelures rocheuses, ses saillies très prononcées, ses échancrures sans nombre et ses coteaux si
riants qui se profilent sur le lac bleu, la côte de Toulon
est assurément une des plus accidentées et des plus
pittoresques du rivage méditerranéen.

C'est d'abord la pointe de Carqueiranne (1) qui sépare
le golfe de Giens de la Grande Rade. Elle est formée par
le dernier contrefort du massif de la Colle-Noire. Ce
massif, couvert d'épaisses forêts de pins et de chênes d'un

------

(1) « Ce nom de Carqueiranne est significatif : *Calcaria arena* ;
c'était la plage sur laquelle les Romains venaient charger la chaux
que l'on y fabriquait et que l'on y fabrique encore abondamment. »
Hyères avant l'Histoire, par M. le Dr J.-B. Jaubert.

vert sombre, se compose de trois collines mamelonnées et de hauteur sensiblement décroissante à mesure qu'elles s'avancent vers le Sud. La pointe de Carqueiranne se termine dans la mer par une falaise à pic, aux tonalités ocreuses et grisâtres; vue du large, elle offre l'aspect d'une immense plate-forme que domine un morne élevé et couronné d'un fort puissant.

Le massif de la Colle-Noire, ainsi que plusieurs autres points culminants du littoral dont il sera question plus loin, a un passé historique dans les annales de la Provence. Sur un de ses sommets existait, depuis les origines du Moyen-Age, une tour pourvue d'un *farot* que les gens de La Garde devaient entretenir nuit et jour.

A l'occasion du farot de Carqueiranne, nous croyons intéressant de donner quelques explications sur le système de télégraphie primitive établie, dès les temps les plus reculés, sur les côtes de la rade, en vue d'assurer *l'estout*, c'est-à-dire de surveiller la mer.

A l'époque où les Barbaresques se livraient à de fréquentes incursions sur le littoral provençal, nos ancêtres avaient organisé une surveillance très active. A cet effet, ils avaient installé, sur certaines hauteurs dominant la rade, des farots qui constituaient la sauvegarde du pays.

Le farot était un feu que des guetteurs, postés constamment dans des tours appelées *eychauguettes*, allumaient pour signaler la présence et le nombre des navires ennnemis. Les signaux consistaient, pendant la nuit, en de grands feux clairs, et, pendant le jour, en des colonnes de fumée obtenue par la combustion de paille mouillée. Le nombre de navires était annoncé par un nombre correspondant de feux ou de colonnes de fumée. Ce langage, répété par les vigies voisines, donnait l'éveil aux populations dès qu'une flotte suspecte était aperçue à l'horizon.

Le service des farots, dû primitivement à l'initiative privée des habitants, devint dans la suite, un service d'ordre public régi par des ordonnances royales et placé sous la garde et la responsabilité des communes.

Le plus ancien règlement sur les farots des côtes de Provence date de 1303. Nous ne citerons ici que les articles de ce règlement relatifs aux farots de Toulon et de ses environs. « Il doit être fait farot et garde au lieu « de *Runzels* (1) qui doit correspondre au cap *Sicciech* (2), « qui est dans le territoire de Six-Fours. De même il « doit être fait farot et garde au lieu de *Sicciech*, qui « doit correspondre avec le *Possalh* (3), qui est dans le « territoire de Toulon, à l'entrée du port. De même il « doit être fait farot et garde au lieu de *Possalh* dans le « territoire de Toulon, lequel doit correspondre avec le « cap de Carqueiranne, qui est dans le territoire de La « Garde. De même il doit être fait farot et garde au cap « de Carqueiranne, qui doit correspondre avec le cap « de Giens, etc., etc. ». (4).

En 1327, le feu de Possalh n'existait plus ; il avait été remplacé par celui de la Montagne de la Bade (5), dont nous parlerons plus tard à l'occasion du port Méjean.

Nous dirons, en passant, que pendant fort longtemps les habitants de Toulon ne furent pas tenus d'entretenir les farots sur la côte. Ce service incombait à ceux de Six-Fours pour le cap Sicié (6), à ceux de La Garde

---

(1) Le village de Sanary actuel.

(2) Le cap Sicié.

(3) On désignait alors sous ce nom une des hauteurs qui bordent le rivage depuis le fort la Malgue jusqu'à la Grosse-Tour et qui sont parfaitement aperçues de la pointe de Carqueiranne.

(4) Document des Archives départementales des Bouches-du-Rhône, cité par M. G. Lambert dans son *Histoire de Toulon*.

(5) Archives communales. EE. 9.

(6) On voit encore les ruines de la tour de guette près de la Chapelle de la Bonne-Mère.

3

pour le cap de Carqueiranne et à ceux de La Valette
pour la montagne de la Bade (1). Les Toulonnais ne
furent soumis à cette obligation qu'à partir du commencement du XVIIIᵉ siècle, c'est-à-dire lors de la création
des gardes-côtes (2).

Cela résulte d'un ordre que le comte de Grignan,
lieutenant général en Provence, adressa, le 17 mai 1707,
aux Consuls de Toulon « au sujet des gardes qui doivent
« être faites le long de la côte de Provence pour la
« découverte à la mer (3). » Cet ordre nous fait connaître de plus que les feux étaient encore employés,
concurremment avec les pavillons, comme signaux entre
les différentes vigies échelonnées sur le littoral.

Cette digression sur les farots nous a entraînés un
peu loin de notre sujet ; nous nous empressons d'y
revenir.

Au pied de la falaise escarpée qui termine la pointe
de Carqueiranne et en face de la haute mer, l'œil
découvre tout d'abord un coin absolument sauvage :
c'est le Pas des Gardens qu'encadrent de hauts rochers
aux arêtes aiguës et farouches, et d'où la nature semble
avoir, à plaisir, banni toute trace de végétation.

Immédiatement après, le paysage, changeant comme
par enchantement, contraste, d'une manière saisissante,
avec le lieu désert du Pas des Gardens. Voici la ravis-

---

(1) Archives communales. EE. 45.

(2) « L'organisation des gardes-côtes, qui remontait au dernier
« mois de 1706, était à peine achevée, l'année suivante, au moment
« de l'invasion. Elle comportait la division du littoral en départements
« maritimes. Celui de Toulon s'étendait de La Ciotat au cap de
« Sainte-Marguerite, près Fréjus. Les compagnies de gardes-côtes
« étaient composées des riverains armés et instruits aux frais des
« communautés... Le comte de Grignan forma ainsi trois bataillons ».
M. G. Lambert, *Histoire du siège de Toulon en 1707.*

(3) Archives communales. EE. 45.

sante baie de la Garonne, avec sa plage surnommée à juste titre le Rivage d'Or, et son petit hameau étalé modestement aux bords du flot même, dans une paisible solitude. Cette baie qui dessine une courbe des plus gracieuses, et que son admirable orientation garantit des vents d'Est les plus violents, est festonnée dans toute son étendue, de petits promontoires et de calanques pittoresques.

Après le Pas des Gardens, c'est la Plane qui emprunte son nom à la présence d'une roche plate et unie s'avançant assez loin dans la mer. La Baume, sorte de grotte, dans laquelle suinte continuellement une petite source. L'Escalier de Veïré ainsi appelé d'un rocher incliné vers la mer, très glissant et difficile à franchir. La Pointe, cap minuscule et abrupt. Le port de l'Oursinière, qui doit sa nomination à l'abondance des oursins qui se trouvent dans ses eaux ; ce port, parfaitement abrité, peut contenir une centaine de barques de pêche. Le Pas du Meunier, dont l'appellation n'est pas étrangère au voisinage d'un Moulin, qui, du reste, a donné son nom à un coin de ce rivage. La Source de Saint-Jean, la Vaquette et Sans-Souci. Non loin de là, émergent de la mer deux rochers bizarres : le Bancaou, ainsi dénommé à cause de sa forme originale, et la Roche Noire, remarquable par sa couleur sombre.

Partout dans ce quartier privilégié, où les arbres et les plantes de tous pays poussent en pleine terre, de modestes cabanes de pêcheurs, de rustiques maisons de campagne et de coquettes villas.

On s'est souvent demandé quelle est l'étymologie du mot Garonne. M. Vienne pense que cette plage doit son nom au débarquement d'une troupe partie des bords du fleuve qui traverse la Guyenne. Nous déclarons que cette version ne nous paraît nullement acceptable, car nous ne trouvons aucun document qui puisse la justifier. A notre avis cette appellation tire son origine soit du vieux mot provençal Garonno, réserve de pêche

ou de chasse, soit de cet autre mot provençal Garar, se
garer, se mettre à l'abri. Ces deux opinions sont également soutenables. En effet, les seigneurs de La Garde
possédaient autrefois dans cette baie une réserve de
pêche ; d'autre part, nous avons dit plus haut que le
petit golfe de la Garonne offre aux navires un excellent
refuge. Quant à nous, qui partageons cette dernière
opinion, nous ajouterons qu'il existe, encore de nos
jours, dans certains villages du Var, des endroits appelés
Garons, parce qu'ils servent de points de garage ou de
relai pour les voitures.

Comme ce golfe était réputé anciennement très
poissonneux, les pêcheurs de Toulon y avaient obtenu
un poste de pêche (1) désigné sous le nom de la Grande-
Plage pour le distinguer de Port-Bonnette appelé poste
de la Petite-Plage. Aussi est-il permis de supposer que
les ruines de la construction que l'on rencontre sur ce
rivage et que l'on dénomme le Magasin, sont celles d'un
antique entrepôt destiné jadis à emmagasiner les apparaux et les engins des pêcheurs toulonnais.

C'est dans cette baie que, du 19 au 22 août 1707, la
flotte anglaise composée de cent voiles et commandée
par l'amiral Showel, embarqua précipitamment, après la
levée du siège de Toulon, une grande partie du matériel
d'artillerie des armées coalisées.

A partir de l'extrémité Nord de la baie de la Garonne
jusqu'au Mourillon, le spectacle devient tout d'un coup
merveilleux. C'est une succession ininterrompue de sites
enchanteurs et sans cesse variés, dont l'atmosphère
lumineuse et étincelante de la Provence fait ressortir
davantage la beauté, et qui égalent les plus admirables
paysages de l'Italie et de la Grèce.

---

(1) Les différents postes de la côte où il était permis de pêcher
sont appelés *bouts* dans les anciens statuts. Ils portent les noms des
quartiers dans lesquels ils se trouvaient. Le mot *bout* vient du mot
provençal *bou* qui signifie poste de pêche.

La côte, jusqu'ici très basse, s'élève par gradins et se transforme bientôt dans son développement en une chaîne de collines couvertes de pins et de chênes, dont les sommets sont autant de terrasses ombragées ; puis après avoir atteint sa plus grande hauteur, commence à s'abaisser avec la même progression douce et sensible, et vient se confondre finalement, vers la Grosse-Tour, avec le rivage.

Peu de paysages surpassent en splendeur cet ensemble de collines boisées dont le manteau de verdure revêt parfois la teinte sévère des régions alpestres et qu'enveloppe cette vapeur azurée qui fait le charme du ciel de Provence. Contemplé de la haute mer, ce rideau de végétation luxuriante ressemble à une immense draperie d'un vert sombre, qui serait suspendue au-dessus des flots, et dont les plis habiles et gracieux seraient formés par les escarpements pittoresques des coteaux.

Tout le rivage qui borde cette côte si harmonieusement belle, n'est pas moins admirable avec son inépuisable variété de sites merveilleux. A ses pieds, la mer peu profonde et d'un bleu pur, dont la transparence permet d'apercevoir le lit fait tantôt d'algues et de roches, tantôt de sable blanc et fin, prend au delà, suivant la lumière et les ombres, tous les reflets de l'opale.

Partout, le long de ce littoral si originalement découpé, des calanques irrégulières, séparées les unes des autres par des pointes rocheuses que prolongent souvent au large de petits îlots à peine visibles ; des plages ravissantes, bien abritées et ourlées d'une mince frange d'écume blanche qui se détache sur l'azur de la mer ; des anfractuosités de falaise inaccessibles et tapissées d'une épaisse verdure d'où pendent des pins contorsionnés qui se penchent sur le flot comme pour le caresser. Çà et là des anses ravissantes, qui offrent aux bateaux de pêche un abri tranquille, naturel et sûr ; des criques capricieusement creusées et formant à leurs

extrémités des couloirs resserrés où la mer prend la
couleur verte de l'aigue marine ; des rochers porphyri-
ques dont les silhouettes bizarres émergent des flots
comme autant d'animaux fantastiques.

La nature très accidentée de la côte qui s'étend de la
crique de Sans-Souci à l'anse de Port-Magaud, ne
permet pas de longer à pied le rivage sur toute cette
étendue. Jusqu'à Port-Bonnette, un petit sentier, tracé
par les douaniers sur la crête des falaises, serpente au
milieu de bois de pins et au bord même de précipices
continuels, ménageant à chaque instant des échappées
superbes sur la mer. A Port-Bonnette ce sentier s'éloigne
de la côte pour s'enfoncer dans l'intérieur des terres ;
près du hameau du Baguier, il se croise avec un chemin
qui, se dirigeant presque parallèlement à la ligne des
falaises, mais cependant à une certaine distance, permet,
à la hauteur de Pins-de-Galle, d'apercevoir un instant la
mer et de descendre même sur la plage ; puis enfin,
s'écartant de nouveau de la côte, fait un détour et vient
aboutir à la route de Sainte-Marguerite, tout près d'une
somptueuse villa, appelée la Germaine. De Pins-de-
Galle à l'anse de Port-Magaud, le rivage n'est plus
accessible qu'aux propriétaires des nombreuses habitations échelonnées le long de cette partie du littoral. Ce
n'est qu'après avoir rejoint la route de Sainte-Marguerite
que l'on trouve d'abord, en face du hameau du même
nom, un sentier qui conduit au petit port de Sainte-
Marguerite ; puis un peu plus loin, un chemin rapide et
encaissé, qui descend directement sur la plage, à l'anse
même de Port-Magaud. Aussi est-il nécessaire pour
admirer, dans ses plus petits replis, cette merveilleuse
découpure de la côte, comprise entre la crique de Sans-
Souci et Port-Magaud, de faire la promenade par mer,
en longeant de très près le rivage.

Après avoir quitté la crique de Sans-Souci, on ne
tarde pas à arriver à Port-Bonnette. Ce coin du Littoral

qui se trouve enclavé dans le quartier de Val-Bonnette auquel il emprunte son nom, est un des endroits les plus ravissants de la côte. Sa plage, à fond égal et sablonneux, est encadrée de falaises couronnées de pins qui l'abritent des vents ; elle est très fréquentée, en été, par les habitants du Pradet et de La Garde qui viennent y prendre des bains de mer.

Non loin de Port-Bonnette, surgit un petit promontoire formé de hauts rochers et dessinant, dans sa partie Est, une petite baie. Ce lieu est appelé le *Vaisseau*, parce que les rochers qui le bordent, affectent par leur disposition dans la mer, la forme d'un vaisseau échoué.

Dans ces parages se trouvait, au XIVe siècle, un poste de pêche où les patrons pêcheurs de Toulon venaient, à tour de rôle, tendre leurs filets.

En poursuivant la promenade le long de ce décor merveilleux, on découvre une série de paysages vraiment adorables. C'est d'abord la coquette plage du Fer à Cheval qui emprunte son nom à sa configuration originale. Puis l'anse du Canier si pittoresque avec ses touffes de roseaux élancés et sa végétation abondante qu'entretiennent, toute l'année, les suintements d'une source intarissable. Au-dessus du Canier, se dresse la colline de San-Peyre (1) où, d'après la tradition, les Templiers avaient établi, au XIIe siècle, une vigie sur des restes de constructions gallo-romaines (2).

Ensuite c'est la crique de Pins-de-Galle (3), un des sites les plus riants de ce littoral. De grands pins, répandant un ombrage épais, s'étagent contre la falaise demi-circulaire, à pentes accessibles et tapissées de gazons, de broussailles et d'arbustes. Sa calanque entourée de hauts rochers, qui en font une sorte de nid

---

(1) Saint-Pierre.
(2) Ces ruines sont encore visibles denos jours.
(3) Autrefois Cros-des-Pins.

à la fois agreste et gracieux, est le rendez-vous favori des habitants des lieux voisins.

A proximité de ce site, émerge des flots une roche dénommée la *Rougnoua* (4), à cause des aspérités dont elle est couverte. Dans le voisinage de cette roche et sur le sommet d'une petite hauteur se trouvait naguère encore un cabanon qu'un événement avait rendu historique depuis 1815 : il avait servi, en effet, de lieu de refuge, après le retour des Bourbons, à l'un des plus illustres maréchaux du premier empire, Joachim Murat, ancien roi de Naples, beau-frère de Napoléon Ier.

Après la défaite de Waterloo, Murat proscrit s'était réfugié dans le département du Var. Prévenu que sa vie était menacée, il se rendit dans notre ville afin de pouvoir fuir par mer. Un ami dévoué le présenta à un avocat toulonnais, M. Marroin, célèbre dans toute la Provence autant par son grand talent que par ses nobles qualités de cœur. Emu au récit des malheurs de Murat et bravant les périls auxquels il s'exposait en protégeant un proscrit dont la tête avait été mise à prix, Marroin résolut de sauver l'infortuné roi. Il le fit cacher dans ce cabanon situé dans sa propriété et le confia aux soins d'un pêcheur nommé Niel, qui lui était entièrement dévoué et que son métier amenait journellement sur la côte.

Durant près de deux mois, Murat vécut dans cette retraite, ignoré, solitaire et promenant sans cesse ses regards sur cette mer qui, seule, pouvait assurer son salut. Pendant ce temps, Marroin parvenait à noliser une tartane afin de permettre à son hôte de se rendre en Corse.

Un soir, Marroin fut avisé que ce bâtiment viendrait croiser, le lendemain, par le travers de Sainte-Marguerite. Il s'empressa d'informer le fidèle Niel qu'il aurait

---

(4) Rougnoua, en provençal *rugueux*.

à transporter à bord de la tartane, dès que celle-ci serait
en vue, leur ami qui allait les quitter. Au point du jour,
le navire évoluait dans les parages convenus ; quelques
instants après Murat s'éloignait du rivage dans la barque
de Niel. L'ex-roi gagnait la Corse d'où il partait ensuite
pour Naples. Le 13 octobre 1815, il était fusillé à Pizzo,
lieu de son débarquement, presque à l'extrémité de la
Calabre.

Au sujet de la fuite de Murat, M. Ginoux donne les
renseignements suivants qu'il déclare avoir reçus de la
bouche du fils aîné même de Niel : « Un détail, dit-il,
« qui, je crois, est resté ignoré, c'est comment et par
« qui Murat fut conduit à bord de la tartane, qui l'atten-
« dait, en louvoyant, à l'entrée de la rade de Toulon,
« pour le passer en Corse. En parcourant le rivage
« garden où il se tenait caché, Murat aperçut, enfin, un
« petit bateau dans lequel se trouvait un cultivateur du
« voisinage, amateur de pêche, nommé Niel. S'étant
« approché, il lui proposa de le promener en mer, ce
« qui fut accepté. Une fois éloignés du rivage, Murat
« demanda s'il ne pourrait pas le conduire jusqu'au
« navire qu'ils apercevaient ; ce dernier s'obstinant à
« refuser d'aller plus loin, en donnant pour raison de
« son refus la petitesse de sa barque qui ne lui permet-
« tait pas de s'aventurer au large, le roi de Naples tira
« alors de sa sacoche un pistolet et lui enjoignit, avec
« menaces, de le conduire jusqu'à la tartane en vue. Il
« fallut obéir. Arrivé à bord, Murat remercia Niel en
« même temps qu'il lui remit deux louis d'or, chacun
« de quarante francs. »

Ainsi rapportés, ces faits ne sont pas tout à fait
exacts. M. Marroin qui avait préparé la fuite de Murat,
ne pouvait pas avoir oublié d'assurer à celui-ci les
moyens les plus sûrs pour gagner le navire qui l'attendait. D'après nos renseignements personnels et dignes
de foi, nous pouvons affirmer que la vérité est celle-ci :
Avant de quitter la barque de Niel pour mettre le pied
sur le pont de la tartane, Murat avait remis au pêcheur

deux louis d'or, pour le récompenser de ses bons
services ; puis, dans la crainte que Niel ne fut un jour
inquiété si l'on découvrait la vérité, il lui avait recom-
mandé de toujours soutenir qu'il ignorait la qualité de
l'étranger qu'il avait transporté ; que, de plus, il n'avait
obéi à son injonction que sous la menace d'un pistolet.
C'est pour se conformer aux conseils prudents de Murat,
que Niel ne cessa jamais de donner sur sa participation
à la fuite de l'ex-roi de Naples les explications relatées
par M. Ginoux.

Après le rocher de la Rougnoua, on aperçoit sur le
rivage un trou régulier, fait de main d'homme et jetant
comme un point noir sur ce coin si ravissant. C'est
l'endroit où débouche le tunnel de la Clue ; ce tunnel,
qui est à sec pendant deux mois de l'année, sert de
passage aux amateurs de pêche à la ligne pour se rendre
à la mer. Enfin, un peu plus loin, le charmant petit
port de Sainte-Marguerite qui disparaît, au bas de la
falaise, sous un épais berceau de feuillage.

Soudain et comme pour rompre un instant et à
dessein la ligne harmonieuse du paysage, le rideau
de verdure vient se terminer brusquement en une
déchirure large et irrégulière, contre le rocher élevé
de Sainte-Marguerite. Au pied de ce rocher abrupt,
dénudé et grisâtre, l'œil découvre deux grottes : la
première, dans laquelle la mer pénètre et se répand,
forme une sorte de baie souterraine : ses dimensions
en tous sens et sa profondeur d'eau sont telles qu'une
barque mâtée peut s'y réfugier aisément. En été, elle est
fréquemment visitée par les pêcheurs qui viennent y
tendre leurs filets. L'autre grotte, située au-dessus du
niveau des flots, n'est accessible qu'en escaladant les
roches qui la bordent.

Sur le sommet du rocher de Sainte-Marguerite, couronné aujourd'hui d'un fort puissant, s'élevait, il y a un
demi-siècle encore, un antique château. La construction

de ce château, appelé primitivement *Castrum novum* (1),
était antérieure à 1212. Nous lisons, en effet, dans un
acte du 18 juin 1442, dressé pour la conservation d'un
autre acte du 10 avril 1212, qu'Étienne, évêque de
Toulon, acquit, à cette dernière date, pour lui et ses
successeurs, du sieur Raymond Dacil, le lieu de *Châteauneuf*, moyennant la somme de 129 livres couronnées.
L'acte de vente, passé à Toulon, dans la cour royale,
porte que le bourg ou château est limité à l'Est par le
canal de Pierre Isnard ; au Nord par l'Esgotier (2), et à
l'Ouest par le territoire de Toulon. Le vendeur déclare
que si le domaine vendu vaut plus de 129 livres, il
abandonne le surplus à l'évêque de Toulon et à son
église. Puis interviennent Amiel de Fos et ses fils qui
renoncent à leurs droits seigneuriaux et autres sur le dit
château et en font don à la bienheureuse Vierge Marie
et à son église de Toulon pour le repos de l'âme de
l'épouse d'Amiel de Fos (3).

Devenu la propriété de l'évêque de Toulon, le château fut indistinctement appelé, pendant fort longtemps,
Châteauneuf ou Château de Sainte-Marguerite. En 1361,
ce château qui dépendait du territoire de La Garde fut
incorporé à celui de Toulon (4) ; et à partir de cette
date, les syndics de Toulon songèrent à utiliser, comme
lieu d'observation, ce point culminant, quoique appartenant toujours à l'église de notre ville. Les registres de
délibérations nous apprennent qu'en 1395 « les nobles
« Vincent de Saint-Pierre et Antoine de Fresquet
« accompagnés des sieurs Antoine et Jacob se rendirent
« auprès du sénéchal de Provence afin de régler, de la

---

(1) Château neuf.
(2) L'Eygoutier. C'est le plus ancien document qui fasse mention
de ce ruisseau.
(3) Archives communales. GG. 8.
(4) Archives communales. DD. 25.

« manière la plus avantageuse, les affaires relatives à la
« *guette* de la forteresse de Sainte-Marguerite. » (1).

Mais, isolé sur la côte et exposé aux incursions des
pirates, ce château était devenu une charge onéreuse
pour l'évêque qui devait y entretenir à ses frais une
véritable garnison. Aussi par acte du 28 septembre 1478,
passé à Toulon sur la place de l'Eglise, Jean Huet,
évêque de cette ville, après entente avec son clergé,
céda à Honoré de Castellane, seigneur d'Entrecasteaux,
le château de Sainte-Marguerite et son territoire, en
échange de sa part de seigneurie du Château de Sainte-
Croix, situé dans le diocèse de Riez.

En 1527, Pierre de Thomas (2) se rendit acquéreur
de la terre de Sainte-Marguerite qui fut érigée, sous
Henri III, en baronnie avec union des seigneuries de La
Garde et de La Valette. Depuis cette date jusqu'en 1789,
ce château resta dans la famille des de Thomas. (3).

Quoique le territoire de Sainte-Marguerite n'eût
qu'une très petite étendue, il n'en constituait pas moins

---

(1) Archives communales. BB. 35.

(2) Les de Thomas ont une noblesse des plus anciennes. Un
membre de cette famille fut secrétaire du roi René, et plusieurs
autres occupèrent, à Toulon, les plus hautes charges municipales.
Pierre de Thomas, qui acheta le Château de Sainte-Marguerite, fut
viguier de Toulon, en 1531. Les de Thomas ont possédé les seigneuries de La Garde, de Milhaud, d'Ollioules, d'Evenos, d'Orvès, de La
Valette, de Baudouvin, de Pierrefeu, de la Valdardennes, de Rognes,
de Beaulieu, de l'Escaillon. La famille de Thomas, en moins de
150 ans, a fourni des présidents et des conseillers au Parlement, des
viguiers et des consuls à la ville de Toulon ; des prévôts et des
chanoines au chapitre de son église et vingt-deux chevaliers de Malte,
dont plusieurs commandeurs.

(3) Le dernier seigneur de Sainte-Marguerite fut Charles-Joseph-
Paul de Thomas, qui mourut en 1767. Son épouse, Anne-Eymarre de
Boyer d'Argens d'Aiguilles qui lui survécut, fut instituée usufruitière
de tous ses biens. A sa mort, le château et son enclos firent retour à
la famille des de Thomas.

une commune qui dépendait de la viguerie de Toulon (1).
« Il ne comportait aucun village, mais 60 bastides ou
« réduits dispersés. Sa population se composait de 42
« âmes du sexe masculin et de 37 du sexe féminin. Il ne
« comptait que 15 hommes en état de porter les armes ;
« il était affouagé à 1 feu 1/4. » (2).

En 1725, cette communauté, qui avait demandé à
être réunie à celle de Toulon, vit sa requête repoussée.
Le 2 mars 1790, elle présenta de nouveau la même
demande qui fut accueillie favorablement. Cinq ans plus
tard son territoire fut englobé dans celui de La Garde
dont il fait partie encore actuellement.

Le château de Sainte-Marguerite n'était en réalité
qu'un petit château-fort entouré d'un fossé et dans
l'intérieur duquel on pénétrait au moyen d'un pont-
levis. D'après l'inventaire dressé en 1767-1768 à la suite
de la mort du dernier seigneur, cette résidence comprenait les principales pièces suivantes : « Un salon, en
« entrant ; une chambre donnant sur la terrasse et à la
« mer ; une chambre au levant ; une petite tour au bout
« de cette chambre ; cuisine et office. Il y avait aussi un
« four et une citerne. » (3). Ce château ne devait pas
être habité depuis fort longtemps, car le même inventaire constate que le mobilier qui le garnissait était des
plus sommaires et surtout en très mauvais état.

A l'extrémité de la grande salle se trouvait un local
qui, jusqu'à la fin du XVIIᵉ siècle, avait servi de chapelle
et qui avait été transformé, depuis, en logement pour le
granger. C'est vers cette époque que fut construite la
chapelle de Sainte-Marguerite qui existe encore de nos

---

(1) Les habitants de Toulon avaient le droit de faire du charbon
et de couper du bois tant sec que vert sur les terres de Sainte-
Marguerite. Archives communales. AA. 98.

(2) Inventaire supplémentaire comprenant les archives étrangères
à la commune de Toulon. Nᵒ 130.

(3) Archives communales. Série supplémentaire. II. 49.

jours. Cette chapelle, située en dehors de l'enclos du château, avait été fondée par un des seigneurs et donnée par lui à la petite communauté. « La terre, dépendant « du château avec seigneurie en baronnie, fief, juridic- « tion et directe de Sainte-Marguerite, consistait en un « terrain complanté quelque peu de vignes par restan- « ques en montant au château ; le reste en un grand « enclos en bois de pin. » (1). Ce bois constituait une réserve de chasse seigneuriale.

En 1817, le château de Sainte-Marguerite fut vendu par son propriétaire, M. Fisquet, à l'Etat qui y installa une petite garnison. Remaniée depuis et à plusieurs reprises, la construction du Moyen-Age n'a conservé à l'intérieur qu'une voûte, une porte plein cintre et quel- ques pans de murailles. Quant à l'intérieur, il est resté à peu près le même. L'antique citerne dont il est ques- tion plus loin existe encore en bon état de conservation.

Pendant le siège de Toulon, en 1707, le château de Sainte-Marguerite opposa aux ennemis une résistance héroïque.

La flotte des alliés, qui croisait au large, n'osait pas s'approcher de la rade dont l'entrée était défendue par les forts Sainte-Marguerite et Saint-Louis. Une frégate ayant voulu néanmoins s'avancer un peu trop près de la côte, se trouva à portée des canons de Sainte-Mar- guerite et fut démâtée. Elle s'empressa de virer de bord, suivie bientôt de toute l'armée navale. A la demande de l'amiral anglais Showel qui déclara que la flotte ne pourrait se diriger sur Toulon tant que ces deux forts ne seraient pas pris, le duc de Savoie donna ordre de les battre par terre. Les assiégeants dressèrent alors sur la hauteur, couronnée aujourd'hui par le fort du Cap- Brun, une batterie de neuf canons qu'ils tournèrent contre le château-fort de Sainte-Marguerite.

(1) Archives communales. Série supplémentaire. II. 49.

Ce château, sous le commandement de M. de Grenonville, capitaine de frégate, « n'avait seulement « qu'une garnison composée de cinquante sergents ou « soldats, de soixante hommes des milices, d'un maître « canonnier, de huit canonniers et de trente-deux « matelots ; de plus, il ne pouvait opposer au feu de « l'ennemi que deux pièces tirant du côté de la terre. »

Dès les premiers jours du bombardement, la citerne du Château se trouva presque à sec. Quoique soumis au dur régime d'une étroite ration d'eau, les défenseurs essuyaient bravement le feu continuel de la batterie ennemie. Le 11 août, on essaya de faire parvenir par mer à M. de Grenonville quelques barriques d'eau ; mais les embarcations qui les portaient furent aussitôt poursuivies par une flottille de chaloupes armées, sorties de toutes les criques de la côte ; et elles furent forcées de rentrer à Toulon sans avoir pu approvisionner la garnison.

Le 16 août, le fort se rendait faute d'eau depuis plus de vingt-quatre heures. Durant toute la journée qui précéda la capitulation, les hommes à demi morts de soif, profitaient des rares instants de répit que leur laissait la batterie ennemie pour descendre dans la citerne et en lécher les dalles dans l'espoir d'y trouver quelques gouttes d'eau oubliées et bienfaisantes. On rapporte que le duc de Savoie, en présence de la belle conduite de M. de Grenonville, rendit son épée à cet officier.

En 1720, afin d'empêcher les bâtiments partis de Marseille, où la peste sévissait avec intensité, de s'approcher des côtes de Toulon, le lieutenant d'artillerie Leclerc du Canal fut chargé de surveiller, du château de Sainte-Marguerite, les débarquements qui pourraient s'effectuer au pied des falaises du littoral ou sur la plage de la Garonne et de s'y opposer par la force.

Immédiatement après le rocher de Sainte-Marguerite, on aperçoit de hautes falaises taillées à pic et d'un rouge si ardent qu'elles semblent avoir emprunté aux rayons du soleil leur couleur de feu ; puis, un peu plus loin, un coin absolument sauvage, appelé Massacan (1), s'offre à la vue. Ce lieu doit sa dénomination à la grande quantité de cailloux dont il est couvert et qui le rendent inabordable. (2).

Les hautes falaises de Sainte-Marguerite ont été les témoins d'un épisode glorieux de nos annales maritimes.

Le 12 février 1814, le vice-amiral Emeriau détachait de son escadre une division composée des vaisseaux le *Sceptre*, le *Romulus*, le *Trident* et des frégates l'*Adrienne*, la *Médée* et la *Dryade*. Cette division commandée par le contre-amiral Cosmao devait aller à la rencontre du vaisseau français le *Scipion*, armé à Gênes, qui ralliait le port de Toulon. A la hauteur du cap Bénat, Cosmao fut averti par les sémaphores qu'une escadre anglaise, forte de quinze vaisseaux et de trois frégates, se trouvait à cinq lieues dans le Sud. Cosmao ordonna aussitôt le branle-bas de combat ; puis, comme la brise se levait, il signala à sa division de forcer de voiles pour prendre chasse devant l'ennemi et de gagner le mouillage des Iles d'Hyères. La brise continuant à favoriser les vaisseaux français, Cosmao donna l'ordre de ne plus s'arrêter qu'à Toulon.

Mais déjà la flotte anglaise, qui avait reconnu nos bâtiments, s'était rapprochée afin de chercher à couper la retraite. A l'ouvert de la grande rade, le *Sceptre*, le *Trident*, l'*Adrienne* et la *Médée* parvinrent à franchir la ligne anglaise ; mais la *Dryade* et le *Romulus* furent isolés de leur division. Au risque d'être coulée, la

---

(1) Massacan, caillou en provençal.
(2) Les blocs de pierre qui ont servi à la construction des jetées de la rade ont été extraits de ces falaises.

Dryade passa à quelques brasses de l'avant du vaisseau-amiral anglais, le *Calédonia*, qui, confondu par tant d'audace, la laissa filer tranquillement. Le *Calédonia* s'avance alors sur le *Romulus*, commandant Rolland, et décharge sur lui sa première bordée. Un duel terrible d'artillerie s'engage aussitôt bord à bord. Deux autres vaisseaux anglais ne tardent pas à s'approcher du *Romulus* et à l'attaquer à leur tour avec fureur. Les autres bâtiments de la division française s'empressent de changer d'amures pour prendre part à la lutte ; mais les signaux de la rade leur intiment l'ordre de rallier le port.

Privé de secours et foudroyé par 300 canons, le *Romulus* continue à se défendre bravement dans ce combat inégal. Soudain un des vaisseaux anglais manœuvre pour couper la route au *Romulus*. Comprenant alors qu'il ne peut échapper à ses adversaires, le commandant Rolland s'apprête à disputer une victoire qu'il sait cependant impossible. Tout à coup, un biscaïen vient blesser Rolland très grièvement et le renverse sur le pont de son navire, tandis qu'un boulet traverse de part en part la sainte-barbe. Le pilote, Pierre Reboul, voyant le *Romulus* près d'être entouré, s'approche du commandant et lui dit : « Si vous voulez faire la « manœuvre que je vais vous proposer, je vous promets « de ramener dans un instant votre vaisseau à Toulon. » A ces paroles, prononcées au moment même où tout espoir semblait à jamais perdu, un éclair de joie brille subitement dans les yeux de Rolland. Oubliant ses terribles souffrances, celui-ci se cramponne à un cordage et se relève péniblement. S'adressant alors aux marins qui l'entourent et qui attendent anxieusement ses ordres, il leur crie : « Attention, mes braves enfants ». Puis, regardant le pilote qui se tient à ses côtés, il ajoute :

« Reboul, vous pouvez manœuvrer ».

Quant à Rolland, il continue, malgré ses affreuses blessures, à commander le feu.

Reboul qui sait par expérience que la mer est très profonde sous le fort de Sainte-Marguerite, s'empresse de gouverner sur les falaises, autant pour éviter l'abordage que pour amener les vaisseaux anglais à s'échouer sur les bancs de rochers entre lesquels son navire glisse avec un bonheur inouï ; puis, virant habilement de bord, à quelques mètres seulement de la côte, fait passer le *Romulus* si près de terre que les bouts-dehors de bonnettes du mât de misaine se plantent dans les crevasses des falaises, s'y brisent et y restent enfoncés. (1). Au même instant la grand'vergue, coupée par un boulet, s'abat sur le pont. Rolland veut la faire jeter à la mer, mais Reboul lui conseille au contraire de ne pas s'en débarrasser, car elle constitue une véritable barricade contre les boulets ennemis.

Pendant que ces manœuvres s'exécutaient à bord du *Romulus*, les trois vaisseaux anglais poursuivaient toujours, en le criblant de projectiles, le bâtiment français. Mais lorsqu'ils le virent piquer droit sur les rochers, ils cessèrent d'avancer dans la crainte d'un échouage. Ce moment de stupeur chez ses adversaires permit au *Romulus* de continuer sa route sur Toulon sans être inquiété.

Le *Romulus* ne fut abandonné par les navires qui le pourchassaient qu'à la hauteur du Cap-Brun. Il rentra en rade au milieu des applaudissements frénétiques de tous les équipages de l'escadre, n'ayant plus que ses voiles de misaine et sa brigantine. Le reste de sa voilure avait complètement disparu dans le combat qu'il venait de soutenir si héroïquement pendant vingt minutes. Le *Romulus* avait eu 16 hommes tués, dont 3 officiers, et 68 blessés. Les pertes des bâtiments anglais dépassaient de plus du double celles du vaisseau français.

---

(1) Pendant très longtemps les Toulonnais purent admirer, dans les falaises de Sainte-Marguerite, ces glorieux débris de mâture.

Le *Caledonia*, en attaquant le *Romulus*, croyait combattre le *Scipion*, attendu de Gênes ; aussi son équipage criait-il, de temps en temps, lorsque les deux vaisseaux se touchaient : « Bons Génois, rendez-vous » : Il dut être grandement surpris de rencontrer une résistance autre que celle qu'il attendait. Le *Scipion* arriva à Toulon, le lendemain matin, sans avoir aperçu l'escadre anglaise.

A la suite de ce beau fait d'armes, l'empereur Napoléon créa le commandant Rolland baron de l'empire et le fit commandeur de la Légion d'honneur. Pierre Reboul reçut la croix de chevalier du même ordre et fut nommé ensuite directeur du Lazaret. (1).

Le célèbre peintre de marine toulonnais, Vincent Courdouan, a représenté ce combat naval dans un tableau qui figure dans la salle principale du Musée de Toulon.

Subitement, après le gigantesque rempart de calcaire de Sainte-Marguerite, le paysage redevient grandiose et merveilleux, et se profile désormais, sans discontinuité aucune, jusqu'à la Grosse-Tour. Ce n'est plus qu'une alternance de criques, de calanques, de plages et de promontoires rocheux qui se dessinent, avec une radieuse netteté, sur son cadre de verdure sombre et touffue. Cette promenade qui, selon l'impression même de Georges Sand « est une promenade sur les rivages de la Grèce », n'a rien à envier, pour la beauté des sites, à la célèbre route de la *Corniche* de la côte d'azur.

A partir de l'anse de Port-Magaud où l'on arrive par le chemin encaissé qui prend naissance en face de la station des omnibus du Cap-Brun, on peut longer le

---

(1) Tous ces détails nous ont été donnés par M. Léon Reboul, président de la Caisse d'Epargne de Toulon, arrière-petit-fils du pilote Pierre Reboul.

littoral à pied et sans jamais perdre de vue le grand lac bleu. Un sentier primitif, pittoresquement accidenté et serpentant en mille lacets, s'infléchit, monte et descend sans cesse et toujours parallèlement au rivage ; tantôt tracé au milieu d'un bois verdoyant, il se dérobe par instants, au regard, pour reparaître, bientôt après, à un des innombrables tournants de la côte et ménager ainsi des échappées superbes sur la rade ; tantôt il suit les sinuosités des coteaux, se transformant souvent en escaliers rapides et tortueux.

C'est tout d'abord l'anse ravissante de Port-Magaud que sa situation privilégiée et sa parure de pins qui l'encadrent, protègent complètement des rafales du Mistral. Ses eaux sont parsemées de petits rochers, rapprochés les uns des autres, que leur grand nombre et leur forme originale ont fait appeler les Ilettes. L'anse de Port-Magaud doit son nom à une très ancienne famille qui possédait, depuis fort longtemps une maison de campagne sur la hauteur qui l'avoisine. Un membre de cette famille, Barthélemy Magaud, était, en 1775, consul de la commune de Sainte-Marguerite.

Le 28 août 1793, jour où le Comité général des sections livra Toulon à l'étranger, l'amiral anglais, Hood, fit débarquer, dans cette crique, 1.500 hommes de sa flotte, qui allèrent prendre possession du fort la Malgue.

Un monticule, hérissé de roches bizarrement taillées et couvert de pins, sépare l'anse de Port-Magaud de la baie du Port-Méjean. Cette colline minuscule qui forme une sorte de presqu'île est dénommée, depuis un temps immémorial, l'Ilette. Elle est cependant, de nos jours, plus généralement appelée pointe de Surville, du nom d'un ancien vice-amiral, préfet maritime à Toulon, à qui elle appartenait autrefois.

En contournant l'Ilette, on découvre aussitôt la vaste baie de Port-Méjean. Sa courbe élégante et régulière a pour décor un magnifique rideau demi-circulaire de hauteurs boisées et couronnées de superbes villas.

Son nom lui vient de ce qu'elle se trouve située entre la baie de la Garonne et la rade des Vignettes. (1). L'anse de Port-Magaud et la baie de Port-Méjean offrent aux barques de pêcheurs et aux embarcations d'amateurs le calme le plus complet et le refuge le plus assuré. Elles sont visitées, en toute saison, par de nombreux promeneurs qui viennent admirer les magnifiques falaises de Sainte-Marguerite. En été, elles sont journellement fréquentées par les habitants des quartiers environnants. Deux petits restaurants champêtres, installés en plein vent et sur le grève même, permettent aux touristes de se reposer et de se réconforter.

Nous avons vu précédemment que, en 1327, le feu de Possalh avait été remplacé par celui de la montagne de la Bade. (2). D'après M. Henry, la montagne de la Bade serait celle de Faron. C'est une grave erreur. La Bade était le nom que portait la hauteur dominant la baie de Port-Méjean, et qui a été donné ensuite au quartier rural appelé encore aujourd'hui la Bade. Un procès-verbal de visite des farots qui porte la date de 1354 et que M. G. Lambert a eu entre les mains, est très explicite à ce sujet. On y trouve, en effet, la phrase suivante : « *Montana super portum Mejanum que dicitur la Bada* ». (3). De plus, un acte, passé en mai 1450, entre la commune de Toulon et celle de La Valette, charge cette dernière « de la garde des rivages de la mer « au lieu dit de la Bade ». (4). Ces deux documents sont trop catégoriques pour laisser le moindre doute sur la localisation de la Bade.

Le petit contre-fort mamelonné, qui s'avance en saillie très prononcée dans la mer, et qui limite, à

---

(1) Du latin *medianus*, du milieu, dont on a fait Méjean en provençal.

(2) *Bada*, vigie, du mot italien *badar*, observer.

(3) Histoire de Toulon.

(4) Archives de La Valette.

l'Ouest, la baie de Port-Méjean doit à sa forme le nom de Pieloun (1), qu'il porte depuis plusieurs siècles. Le département de la marine utilise actuellement ce point pour les besoins de la défense de la côte. Du Pieloun à la batterie basse du Cap-Brun, la route longe une falaise à pic, au bas de laquelle se cachent les deux petites criques de Saint Pierre et des Quatre-Bandits. Cette dernière a emprunté son appellation au gros rocher qui se trouve, à proximité, au Sud de la batterie basse, et qui est lui-même ainsi dénommé parce qu'il servit longtemps de repaire à quatre malfaiteurs dangereux qui terrorisèrent autrefois toute cette région.

Sur la colline située juste au-dessus de la batterie basse, se dresse le fort du Cap-Brun qui fut bâti en 1846. Un peu avant sa construction, il fut question de raser cette colline parce qu'elle dominait le fort la Malgue. Mais on ne tarda pas à s'apercevoir que cette hauteur était destinée à remplacer avantageusement le fort la Malgue pour protéger la rade. La batterie basse date de 1847 ; mais déjà, au XVIIIᵉ siècle, il y avait là une petite batterie volante. (2).

Nous avons vu plus haut que c'est sur l'emplacement actuel du fort du Cap-Brun que le duc de Savoie fit placer une batterie de neuf canons, destinée à tirer sur le fort Sainte-Marguerite. Il y a deux ans environ, en construisant une maisonnette au pied du fort Cap-Brun, on mit à jour une quantité considérable de boulets ronds de trois calibres différents. M. Noir, commandant d'artillerie, qui a examiné ces projectiles, croit pouvoir affirmer qu'ils sont des calibres 8, 12, et 20 ou 24 livres. De plus, cet officier supérieur pense avec raison qu'ils doivent provenir des approvisionnements que les Impé-

---

(1) *Pieloun*, en français pilier.
(2) Carte de la rade et des environs de Toulon dressée en 1756. Archives communales de Toulon.

riaux jetèrent précipitamment à la mer, en 1707, en levant le siège de Toulon.

La pointe de couleur sombre du Cap-Brun marque l'endroit précis où commence la rade des Vignettes qui va se terminer à la pointe de la Grosse-Tour (1). La rade des Vignettes, dont la plage très vaste suit l'inflexion formée par la côte entre les deux points extrêmes qui la délimitent, renferme une infinité d'échancrures, d'enfoncements et de petits caps d'une admirable variété d'aspects. Parmi les sites les plus ravissants qui s'offrent au regard, nous mentionnerons entre autres : la plage du Moulin, si pittoresquement accidentée, et celle de Roubaud, plus régulière et non moins agréable, qui courent au pied de collines élevées et boisées. Elles doivent leur nom la première, à la présence d'un moulin à vent qui se trouve presque sur la grève ; la seconde, à une ancienne famille qui était propriétaire d'une maison de campagne située dans ces parages.

Plus loin et après un brusque contour du chemin, se dresse la pointe de Billon, petite hauteur ombragée qui s'avance dans la mer, semblable à un belvédère rustique. A ses pieds, se déroule la coquette plage des Poivriers, où l'on arrive par un escalier tournant et taillé dans le rocher même. Un quai très étroit et construit au bord de la mer, pour permettre aux promeneurs de longer cette partie du rivage, naguère encore

---

(1) Au XVII⁰ siècle la rade des Vignettes n'avait pas encore toute l'étendue qu'on lui a assignée de nos jours. La partie de la côte qui s'étend entre le Cap-Brun et la Grosse-Tour se divisait en rade des Vignettes et en port des Ganguis ; la première s'étendait du Cap-Brun à la Source ; le second, de ce dernier point à la Grosse-Tour. Le port des Ganguis était ainsi appelé parce qu'on y pêchait presque uniquement avec le filet dit *gangui*.

D'après un texte du XIV⁰ siècle, déposé aux archives de la commune de Saint-Cyr, et relatif aux statuts de la confrérie des pêcheurs de Toulon, le port des Ganguis était plus spécialement le poste de pêche situé à la croupe de la Malgue.

recouverte par les flots, se poursuit, en ligne droite, jusqu'au point où la côte s'élargit et devient praticable. Puis s'éloignant définitivement du rivage, le sentier s'élève par d'incessants lacets, au milieu des pins et des chênes, jusqu'au sommet de la falaise et vient aboutir à ce lieu si connu des Toulonnais et appelé la Source. Un petit filet d'eau douce, qui suinte à travers les rochers encadrant la plage, a donné son nom à ce coin de la côte. C'est là que, depuis des temps bien anciens, de nombreuses familles viennent de préférence, en été, le soir, et principalement les dimanches et jours de fête, se livrer, en de joyeuses *foucades* (1), aux ébats de la baignade. (2).

A partir de la Source, le chemin, qui n'était autrefois qu'un sentier rocailleux et tortueux, se transforme soudain en une avenue spacieuse, régulière et bordée de palmiers. C'est le Boulevard du Littoral, une des promenades les plus belles et les plus fréquentées des environs de Toulon. (3). De cette avenue, véritable terrasse suspendue à une très grande hauteur au-dessus de la mer, l'œil découvre des horizons et des paysages d'une indicible majesté. Tout au bas et presque cachée, en certains endroits, sous un dôme fait de rochers escarpés, se déroule une plage accidentée à qui les embellissements successifs dont ce quartier a été l'objet, n'ont point fait perdre encore son pittoresque aspect primitif.

A droite et au pied des glacis du fort la Malgue, s'étage le nouveau jardin d'acclimatation, serre naturelle

---

(1) Partie de plaisir au bord de la mer.

(2) Un établissement de bains a été créé, depuis peu, à proximité de la Source.

(3) Au moment où nous écrivons ces lignes, on vient de décider de prolonger le boulevard du Littoral jusqu'à Port-Méjean. Il est à craindre que les grands travaux de remblai que nécessitera la construction de ce boulevard, n'enlèvent à toute cette partie de la côte son originalité et sa beauté.

dont l'éclatante parure de fleurs contraste si originalement avec la couleur de saphir du lac qui s'étale en
face et à l'infini.

Enfin c'est la plage du Mourillon, aux contours
harmonieusement arrondis, dont les établissements de
bains font, en été, une station balnéaire très recher-
chée. (1).

Après avoir dépassé le pont jeté sur le *vallat* (2)
de la Malgue, on entre dans le quartier du Mourillon, si
riant avec son panorama merveilleux et varié. Ce quartier, longtemps un foyer de fièvres paludéennes, n'était
primitivement qu'un coin aride et presque inhabité, et
ne constituait qu'un point insignifiant du faubourg actuel.
Il ne comprenait que la partie de la côte s'étendant de
la Grosse-Tour à l'extrémité Ouest du quartier de la
Mitre. (3). En 1588, ce lieu était si désert, qu'après la
peste qui avait sévi l'année précédente, on y construisit
une infirmerie. (4).

En 1789, le Mourillon ne comptait encore que 42
familles, presque toutes de pêcheurs ; elles étaient ainsi
réparties : deux à la Grosse-Tour, neuf au faubourg

_____

(1) A proximité du premier de ces établissements, se trouve le
tunnel qui amène à la mer les eaux de la rivière de l'Eygoutier.
Nous aurons l'occasion de parler longuement de cette rivière lorsque
nous arriverons au boulevard du Polygone.

(2) Petit ruisseau, en provençal. Ce vallat qui est un ruisseau
d'écoulement pour les eaux de pluie, est tracé sur les pentes du fort
la Malgue.

(3) Un descendant d'une très ancienne famille dont le nom figure
dans les annales de notre cité, dès le XIIIᵉ siècle, Jean Beaussier, est
qualifié seigneur du Mourillon dans des lettres patentes de Louis XII,
données à Dijon et datées du mois de mai 1501.

(4) Il fut stipulé que le prix des soins donnés aux pestiférés
serait ainsi fixé : un écu par malade qui succomberait et six écus
pour chaque guérison. C'était en réalité une prime offerte aux
guérisseurs.

Archives communales. BB. 51.

actuel, une au fort Saint-Louis et trente dans les parages du fort la Malgue. (1).

Depuis que ce quartier a été assaini, il est sans contredit un des plus recherchés et des plus peuplés des environs de Toulon. Il présente deux physionomies bien distinctes : la partie Nord, sauf celle située près du fort la Malgue, est habitée par la population commerçante et ouvrière ; dans la partie Sud, les rentiers et les retraités occupent de coquettes villas abritées des vents froids.

Le climat de ce coin du littoral est exceptionnellement doux et uniforme. Aussi sa végétation se ressent-elle de cette température délicieuse ; les plantes exotiques les plus délicates, l'oranger, le mandarinier, l'eucalyptus et le mimosa y prospèrent toute l'année, en pleine terre.

L'étymologie du mot Mourillon a donné lieu à deux opinions aussi acceptables l'une que l'autre. Certains auteurs ont voulu voir dans sa dénomination de *Moreglionum*, donnée par nos ancêtres, un souvenir des descentes fréquentes que les Maures firent sur ce littoral. D'autres, au contraire, se basant sur sa vieille appellation provençale de *Mourraioun*, pensent que ce quartier aurait emprunté son nom à la configuration de sa pointe qui s'avance dans la mer et qui affecte la forme d'un *mourre* ou *mourraou*. (2). Ce nom qu'il porte encore de nos jours, en provençal, aurait été francisé, dans la suite, en celui de Mourillon.

Tout le littoral du Mourillon compris entre le Vallat de la Malgue et l'extrême limite du quartier de la Mitre, n'est qu'un long et vaste espalier d'arbres et de massifs de verdure, qui dessine fidèlement toutes les admirables découpures de la côte. Sa bordure d'élégantes villas, échelonnées sur un plan légèrement incliné, forme une

---

(1) Archives communales modernes. *Révolution Française.*
(1) Museau, en provençal.

étincelante façade qui regarde la mer. Dans ce paysage
où tout est vert et fleuri, et qui s'épanouit sous une
atmosphère lumineuse et transparente, la nature semble
sourire dans une fête perpétuelle. On se croirait transporté dans un de ces célèbres jardins de Sorrente ou
de Misène dont les poètes nous ont laissé les plus
séduisantes descriptions.

Mais une ombre plane sur ce tableau enchanteur,
ainsi que sur tous les sites superbes de la rade de
Toulon. La crainte d'une guerre a transformé, depuis
longtemps déjà, ces beaux rivages en une ligne de forts
et de batteries. Loin de récriminer, nous devons, au
contraire, nous réjouir de voir tous ces ouvrages de
défense, que l'art militaire a disséminés tout le long de
la côte, pour mettre à l'abri d'une surprise la ville de
Toulon, éternel objet de convoitise d'un éternel ennemi.

Fidèle au plan que nous nous sommes tracé, nous
ne passerons en revue que les anciennes forteresses et
les ouvrages militaires aujourd'hui disparus, et nous
laisserons dormir, dissimulés dans la verdure des
collines, toutes ces batteries qui ne doivent s'éveiller
qu'à l'heure du danger.

Le premier fort que l'on aperçoit en suivant le
littoral du Mourillon, est celui appelé la Malgue. Ce fort,
qui se trouve non loin de la côte, couronne un plateau
qui domine les deux rades et la ville de Toulon. Pendant le siège de 1707, le besoin d'un ouvrage fortifié,
capable de défendre Toulon, à la fois du côté de la terre
et de la mer, s'était trop fait sentir pour qu'on ne
songeât pas, après la paix, à tirer parti de cette hauteur
si merveilleusement située. Mais les malheurs du temps
firent abandonner provisoirement ce projet ; on se
contenta d'établir, sur ce point culminant, une sorte de
redoute que l'on négligeait d'entretenir quand le danger
était passé. C'est le 5 novembre 1764 seulement que fut
posée la première pierre de la citadelle. Sous la pierre

de fondation furent placées, avec un grand cérémonial
et en présence de l'évêque, des consuls de la ville et des
autorités militaires et maritimes, trois boîtes en plomb
renfermant chacune une inscription commémorative.
Ces inscriptions étaient ainsi conçues :

LUDOVICO XV
Gallorum imperatore regnante
rei bellicæ summo administrante
duce de Choiseul
D. de Coincy, castrorum et urbis
Toloni præfecto

Du Poiron, Portalis
Cavasse Granet
Consulibus regiisque inditione
Tolonensi legatis
Primum posuit lapidem
D. Milet de Montville
propugnaculorum provinciæ
procurator militaris
An. R. S. MDCCLXIV.
Positus est hic lapis
annuente D. Guiffroy
Marchione de Monteynard,
militaris ordinis commendatore,
regiis exercitibus prœtore
Summo que copiarum pedestrium
inspectore
MDCCLXIV.

Positus est hic lapis
annuente D. Marchione de Bompar,
militaris ordinis commendatore,
classium regiarum in porto Tolonensi
mariq. Mediterrane
præfecto
MDCCLXIV (1).

---

(1) Archives Communales. II. 6.

« Cette cérémonie se fit vers les onze heures du
« matin, au bruit de soixante coups de canon de cam-
« pagne, placés exprès au lieu désigné. A cette occasion,
« M. Milet de Montville, directeur des fortifications de
« Provence, donna un grand repas où assistèrent MM. de
« Montenard, lieutenant-général ; l'évêque ; de Coincy,
« maréchal de camp commandant dans la place ; de
« Marbeuf, maréchal de camp commandant les troupes
« de Corse ; de la Tour du Pin de Paulin, maréchal de
« camp passant en Corse ; de Bouville, de Sabran de
« Raymondis d'Eaux, chef d'escadre ; du Poiron et
« Portaly, maire, premier consul, lieutenants du Roy
« au gouvernement de la place ; de Carré, capitaine
« de vaisseau ; Truguet, capitaine de vaisseau et du
« port ; de la Fouchère, major-général des troupes en
« Corse ; de Paulin, intendant de Corse ; Dasque, com-
« mandant général ordonnateur ; d'Arcanbal, colonel de
« Rouergue ; de Caupenne, colonel de Languedoc ;
« de Montvieille, lieutenant-colonel de Médoc ; le
« chevalier de Dumas, major de Beauce ; de Dampus,
« lieutenant-général de Languedoc ; de Véone ; major
« commandant Beaujolais ; Aguillon, ingénieur en chef
« de la place, tous les autres ingénieurs ; les officiers
« de l'état-major de la place et ceux qui passent en
« Corse ; Lombard, commandant l'artillerie de la place
« et celuy qui passe en Corse. » (1).

Ce fort ne fut achevé que six ans après. Il constituait, avec ceux d'Artigues et de Sainte-Catherine, une
ligne de trois fortifications qui croisaient leurs feux, et
fermaient ainsi l'accès de Toulon dans l'Est (2). De plus,

(1) Archives Communales. II. 6.

(2) Le fort d'Artigues, commencé en 1708 fut terminé en 1710.
Il fut ainsi appelé du nom d'un maître boulanger propriétaire du
terrain sur lequel il fut édifié
Le fort de Sainte-Catherine fut bâti en 1764, sur une colline
dénommée Sainte-Catherine, parce qu'il s'y trouvait de temps immémorial, une chapelle placée sous ce vocable. Ces deux forts sont
aujourd'hui déclassés comme inutiles à la défense de la place. Le
premier ne renferme plus que des magasins pour le matériel du
département de la guerre ; le second sert de caserne.

il battait de ses canons l'anse du fort Saint-Louis où les ennemis pouvaient facilement opérer un débarquement.

Le fort la Malgue est une véritable merveille de construction et d'élégance. Un poète de la fin du XVIIIe siècle l'appelait le Boudoir de Bellone. Il consiste en un ouvrage étoilé et bastionné aux angles, avec un cavalier vers les deux tiers de sa longueur. Ses bâtiments et ses casemates peuvent contenir une garnison de 1.500 hommes. Actuellement, sans utilité aucune au point de vue de la défense, il sert de casernement, de magasin et de prison militaire.

Un grand nombre de souvenirs historiques se rattachent à cette citadelle.

Dans un conseil de guerre tenu à Toulon, en 1707, peu de temps avant le commencement du siège de cette ville, il fut décidé que les batteries de la hauteur de la Malgue, ainsi que celles disséminées sur les collines de la presqu'île de Cépet, seraient démolies comme ne pouvant pas soutenir une attaque venant de terre à la suite d'un débarquement. Conformément à cette décision, on s'empressa de détruire ces batteries et de jeter à la mer tous les canons et les mortiers qui s'y trouvaient.

Pendant le cours du même siège, les Impériaux qui s'étaient emparés de la hauteur de la Malgue, y dressèrent cinq batteries. La première, dite du Vallat de la Malgue, de 4 pièces, tirait sur la ville ; la seconde, de 6 pièces, tirait sur la batterie de la Ponche-Rimado (1) ; la troisième, de 20 pièces, et la quatrième, de 7 pièces, tiraient sur les vaisseaux français le *Tonnant* et le *Saint-Philippe*, mouillés en face des cales actuelles du Mourillon ; la cinquième, de 4 pièces, tirait sur le fort Saint-Louis. De plus, une grande tranchée continue avait été creusée par l'ennemi en avant de cette ligne de batteries.

---

(1) Cette batterie était établie sur la plate-forme Est qui domine la Vieille-Darse et l'emplacement appelé Ponche-rimade, c'est-à-dire Pointe-brûlée.

Elle partait de la hauteur d'Artigues, passait par le plateau où se trouvait la chapelle de Sainte-Catherine, traversait le pont de l'Eygoutier et se raccordait à la hauteur de la Malgue. C'est sur ce terrain jalonné par cette tranchée et sur la hauteur du Faron qu'eurent lieu les principaux faits militaires du siège. Cette tranchée fut enlevée par l'armée de Toulon, le 15 août 1707. Malheureusement, par suite d'une faute commise par le maréchal de Tessé, la hauteur de la Malgue resta au pouvoir de l'ennemi, ce qui lui permit de bombarder la ville, avant de battre définitivement en retraite.

Durant toute la Révolution, le fort la Malgue fut transformé en une vaste prison où furent entassées des centaines de malheureux. Au lendemain de ce grand mouvement politique, ses cachots reçurent les nombreux émigrés qui étaient arrêtés à leur rentrée dans Toulon.

Le 20 mai 1793, les trois corps administratifs de Toulon ordonnèrent l'arrestation « de toutes les per- « sonnes ci-devant nobles, ecclésiastiques et autres « suspectes », et les firent enfermer au fort la Malgue « avec toute la modération et l'humanité qui caractérisent de vrais républicains ». Sur les vives protestations, non seulement des habitants de Toulon, mais encore des bourgs voisins, les 73 notables furent remis en liberté sous caution (1).

Trois mois plus tard, les Conventionnels Baille et Beauvais y furent internés par ordre du Comité général des Sections. (2).

---

(1) Voir à la fin de l'ouvrage la note A.

(2) « Le 2 septembre 1793, Pierre Baille fut trouvé pendu par « le cou avec un mouchoir qu'il avait attaché à une patte de fer « serrant un ratelier de bois contre le mur, près la porte de la « seconde casemate, dans laquelle il était détenu avec le sieur Charles- « Nicolas Beauvais au fort de la Malgue. » Archives communales. Registre des décès de 1793.

Le 29 août 1793, Louis XVII y fut solennellement proclamé en présence des troupes anglaises et de deux représentants du gouvernement sectionnaire (3). Une salve de 17 coups de canons tirée de ce même fort annonça aux malheureux Toulonnais restés fidèles à la France que la trahison était consommée.

Un officier anglais, le capitaine Douglas, blessé mortellement au combat d'Ollioules, le 31 août 1793, fut enterré dans un de ses bastions.

Lors de la reprise de Toulon, le 19 décembre de cette même année, le fort la Malgue fut le dernier que les Anglais et les Espagnols évacuèrent. Dans leur précipitation à fuir, ils oublièrent de mettre le feu à la mèche qu'ils avaient préparée pour faire sauter le fort.

Le corps du général Joubert qui mourut si glorieusement à la bataille de Novi, fut déposé, le 28 août 1799, dans une chambre de ce fort. La population toulonnaise reçut avec la plus grande solennité les restes mortels de ce brave guerrier qui, quelques heures avant sa mort, répétait le serment de vaincre ou de mourir qu'il avait fait à sa jeune femme et à sa patrie. Le 28 octobre de la même année, le Conseil municipal de Toulon décida d'ériger un mausolée à Joubert et sollicita du Gouvernement l'autorisation de donner son nom au fort la Malgue. Le temps n'a pas conservé cette dénomination et le mausolée ne fut jamais construit. Le corps de Joubert a été transféré, en 1818, à Pont-de-Vaux, ville natale de l'illustre général.

Enfin c'est dans ce fort que fut provisoirement interné l'émir Abd-el-Kader, après son débarquement à Toulon.

(3) Le baron Imbert et M. Deydier de Pierrefeu.

Vers le milieu du XVIIIe siècle, il existait, entre les batteries basses de la Malgue et le fort Saint-Louis, une batterie dite de Saint-Pierre. Elle se trouvait exactement à l'endroit où s'élève, de nos jours, le restaurant de la Réserve.

Quelle est l'origine du mot la Malgue ? D'après M. O. Teissier (1), la Malgue viendrait de Manica dont on aurait fait ensuite la Margue, et de nos jours, la Malgue. Cette opinion ne nous paraît pas admissible, quoiqu'elle semble, à première vue, justifiée par un document de 1668 où l'on trouve la phrase suivante : « la Margue autrement Manica. » (2). Cette phrase qui est consignée dans un registre relatif aux droits de Directe, et qui a la prétention d'être une traduction fidèle d'un texte très ancien, constitue, à notre avis, un énorme contre-sens.

Après avoir donné le nom générique de Moreglionum ou de Mourraioun au quartier du Mourillon actuel, nos ancêtres désignèrent sous l'appellation de Manica (3) toute la partie de la côte qui s'étend, de nos jours, de la batterie basse du Cap-Brun à la Grosse-Tour parce qu'elle affectait, à leurs yeux, la forme d'une manche. Puis ils divisèrent les terrains bordant cette bande du rivage en plusieurs quartiers ruraux : Maufanguet, Cobue, Mauvallon, Vallaubon, Mourillon, le Port des Ganguis, les Vignettes, la Bade. (4). Enfin ils francisèrent dans la suite le nom de Manica en celui de Manègue et le réservèrent pour désigner, comme nous le verrons plus loin, tout le terrain avoisinant la Grosse-Tour.

Le quartier de la Malgue ne constituait donc, primitivement, qu'une faible portion du territoire appelé Manica ; nous en trouvons la preuve formelle dans un

---

(1) Histoire de Toulon au moyen-âge.
(2) Archives communales. CC. 86.
(3) Mot latin qui signifie manche.
(4) Archives communales. CC. 86.

document du XIVᵉ siècle où nous lisons ces mots :
« *la Margo apud Manicam* » (1), c'est-à-dire la Margue
auprès de Manica. Aussi, nous pensons avoir raison de
soutenir que la Margue ne dérive nullement de Manica.

Il résulte des recherches auxquelles nous nous
sommes livrés avec M. Antoine Esclangon, que la Margue
viendrait de l'expression provençale « faire margo ».
Les pêcheurs, après avoir tiré le gangui dans cette partie
de la rade, appelée, ainsi que nous l'avons dit plus haut,
Port des Ganguis, devaient se réunir de préférence sur
cette plage pour y « faire margo », c'est-à-dire le triage
du poisson capturé dans les ganguis. Ce terme de pêche
serait resté la dénomination de cette partie du rivage,
puis de toute la campagne environnante. Nous ajouterons, avant de nous éloigner du quartier de la Malgue,
que son territoire produit un vin renommé, le meilleur
sans contredit de toute la Provence.

Après avoir dépassé l'établissement des bains dits de
Sainte-Hélène, installé dans la rade des Vignettes, on se
trouve face à face avec le petit fort Saint-Louis, de
forme ronde, isolé sur la plage et baigné, du côté du
Sud, par la mer. Ce fort construit sous Louis XV était
destiné à concourir, avec la Grosse-Tour, à la défense
de la rade. La résistance héroïque qu'il opposa aux
armées coalisées, en 1707, restera célèbre dans les
annales maritimes de la France.

Le fort Saint-Louis, commandé par le sieur Daillon,
capitaine au régiment Vexin, ayant sous ses ordres le
lieutenant de frégate de Cauvières, s'écroulait de toutes
parts, dès le 9 août, sous le feu d'une batterie qui, de la
hauteur de la Malgue, le criblait nuit et jour de boulets.
Mais il se défendait vigoureusement et l'on était étonné
« de voir une bicoque faire morfondre les ennemis.
« M. de Cauvières ne cessait de faire feu quoique sa

(1) Archives communales. CC. 392.

« batterie fut à demi ruinée. Ce jeune homme, blessé
« grièvement le 6 août, refusa de se faire transporter à
« la Grosse-Tour, malgré les instances de M. Daillon.
« Les canonniers étaient obligés de le soutenir à bras
« quand il voulait parcourir la batterie. Le 9 août, un
« officier piémontais étant venu sommer le fort de se
« rendre, M. de Cauvières dit à M. Daillon : « Comman-
« dant, il n'y a qu'une réponse à faire, c'est que nous
« avons encore de la poudre » (1). Le 12 au soir, on
dut lui envoyer un détachement de grenadiers avec des
pelles et des pioches, en vue de résister à l'assaut qui
pouvait lui être donné d'un moment à l'autre. Quatre
jours plus tard, le maréchal de Tessé écrivait au ministre
de la guerre : « Notre petit fort Saint-Louis tient encore
« et l'on ne saurait trop louer la fermeté du sieur
« Daillon qui y commande. Il est rudement attaqué par
« mer et par terre. Il m'a mandé qu'il tiendrait encore
« aujourd'hui et peut-être demain ». Le 18, le fort fut
battu toute la journée, non seulement par les canons de
la Malgue, mais aussi par ceux de sept vaisseaux qui,
depuis la capitulation du fort de Sainte-Marguerite,
pouvaient s'approcher de lui en suivant la côte. Ce
même jour, le fort entièrement ruiné, fut abandonné
par sa garnison. « Une énorme brèche avait été ouverte
« et la plate-forme n'étant plus soutenue s'était en partie
« effondrée. Le vaillant capitaine et M. de Cauvières,
« son lieutenant, résolurent d'évacuer la place. Ils firent
« enclouer leurs canons, tant ceux qui étaient encore
« montés sur affût que ceux qui gisaient par terre,
« allumèrent une mèche qui communiquait avec la
« poudrière, et à minuit, se retirèrent sur la Grosse-
« Tour, avec ce qui leur restait de garnison. » (2).

Nous ne pouvons résister au plaisir de reproduire
les lignes émouvantes que M. Lenthéric consacre au

---

(1) Note du chevalier Bernard.
(2) Histoire du siège de Toulon, en 1707, par M. G. Lambert.

siège de Toulon, en 1707, dans son ouvrage la *Provence
maritime ancienne et moderne.* « Tout manquait à la
« fois dans la ville assiégée : les armes, les munitions,
« l'argent. Equiper et nourrir des troupes dans l'état de
« dénûment où se trouvait le pays semblait un problème
« insoluble. Mais la Provence trouva dans son patrio-
« tisme l'énergie et l'héroïsme des grands jours. Les
« riches épuisèrent leurs trésors, les pauvres leurs forces
« et leur sang. Tout le monde lutta de dévouement et
« d'abnégation, jusqu'à l'intendant général des finances
« qui engagea sa fortune personnelle et porta à la
« Monnaie ses bijoux, son argenterie de famille et celle
« de tous les siens. La résistance fut héroïque ; les
« habitants résolus de lutter jusqu'à la fin, avaient
« dépavé les rues et se préparaient à un assaut et à une
« guerre de maisons. La marine, de son côté, avait armé
« les remparts et les faubourgs avec l'artillerie de ses
« vaisseaux. Le journal du siège disait que « la ville
« ressemblait à une foire aux canons. » Mais le caractère
« impétueux des Provençaux s'accommodait mal d'un
« rôle purement passif, et on passa bien vite de la
« défensive à l'attaque ; la population entière, avec
« cette ardeur et cette folie qui sont le propre des
« tempéraments méridionaux, s'enrôla dans les rangs de
« l'armée, On parlait peu alors de sorties en masses ;
« mais on en fit en réalité et de terribles. Les femmes
« apportaient à boire aux soldats au milieu du feu ; les
« enfants suivaient les colonnes et poursuivaient les
« fuyards et les blessés. Ce peuple ne voulait pas
« absolument se rendre et ne se rendit pas. En quel-
« ques semaines, le siège dut être levé. Toulon était
« sauvé, et avec lui la Provence, notre commerce et
« notre marine dans la Méditerranée. »

Ce récit nous a fait oublier, un instant, le fort Saint-
Louis. Nous n'y revenons que pour donner les deux
détails suivants :

Sous la Terreur, ce fort servit de prison à un grand
nombre de suspects.

Enfin, c'est à proximité du même fort que les autorités de Toulon firent débarquer Abd-el-Kader, afin de le soustraire à la curiosité publique ; de ce point l'émir fut dirigé sur le fort la Malgue situé non loin du rivage.

Immédiatement après le fort Saint-Louis se trouve un petit port d'abri pour les barques de pêcheurs et les embarcations de plaisance. Ce port en miniature, construit tout récemment, est fermé, à l'Est, par une jetée qui commence au fort Saint-Louis même, et à l'Ouest, par la côte du quartier de la Mitre. Ce coin de rivage qui fait partie de l'ancienne rade des Ganguis, dite aujourd'hui des Vignettes, était plus généralement appelée au XIVᵉ siècle, port de Possalh (1). On sait qu'il existait, au Moyen-Age, sur la hauteur dénommée, de nos jours, Batterie du Salut (2) de la Mitre, un feu de garde ou farot destiné à signaler la présence en mer des navires ennemis. Ce feu correspondait, d'un côté, avec celui du cap Sicié, et de l'autre avec celui de Carqueiranne. Les eaux de Possalh, dont il est question dans un document de 1340, ne peuvent être que celles de ce mouillage, appelé actuellement port Saint-Louis.

Nous croyons intéressant de faire connaître ici les démêlés sans nombre qui s'élevèrent, aux XVIIᵉ et XVIIIᵉ siècles, entre la ville de Toulon et la corporation des pêcheurs d'une part, et les propriétaires de la Madrague (3) installée d'abord dans la rade des Vignettes, puis dans les eaux de Saint-Mandrier, d'autre part.

(1) Archives communales. EE. 46.

(2) Ainsi appelée parce qu'elle est chargée de faire les saluts d'usage aux bâtiments de guerre français ou étrangers.

(3) Grande enceinte de filets et de pieux plantés en mer pour la pêche du thon.

Jusqu'au commencement du XVIIe siècle, les pêcheurs de Toulon avaient joui du droit de pécher dans la rade où bon leur semblait. Plusieurs privilèges concédés et certains droits acquis leur faisaient considérer la rade comme, pour ainsi dire, leur propriété personnelle. De plus, le 11 janvier 1559, la Communauté de Toulon obtenait, de la Chambre des Comptes de Provence, la concession de douze postes (1) pour la pêche du thon. Elle s'engageait, en retour, à payer au roi « dix livres « tournois, pour une fois seulement, pour l'accapte et « nouveau bail, et un sol de cense annuelle et perpé- « tuelle à chaque fête de Noël pour chacun des douze « postes, payables au fermier du roy » (2).

La Communauté de Toulon afferma d'abord ces postes ; mais ensuite elle préféra les abandonner au corps des pêcheurs, sous la réserve que ceux-ci ne pourraient vendre le thon qu'au prix fixé par les consuls.

En 1603, l'exploitation de la pêche du thon et des autres poissons, faite par les pêcheurs toulonnais, reçut la plus grave des atteintes. Le 20 décembre de la même année, Henri IV fit don à M. de Boyer, seigneur de Bandol, gentilhomme de la chambre du roi, « de toute la « pesche du thon, depuis le lieu de la Ciotat, le long de « la côte, jusques à Antibes, pour la faire faire par « qui bon luy semblera, sans que cette permission puisse « nuire ni préjudicier aux pesches qui ont accoutumé « d'être faites par ses sujets aux dites mers (3). »

---

(1) La grande Laouve, le Freiret, le Caire du pré sive la Tarde-delière, le Tardeleron, la Baumette, la Ponche, la Vieille, la Première, la Laouve de Balaguier, l'Estel, le Pinet et la Grand' Cabano. Archives communales. EE. 52. 55.

(2) Archives communales. EE. 52. 55.

(3) « Ce privilège fut accordé à M. de Bandol, selon l'assertion « des écrivains de Provence, parce qu'il fut l'inventeur de cette sorte « de filet et qu'il en apporta l'invention d'Espagne. » Archives communales. EE. 52. 55.

M. de Bandol, au lieu de se conformer aux clauses
formelles de l'acte de concession, c'est-à-dire de n'installer
de madrague qu'aux endroits qui ne pourraient gêner la
pêche ordinaire, en plaça une dans la rade des Vignettes,
à l'entrée de la Petite Rade (1). Les Consuls de Toulon
s'empressèrent de protester contre la création de cette
madrague qui était un véritable obstacle pour les navires. De leur côté, les pêcheurs de cette ville adres-
sèrent les plus vives réclamations au sujet de ce même
établissement qui, non seulement constituait un monopole à leur préjudice, mais encore était de nature à
dépeupler la rade.

Un jugement, rendu en 1663 et faisant droit à la
requête de la corporation des pêcheurs de Toulon, ordonna
que la madrague serait placée au Pin de Consauve (1),
près de la pointe de Sainte-Marguerite.

Ce jugement fut exécuté. Mais, en 1680, la dame de
Maurel de Pontevès, veuve de M. de Bandol et tutrice
de son fils, « abusant du crédit qu'avait leur maison, fit
« placer, de son autorité privée, la madrague au golfe de
Saint-Mandrier ». De nouvelles et violentes contestations surgirent entre le corps des pêcheurs et les fermiers
de la madrague, car ceux-ci ne cessaient d'accabler les
premiers d'iniques vexations. En effet, chaque fois qu'un
pêcheur touchait avec son bateau, sans le vouloir, les
filets de la madrague ou bien naviguait en dedans de la

---

(1) « La madrague de Saint-Mandrier est un filet de joncs cou-
« vert en corde. Il est composé d'une queue de la même matière qui
« touche au rivage et avance environ 80 toises dans la mer.

« Au bout de cette queue est un autre filet qui a 60 toises en
« longueur sur 6 toises de largeur. Ce dernier filet a cinq divisions :
« il est arrêté au fond de la mer par des ancres et des pièces de
« plomb du poids de 50 livres. Son emplacement est marqué sur l'eau
« par des gaviteaux ou pièces de liège qui flottent sur la mer. Ce filet
« coûte 18.000 livres. » Archives communales. EE. 52-55.

(1) Ce pin, depuis fort longtemps disparu, se trouvait au-dessus
des hautes falaises de Sainte-Marguerite.

ligne de démarcartion, c'est-à-dire à moins de deux milles
de distance, il voyait ses filets et son bâteau confisqués,
et était condamné à une forte amende.

La corporation des pêcheurs de Toulon, troublée de
nouveau dans la jouissance de ses droits, renouvela ses
protestations indignées. Elle fit valoir qu'elle ne pouvait
plus pêcher dans cette partie de la mer où le poisson
abondait le plus ; que les fermiers de la madrague, contrairement aux lettres patentes de 1676, qui édictaient
que tout le poisson pris dans la rade de Toulon devait
être porté à la poissonnerie, expédiaient presque tout le
produit de leur pêche ailleurs qu'à Toulon et n'en
faisaient porter dans cette ville qu'une très faible partie,
juste assez pour en maintenir le prix à un taux élevé ;
que la madrague, qui ne devait être tendue que du mois
de juillet au mois d'octobre, époque du passsage des
thons, était laissée toute l'année dans la mer ; que les
mailles des filets étaient trop resserrées et permettaient
de prendre toute espèce de poisson ; que le poisson
devenait plus rare et par conséquent plus cher ; que
les pêcheurs étaient obligés d'abandonner le palangre et
de se servir uniquement du brégin et du gangui, filets
à petites mailles très dangereux, puisque ne pouvant
être jetés qu'au bord de la mer, où le gros poisson vient
ordinairement déposer son frai, ils en détruisaient
l'espèce. Enfin, la corporation des pêcheurs se plaignait
d'être forcée, par suite du monopole accordé à la famille
de Bandol, d'aller pêcher à quatre ou cinq lieues de
Toulon.

Les Consuls, de leur côté, firent habilement remarquer
qu'au-dessus des intérêts particuliers de la ville de Toulon et des pêcheurs, il y avait les intérêts supérieurs
de la marine à sauvegarder. Ils s'efforçaient de démon-
trer dans leur mémoire que l'établissement de la madrague faisait diminuer, tous les jours, le nombre des
pêcheurs, et comme conséquence, celui des matelots que
le roi trouvait à Toulon toutes les fois que les circonstances nécessitaient des levées. Ils insistaient principale-

ment sur ce point que, la plupart du temps, les navires
qui arrivaient dans la rade avec les vents de Nord-Ouest,
s'échouaient ou subissaient de graves avaries pour vouloir éviter de se jeter sur la madrague ; que journellement les bâtiments marchands étaient obligés de payer
aux fermiers de M. de Bandol des indemnités onéreuses
et illégales, pour les dommages qu'ils causaient, malgré
eux, aux filets de la madrague. Enfin, ils terminaient en
citant de nombreux exemples de navires, qui avaient
eu à souffrir de la position de cet engin situé presque au milieu de la rade. « En 1720, le vaisseau le
« *Toulouse*, appareillant pour le Mississipi avec le *Henri*,
« donna dans la madrague et eut bien de la peine à s'en
« retirer. En 1744, une escadre composée de plus de
« trente vaisseaux de guerre, compris ceux des Espa-
« gnols, destinée à aller brûler les vaisseaux anglais qui
« étaient mouillés aux Iles d'Hyères, voulant éviter de
« rompre la madrague ou d'embarrasser leur gouvernail,
« les vaisseaux se rangèrent sur la gauche de la rade.
« Le *Léopard*, obligé de virer de bord, tomba sur la
« *Volage* et se fracassa l'avant au point que toute
« l'escadre fut forcée de mouiller pour luy aider à se
« réparer. L'expédition fut manquée et on ne sait
« malheureusement que trop ce que souffrit la marine
« pendant le reste de cette guerre dont le début ne fut
« malheureux que par l'accident du *Léopard*, occasionné
« pour avoir été obligé d'éviter la madrague. En 1756,
« M. de la Galissonnière ayant fait signal d'appareiller à
« l'escadre et au convoy de cent quatre-vingt voiles qui
« portaient les troupes à l'expédition de Minorque, le
« vaisseau le *Sage*, mouillé près de Saint-Mandrier, ne
« put jamais s'élever assez pour éviter de donner dans
« la madrague ou de s'échouer. Le dernier cas lui arriva
« et il fallut débarquer de l'artillerie et perdre beaucoup
« de temps pour remettre ce vaisseau à flot. Enfin la
« plupart des vaisseaux étrangers qui abordent dans
« la rade, s'ils n'ont pas de pilotes côtiers, s'embar-
« rassent dans la madrague, s'échouent ou se font quel-

« que dommage et payent encore celuy qu'ils font aux
« filets de M. de Bandol. Ces évènements peuvent être
« d'autant plus fréquents que le propriétaire de la
« madrague, ne consultant que son intérêt personnel au
« préjudice du bien de l'Etat et de l'intérêt général, n'a
« cessé d'ajouter à son entreprise et a insensiblement
« tendu ses filets à une distance du rivage beaucoup
« plus grande.

« Quelles entraves pour le commerce ! quelle servi-
« tude pour un port de roy ! quelle gêne pour des
« officiers militaires d'avoir, dans le district de leur
« commandement, un établissement particulier qui met
« des obstacles continuels à l'exécution des ordres de
« Sa Majesté (1). »

Un arrêt du Conseil, rendu le 18 septembre 1763,
vint donner satisfaction aux consuls et aux pêcheurs de
Toulon, en ordonnant à M. de Bandol de faire démolir
la madrague dans le délai d'un mois. Mais cet arrêt, pas
plus que le précédent, ne fut exécuté, grâce au crédit
dont jouissait M. de Rohan, devenu, sur ces entrefaites,
propriétaire de l'établissement de M. de Bandol. C'est
seulement vers la fin du XVIIIᵉ siècle, que la madrague
disparut définitivement de la rade de Toulon.

Il est grand temps de revenir à la plage du Mourillon que nous avons laissée après le fort Saint-Louis.
Le boulevard du Polygone et celui de Bazeilles qui
ne forment qu'une seule avenue sous deux noms différents, étaient, il y a un demi-siècle encore, traversés
dans toute leur longueur par la rivière de l'Eygoutier.
Nous avons déjà dit que le plus ancien document de
nos archives, qui fasse mention de ce ruisseau, est l'acte
par lequel Raymond Dacil vend, le 10 avril 1212, à
l'évêque Etienne, de Toulon, le bourg ou château de

(1) Archives communales. BB. 29. EE. 52. 55.

Sainte-Marguerite. Il y est désigné sous le nom d'Esgo-
terium. (1).

L'Eygoutier prend sa source au quartier de l'Esta-
gnol, dans la commune d'Hyères. Il avait primitivement
son embouchure sur la partie du littoral où s'élève
actuellement la caserne de gendarmerie, c'est-à-dire à
l'entrée du faubourg du Mourillon. Presque à sec pendant
l'été, il roule, en hiver. de grandes masses d'eaux
limoneuses.

Vauban, dès son arrivée à Toulon, vers la fin de
1678, s'empressa de signaler l'urgente nécessité de
détourner les ruisseaux de l'Eygoutier et du Las dont
les atterrissements menaçaient de combler la petite rade.
« C'est une pitié. écrivait-il, de voir l'indolence avec
« laquelle on a vu couler deux méchants ruisseaux qui,
« depuis le commencement du monde, travaillent à
« combler le port, et qui ont fait de si grands progrès et
« si sensibles, qu'il n'y a plus que certains canaux par
« où les grands vaisseaux puissent aborder; et ce com-
« blement va si vite que les bêtes pourraient paître
« aujourd'hui où l'on carénait les vaisseaux il y a trente
« ans. Tout le monde voit le mal que cela fait et toute
« la terre se récrie là-dessus ; cependant c'est une
« merveille de voir le peu d'impression que cela fait et
« comme on s'est peu mis en peine d'y remédier jusqu'à
« présent, quand on considère la facilité qu'il y a de les
« détourner et le peu qui en aurait coûté. Pour moi qui
« en vois l'effet comme une chose pernicieuse à laquelle
« il est de la dernière conséquence de remédier, je suis
« d'avis que, préférablement à toutes choses, on travaille
« à leur faire d'autres lits et à les éloigner du port, le
« plus qu'on pourra, aussi bien que les égouts de la
« ville et généralement tout ce qui peut contribuer à
« son comblement ». (2).

---

(1) Egout.
(2) Premier mémoire de Vauban, 9 mars 1679.

Vauban indiqua le nouveau cours à donner à ces deux ruisseaux, et insista sur la nécessité d'accomplir ces travaux dans le plus bref délai. Sa voix autorisée fut entendue et le détournement de l'Eygoùtier et du Las ne tarda pas à être ordonné.

Au sujet de l'Eygoutier, Vauban lni creusa un nouveau lit à partir de son embouchure, lui fit contourner le col formé par les terrains du Polygone et le conduisit directement à la mer dans l'anse du fort Saint-Louis. D'après le célèbre ingénieur, le détournement de l'Eygoutier présentait encore un autre intérêt. « A l'égard de l'endroit appelé les Vignettes, où l'on « tient que l'on peut faire un grand débarquement, il y « a lieu d'espérer que le détour de l'Eygoutier, le gâtera « par le temps ; autrement il est certain que les vaisseaux ne peuvent approcher à portée, les galères y « mettre presque la proue en terre et les chaloupes « aborder facilement. »

Les marais qui se trouvaient près de l'ancienne embouchure de l'Eygoutier furent comblés avec les déblais provenant du curage de la Vieille Darse ; et plus tard, sur l'emplacement occupé aujourd'hui par le hangard aux bois de l'arsenal du Mourillon, on construisit « un magasin pour les artifices. » (1).

En 1856, le lit de l'Eygoutier, tracé par Vauban, fut recouvert et converti en boulevard. Les eaux de ce ruisseau s'écoulent actuellement, comme nous l'avons déjà dit précédemment, par un tunnel percé sous la hauteur de la Malgue, et se déversent dans la mer près d'un établissement de bains. (2).

---

(1) Non loin de cette partie de la côte existait autrefois le cimetière des Turcs.

(2) Le ruisseau de l'Eygoutier est également appelé, dans les parages du quartier des Améniers, rivière des Amoureux, d'une ancienne chapelle, qui était située dans le quartier et que l'on se plaisait à désigner sous le vocable de Notre-Dame-des-Amoureux.

Au carrefour où le boulevard du Polygone vient déboucher sur le rivage, commence le ravissant quartier de la Mitre. Un petit sentier tracé sur les rochers accidentés et pittoresques qui bordent la côte, serpente, au-dessus des falaises, jusqu'à la batterie du Salut. Ce quartier doit son appellation à une roche qui émerge de la mer, non loin du rivage, et qui affecte très imparfaitement la forme d'une mitre. C'est un des endroits les plus riants des environs de Toulon, avec son panorama incomparable, ses villas et ses maisons de campagne perdues dans des fouillis de verdure. Il est très fréquenté en toute saison, car il n'a pas de rival à cause de sa proximité de la ville et de sa situation privilégiée qui le met complètement à l'abri du Mistral. A l'entrée de ce quartier se trouve une petite pointe rocheuse appelée le rocher de Cancale ; un restaurant installé autrefois dans une villa située en face de cette pointe, a laissé le nom de son enseigne à ce coin du littoral.

La hauteur de la Mitre est couronnée par la batterie du Salut. Du sommet de ce plateau, la perspective est des plus admirables ; la vue s'étend sur tout le merveilleux bassin de Toulon. « Cette contemplation, dit Méry, « fatigue les yeux ; il y a trop de choses pour un regard « d'homme, trop de sensation pour le cœur. Ce n'est « pas Naples, ce n'est pas Constantinople ; c'est une « ville de France sous le ciel du Bosphore ou de « Pœstum. »

La partie de la côte comprise entre l'anse Magaud et le rocher de la Mitre, est, sans contredit, une des promenades les plus belles de notre littoral. En été, le rivage se peuple, dès le matin, les dimanches et jours de fêtes, d'innombrables familles composées d'hommes, de femmes et d'enfants, qui, munis de provisions et d'ustensiles de cuisine, viennent y faire la *foucade* traditionnelle. Les uns, en costume très léger, s'amusent soit à pêcher dans les mattes, soit à chercher des oursins et des arapèdes. D'autres, principalement les femmes et les enfants, se livrent à la baignade dans les cavités des rochers qui forment autant de baignoires naturelles, tandis que les hommes qui savent nager, s'éloignent assez loin de la côte. D'autres, enfin, après avoir improvisé des fourneaux avec de gros galets, préparent la bouillabaisse ou font réchauffer un de ces mets provençaux, apprêtés la veille, qui figurent ordinairement dans ces parties de plaisir. Et jusqu'au soir, très tard, le rivage retentit de chants gais et d'éclats de rire bruyants.

Dans les parages du fort Saint-Louis, des pêcheurs sont occupés soit à amorcer leur palangre, soit à faire sécher leurs filets, soit enfin à préparer la soupe au poisson, leur invariable repas.

En hiver, de nombreux promeneurs suivant à pied les sinuosités de cette côte, sous les rayons d'un soleil vivifiant, viennent admirer, du sommet des falaises, le spectacle grandiose de la haute mer.

En continuant à suivre le sentier de la mitre, on arrive bientôt, après un brusque tournant, à la batterie du Salut ; à partir de ce point, le chemin s'éloigne de la côte pour se diriger vers le quartier du Polygone. En quelques années, ce quartier s'est couvert de villas et de maisons d'habitation, et s'est peuplé d'une manière prodigieuse. Sa situation, qui l'expose à tous les vents, a valu à une de ses places le nom significatif de l'Eventail. Au-dessous de la colline et dans la direction de l'Ouest, se dresse le tertre du Polygone où les troupes viennent, depuis 1717, s'exercer au tir du fusil. On y faisait, il n'y a pas très longtemps encore, des tirs au canon. Ce monticule était indistinctement appelé, au XVIIIᵉ siècle, batterie du tir au canon ou Académie du canon.

A partir de la batterie du Salut jusqu'à la Grosse-Tour, le sentier cesse de courir le long de la côte. Les terrains du Génie qui bordent le rivage sur toute cette

étendue, ne permettent plus, depuis plusieurs années, de
suivre l'ancien chemin du littoral. Enfin, après étre
descendu sur les terrains du Polygone, et avoir contourné
la butte, on découvre de nouveau la mer et on arrive à
la pointe de la Manègue sur laquelle s'élève la Grosse-
Tour.

Nous croyons avoir démontré plus haut, en nous
basant sur des textes authentiques, que le quartier de
Manica comprenait tout le terrain avoisinant la Grosse-
Tour. De plus, nous avons dit que le nom de Manica
fut francisé, au XVIᵉ siècle, en celui de Manègue.
M. G. Lambert prétend que Manégue vient de *manet
aqua*, eau stagnante. Nous nous permettrons de ne pas
étre de l'avis du savant historien de Toulon. Nous
pensons qu'il est plus naturel et plus logique d'admettre
que Manègue dérive de Manica.

Le quartier de la Manègue portait également, dès le
XVᵉ siècle, le nom de Maufanguet (1). En effet, un document de 1425, relatif à la vente d'un terrain situé dans
cet endroit, le désigne sous le nom de Manega ou de
Malfanguet (2). Un autre document de 1668, s'exprime
de son côté, de la manière suivante au sujet de ce
quartier. « Le Maufanguet, dit aussi la Manègue, est
« ainsi appelé parce qu'il est toujours aquense, comme
« proche de la mer. C'est un lieu aqueux propre pour
« faire du sel. Le Maufanguet ne se compose que de
« terres vagues où il y a trois montagnoles de garrigue
« sive terre inculte. » (3). Ces trois petits mamelons
sont les hauteurs qui dominent la plaine du Polygone et
qui constituent la croupe de la Malgue au pied de
laquelle se profile, dans la mer, la petite pointe de
Pipady.

---

(1) Des mots provençaux *mau*, mauvais ; *fanguet*, bourbier.
(2) Archives communales. CC. 86.
(3) Archives communales. DD. 29.

La Grosse-Tour qui se dresse à l'extrémité de la pointe appelée autrefois cap de la Manègue (1), est l'ouvrage fortifié le plus ancien et le plus important que les rois de France firent élever, au XVIe siècle, sur les côtes de Toulon.

Sur les instances des Toulonnais, qui se préoccupaient vivement et depuis fort longtemps de mettre leur ville à l'abri d'une attaque par mer, Louis XII ordonna, en 1513, la construction. à l'entrée de la petite rade, de cette gigantesque fortification. Le seigneur du Puy Saint-Martin, lieutenant du grand sénéchal René, Bâtard de Savoie, fut envoyé à Toulon pour choisir l'emplacement où devait être édifiée cette tour. Le Conseil de ville, consulté à ce sujet, décida à l'unanimité que « la « tour ne pourrait être élevée qu'à l'entrée du port, au « cap de la Manègue, parce que dans ce lieu la mer est « peu profonde. » (2).

Le seigneur du Puy se rangea à cet avis, et dès ce moment on s'occupa de trouver les fonds nécessaires pour entreprendre les travaux. Une somme de 2.000 livres tournois fut mise, dans le courant du mois de mars 1514, à la disposition des consuls de Toulon « pour être employée à l'édification de la dite tour. » L'exécution de l'ouvrage fut confiée à un ingénieur italien, Jean-Antoine de la Porta. Celui-ci arriva à Toulon dans les premiers jours du mois de mai de la même année, et l'inauguration des travaux se fit le 14 de ce mois. Cette inauguration donna lieu de la part des habitants, qui voyaient dans la construction de la

---

(1) D'après certaines chroniques, la partie de la côte comprise entre le cap de la Manègue et l'arsenal actuel du Mourillon était appelée, au XIIIe siècle encore, port des Troyens Ces mêmes chroniques racontent que, dans la nuit du 4 avril 1197, les Sarrazins débarquèrent dans ce port et marchèrent ensuite sur la ville qu'ils livrèrent aux flammes.

(2) Archives communales. BB. 45.

tour des garanties de protection et de sécurité, à de grandes manifestations publiques de joie. Des danses et des jeux divers furent organisés, des salves de bombardes et d'arquebuses tirées et des feux allumés dans toutes les rues. La Cathédrale et les chapelles de la cité retentirent d'actions de grâces chantées par le clergé tout entier.

Commencée sous Louis XII, dans le courant de 1514, la tour ne fut achevée que sous François Ier, en 1524. Elle reçut primitivement le nom de Tour royale ; mais la population ne la désigna jamais que sous le nom de Grosse-Tour. Cet ouvrage fortifié est plutôt un fort circulaire qu'une tour proprement dite ; son diamètre est de 60 mètres. Les bâtiments qui sont adossés contre ses épaisses murailles peuvent recevoir une forte garnison.

La Grosse-Tour était à peine terminée qu'elle tombait au pouvoir des Impériaux qui venaient d'envahir la Provence. Jean de Mottet, son premier commandant, la livrait sans combat, quoiqu'elle fût suffisamment pourvue de troupes, bien approvisionnée et armée de douze canons. Parmi ces pièces d'artillerie se trouvaient les trois bombardes en bronze qui, jusqu'à ce jour, avaient garni les remparts de Toulon et que l'amiral de La Fayette avait fait transporter à la Grosse-Tour. Au dire de Ruffi et de H. Bouche, le chevalier de Croy à qui de Mottet s'était rendu, envoya ces douze canons au connétable de Bourbon, alors sous les murs de Marseille. Celui-ci s'en servit pour bombarder cette ville. D'après Papon, « c'est de la Grosse-Tour que fut enlevée la fameuse coulevrine, nommée la *Lézarde*, qui fit tant de mal aux Français à la célèbre journée de Pavie et qui décida en partie de la victoire. »

Après l'évacuation de la Provence par les Impériaux, le nouveau commandant de la Grosse-Tour, Pierre de Montdragon, emprunta à Claude d'Assonville, évêque de Sisteron, un canon vénitien et un canon pierrier pour armer la forteresse.

C'est à tort que quelques historiens ont avancé que Toulon et la Grosse-Tour avaient été occupés de nouveau, en 1536, par les troupes impériales commandées, cette fois, par Charles-Quint lui-même. Aucun document de nos archives ne fait mention d'une invasion soit par terre soit par mer. Ces historiens qui avaient lu, dans les registres de délibérations de notre ville, que des préparatifs (1) avaient été ordonnés en prévision de l'entrée des Impériaux en Provence, ont conclu de ces textes à une invasion qui ne se produisit jamais.

En 1638, le matériel d'artillerie de la Grosse-Tour était encore des plus modestes. Nous lisons, en effet, dans un document de cette époque « qu'on remplacera les quatre canons en fonte qui sont à la Grosse-Tour par quatre autres pièces en fer et en meilleur état. » (2).

Cette forteresse, qui avait été longtemps la seule défense de Toulon du côté de la mer, n'était plus, vers la fin du XVIIᵉ siècle, susceptible de rendre d'utiles services. Voici comment Vauban s'exprimait, à son sujet, en 1679. « La Grosse-Tour est une très belle pièce à plusieurs étages et batteries ; mais elle n'a pas été achevée, et on s'est amusé à faire de méchantes petites batteries au pied, dont la moitié des embrasures ne voit pas ce qu'elle devrait voir ; son fossé qui était profond et où il y avait de l'eau autrefois, est présentement sec et son revêtement en mauvais état. Mon avis est d'achever totalement cette pièce suivant l'ordre qu'elle a été commencée, de l'élever à peu près de la hauteur du commandement voisin, d'achever le revêtement de son fossé et de continuer pareillement ses batteries basses tout à l'entour, du côté de la mer, par des jetées, sur lesquelles on bâtira une batterie basse, avec un parapet sans embrasures derrière lequel on mettra toutes les

(1) Archives communales. BB. 56.
(2) Archives communales, BB. 57.

pièces en barbe. Remarquez qu'il faudra épauler les batteries et en ôter la vue du côté de la terre, dont il les faudrait aussi séparer pour en ôter tout accès. Je suis même d'avis qu'on en ôte la galerie qui traverse le fossé comme ne servant à rien et pouvant nuire ; et, en un mot, que cette fortification soit entièrement isolée par la mer comme elle l'a été ci-devant. »

La Grosse-Tour possède des cachots souterrains, véritables oubliettes, parfois envahis par la mer. De nombreuses victimes y furent enfermées sous la Révolution, et plusieurs d'entre elles périrent dans ces lieux insalubres.

Nous terminerons la description de la côte Nord de la Grande Rade par les quelques lignes suivantes que nous allons consacrer aux jetées qui, de nos jours, barrent presque entièrement l'entrée de la Petite Rade.

Quoique puissamment armés, tous les forts qui dominent le bassin de Toulon n'ont pas paru présenter cependant, au point de vue de la défense, des garanties suffisantes. On a établi, de 1878 à 1881, un système de trois jetées, à peu près convergentes, qui, grâce au peu de largeur de la passe ménagée entre elles, ferment l'entrée de la Petite Rade. La première, dite de la Grosse-Tour, qui s'appuie à la côte, non loin de ce fort, a 1.504 mètres de longueur ; elle est coupée à 140 mètres du rivage par une passe connue sous le nom de Temps de Paix, que seuls les bâtiments de faible tonnage et les barques de pêche peuvent franchir. Les deux autres jetées, dites de Saint-Mandrier et de la Vieille, sont enracinées sur la côte Nord de la presqu'île de Cépet, aux points qui portent ces dénominations ; la première a 350 mètres de longueur et la seconde 91 seulement. La jetée de la Vieille laisse entre elle et la jetée de la Grosse-Tour, qui lui correspond, une passe très profonde de 400 mètres de largeur.

Nous dirons, en passant, que tout le pourtour de la Petite Rade était anciennement couvert de salines. Les plus importants de ces établissements se trouvaient dans

les parages du cap de la Manègue (1) et des quartiers
de Malbousquet et du Temple. Déjà, sous la domination
romaine, la fabrication du sel était très active dans
notre ville ; au Moyen-Age, cette industrie était en
pleine prospérité.

Toulon vécut sous le régime de la convention du
Franc-Salé et de l'exemption du droit de la gabelle
jusqu'à la fin du XVe siècle. Après que notre cité eût été
réunie, en 1481, à la couronne de France, la production
et le commerce du sel furent soumis aux lois générales
du royaume.

Nous laisserons de côté, pour un instant, toute la
partie du littoral qui s'étend de la Grosse-Tour à la
plage de Lagoubran. Nous aurons l'occasion d'en parler
longuement lorsque nous étudierons l'arsenal du Mourillon, le Port-Marchand, la Vieille Darse et l'arsenal
de la marine. (2).

A la limite Ouest de l'arsenal principal se dresse le
fort Malbousquet dont les remparts descendent jusque
sur les bords de la mer même. La colline sur laquelle
ce fort fut construit à la fin du XVIIIe siècle, était
appelée très anciennement Maubosquet (3). Ce nom a
été transformé depuis en Malbosquet et finalement en
Malbousquet. Un registre de 1668, qui reproduit un
document de 1332, s'exprime ainsi au sujet de cette
colline : « Maubosquet est presque toute terre inculte
fors sur la teste en divers lieux ; elle a été des premières
défrichées. » (4).

---

(1) En 1374, Jean Beaussier fut confirmé dans la possession des
salines du Mourillon.

(2) Tout le littoral compris entre l'extrémité Ouest du quai de
Toulon et la plage de Lagoubran fait partie du domaine de la marine ;
aussi n'est-il pas accessible au public.

(3) Mauvais bosquet.

(4) Archives communales. CC. 86,

Cette hauteur reçut, en 1770, un commencement de fortifications, mais des plus primitives.

En 1793, l'armée investie compléta hâtivement l'armement de cet ouvrage dénommé alors redoute de Malbousquet, et dont les travaux de défense consistaient uniquement en une lunette à peine fermée à la gorge. Mais cette redoute ne put résister au feu de l'ennemi. Après la prise du fort Mulgrave, le fort Malbousquet fut évacué dans la nuit du 17 au 18 décembre.

La caserne qui se trouve à la gorge du fort porte actuellement le nom de caserne Gambin. (1).

Dans la direction Nord-Ouest de ce tertre et à droite de la route d'Ollioules, on découvre, après avoir traversé le pont de la Rivière-Neuve, une hauteur boisée d'où l'on domine la vallée du Las et les pentes de Malbousquet. Durant le siège de 1793, trois batteries avaient été construites sur ce monticule. La plus célèbre est celle de la Convention, dont le nom est resté au quartier avoisinant. Cette batterie, édifiée par Bonaparte dans les derniers jours de novembre, avait été soigneusement dissimulée de façon qu'elle pût ouvrir son feu à

---

(1) Gambin (Jean-Hugues), général de brigade, né à Paris en 1764, mort à Toulon en 1835. Cité au 24e bulletin de l'armée d'Allemagne, Vienne, le 3 juillet 1809, dans les termes suivants : « Le 26 juin le général Gyulay se présenta devant Grœtz avec 10.000 hommes. Le 84e régiment d'infanterie se cantonna dans un des faubourgs de la ville, repoussa toutes les attaques de l'ennemi, le culbuta partout, lui prit 500 hommes, 2 drapeaux et se maintint dans sa position pendant 14 heures, donnant le temps au général Broussier de le secourir. Ce combat d'un contre dix a couvert de gloire le 84e et son colonel Gambin ».

Cette belle défense valut au colonel Gambin le titre de comte et une dotation annuelle de 10.000 francs, qui n'étaient généralement accordés qu'à des généraux de division ; et ce fait d'armes paru assez glorieux pour mériter d'être commémoré sur le drapeau du 84e régiment d'infanterie qui porte, parmi ses inscriptions actuelles : « Grœtz (1 contre 10) 1809. »

l'improviste sur Malbousquet, au moment de la grande
attaque projetée sur le Petit-Gibraltar. Dans la nuit du
28 au 29 novembre, les commissaires aux armées, en se
promenant autour de la place, découvrirent cette batterie
et s'indignèrent de ne l'avoir pas encore entendue tirer.
Ils donnèrent l'ordre de commencer immédiatement le
feu, au grand mécontentement de Bonaparte. Cet ordre
eut pour conséquence de retarder, de plusieurs jours,
l'attaque générale. Bien plus, le 29 du même mois, la
batterie fut prise par les Anglais ; et s'ils avaient su
profiter de cet avantage, l'imprudence des commissaires
eût pu avoir les plus graves conséquences. C'est au pied
de la hauteur de la Convention, en un point occupé
aujourd'hui par la tranchée du chemin de fer, que
fut pris, ce même jour, le général O'Hara, dans des
circonstances encore imparfaitement connues.

L'établissement que l'on aperçoit, sur le bord de la
mer, après le mur d'enceinte du fort Malbousquet, est la
poudrière de Milhaud. Le terrain sur lequel cette poudrière fut construite, était primitivemement une petite
île très cultivée, « d'une contenance (1) de six saunées,
trois panals ; elle était séparée du terroir d'environ une
mousquetade ». (2). Après avoir appartenu longtemps
à la famille de Milhaud dont elle conserva toujours le
nom, cette île fut acquise par Pierre de Thomas, le
même seigneur qui, en 1526, avait acheté le château de
Sainte-Marguerite. Deux siècles plus tard, elle devint la
propriété de la marine qui y installa un magasin à
poudre (3), et qui la transforma ensuite, pour les commodités du service, en une presqu'île. Depuis, ce lieu
n'a pas changé d'affectation.

---

(1) A cette époque le mot contenance était pris dans le sens de
rapport.

(2) Archives communales. CC. 86.

(3) Archives communales. Plan de la rade et des environs de
Toulon. 1756.

Après avoir dépassé la poudrière de Milhaud, on trouve, échelonnés sur le bord de la mer, plusieurs établissements de la marine : le parc à charbon, les fosses à immersion pour les bois et le parc d'aérostation ; enfin l'embouchure du ruisseau le Las, point où le rivage devient, sur une certaine étendue, accessible aux promeneurs. Ce ruisseau, appelé très anciennement le Das, prend sa source dans la vallée de Dardennes, au lieu dit le Ragas ; il se jetait autrefois dans la mer près du canal de Castigneau, limite que Vauban avait assignée, dans l'Ouest, à l'arsenal primitif. La même raison qui avait poussé Vauban à détourner l'Eygoutier, c'est-à-dire la crainte de voir la Petite Rade se combler sous des apports incessants de vase, de sable et de gravier, le décida à donner au Las un autre cours. A cet effet, il fit construire, au quartier du Jonquet, une écluse dite de Rodillat, traça un nouveau lit à ce dernier ruisseau et le fit déboucher dans la mer entre la plage de Lagoubran et l'île de Milhaud. La nouvelle rivière prit, à partir du quartier du Jonquet, le nom de Rivière Neuve qui lui est resté.

A l'occasion de la rivière du Las, il importe de détruire une erreur vraiment grossière commise par des historiens, qui devaient ignorer complètement les travaux entrepris à Toulon par Vauban. Ces auteurs, voyant que le Las se déversait à la mer, sur la plage de Lagoubran, et sachant, d'autre part, que ce ruisseau était alimenté par une source réputée de tout temps pour l'abondance et la limpidité de ses eaux, ont déclaré que la teinturerie en pourpre des Romains se trouvait sur ce point. La date du détournement du Las suffit à elle seule pour réfuter cette opinion fantaisiste.

A l'Ouest de l'embouchure de la Rivière Neuve, s'étend la plage de Lagoubran où l'on pouvait admirer, il y a trois ans encore, un quartier des plus prospères. Formé par une double rangée de maisons en bordure sur la route de La Seyne, ce quartier, de création récente, avait pris, en peu de temps, un développement prodigieux. L'explosion d'une poudrière située auprès de cette agglomération, est venue, dans la nuit du 4 au 5 mars 1899, l'anéantir complètement et ensevelir presque la totalité de ses habitants. (1).

La plage de Lagoubran est célèbre dans les annales judiciaires de la Provence par les nombreux procès auxquels elle donna lieu, au XVᵉ siècle, entre les communes d'Ollioules et de Toulon.

Durant son règne, Louis II, comte de Provence, avait autorisé les habitants d'Ollioules à embarquer et à débarquer sur ce point de la côte, d'un accès facile, toutes sortes de marchandises. Convaincus que ce rivage de la mer appartenait à leur territoire et, d'autre part, forts de la permission qui leur avait été accordée, ceux-ci construisirent, à cet endroit, une espèce de quai en plantant des pilotis pour soutenir les terres ; puis ils y édifièrent même quelques bâtisses en pierre.

Les Toulonnais furent profondément irrités de voir leurs voisins se livrer à des actes de commerce sur une plage qui dépendait de la communauté de Toulon. Cette dernière avait, en effet, en vertu d'un privilège très ancien (2), la propriété du rivage de la rade dans tout son pourtour. Aussi soutenait-elle que les riverains de la rade ne pouvaient charger ou décharger leurs denrées et marchandises, et même les poissons pêchés dans les eaux de cette rade, que dans le port de Toulon seulement.

Nos ancêtres avaient un intérêt très sérieux à défendre leur privilège, car il était pour eux une source de revenus. En 1411, les syndics de Toulon demandè-

---

(1) Le 27 février 1840, un atelier d'artifices, situé au Mourillon, sur l'emplacement de la caserne de l'artillerie coloniale, fit explosion. Ce désastre coûta la vie à sept personnes et en blessa vingt-quatre très grièvement.

(2) Archives communales. AA. 1.

rent au roi de révoquer l'autorisation qu'il avait donnée aux habitants d'Ollioules, et ce, pour plusieurs raisons majeures. « Le rivage de Lagoubran, disaient-ils, ne fait pas partie du territoire d'Ollioules, puisqu'il en est séparé par le chemin royal de Six-Fours ; et si les habitants d'Ollioules ont obtenu ce privilège, ce n'est que subrepticement et sous de fausses allégations, car ils possèdent déjà le port de Saint-Nazaire (1) pour le trafic de leurs récoltes. » Ils ajoutaient que ce transit de marchandises était la ruine du commerce de Toulon. Enfin, ils terminaient en disant — et c'était l'argument le plus décisif en faveur de leur cause — qu'en défendant les droits et les libertés de Toulon, ils défendaient aussi les droits de la cour du roi.

Louis II, comte de Provence, comprenant toute la justesse de ces raisons et surtout de la dernière qui l'intéressait plus particulièrement, s'empressa d'annuler le privilège et d'ordonner la destruction des pilotis et du môle établis sur le rivage. (2). Malgré cet arrêt formel, les habitants d'Ollioules essayèrent, en 1452 et 1454, de reprendre possession du poste de Lagoubran. (3). Mais la Cour les condamna chaque fois à déguerpir. Ces tentatives, à part un cas isolé qui se produisit en 1476, et dont nous allons parler bientôt furent les dernières qu'ils entreprirent. Et si l'on trouve dans les documents de nos archives quelques dérogations à ce privilège en faveur des gens d'Ollioules, on peut être assuré que ceux-ci avaient pris la précaution de demander, au préalable, l'autorisation aux syndics de Toulon, en « spécifiant que c'était par grâce spéciale, pour cette fois seulement

---

(1) Le village de Sanary actuel.

(2) Archives communales. AA. 96.

(3) Il fut stipulé, en 1554, que les gens d'Ollioules « ne pourraient pêcher du poisson à la Gobran que pour leur provision seulement. » Archives communales. BB. 42.

et sans préjudice des droits et privilèges de la ville de Toulon. »

En 1476, quatre pêcheurs d'Ollioules vinrent pêcher au gangui dans les eaux de Lagoubran, chargèrent le poisson sur le dos d'un âne et se dirigèrent ensuite vers leur village, sans le porter à Toulon pour acquitter les droits. Surpris et arrêtés par le bailli de Toulon lui-même, ils furent traduits devant le juge de la Cour qui condamna chacun d'eux à une amende de cent sols couronnés et à la prison jusqu'à parfait paiement, ainsi qu'à la confiscation de l'âne, de la barque et du filet.

A l'extrémité Ouest de la plage de Lagoubran s'élè-vent les bâtiments de l'école de Pyrotechnie de la la marine où se préparent les munitions destinées à l'armée de mer. Cet emplacement était occupé autrefois par « un grand salin de 300 pas de longueur et de 50 de largeur. » (1). L'école de Pyrotechnie, en dehors d'une compagnie d'artificiers qui y est casernée, emploie cent ouvriers civils et quatre cents femmes. Dans son enceinte se trouvent des poudrières et des fosses à immersion pour la conservation des bois. Cet établissement est relié directement à la ligne ferrée de la Compagnie Paris-Lyon-Méditerranée, par un embranchement qui, partant de la gare de La Seyne, se prolonge jusque dans l'arsenal principal de la marine.

La porte principale de l'école de Pyrotechnie est la limite entre la commune de Toulon et celle de La Seyne. En 1668, il existait, non loin de là, « une pierre froide relevée de sept pans sur terre, laquelle servait de sépa-ration des terroirs de Tollon et d'Ollioules, ayant du côté visant au Levant une fleur de lys empreinte, et au-dessous d'icelle les armes de la ville de Tollon, et de

(1) Archives communales. CC. 86.

l'autre côté visant au couchant vers Six-Fours, les
anciennes armes des seigneurs d'Ollioules. » (1).

Après avoir dépassé la porte de l'école de Pyrotechnie et longé le Champ de courses situé à droite de
la route, on arrive, après un brusque tournant, à la plage
de Brégaillon. Ce quartier doit son nom à une très
ancienne chapelle élevée, en 1661, sous le vocable de
Notre-Dame de Brégaillon.

Deux parcs à coquillages, plus spécialement à huîtres, s'offrent soudain à la vue dans cette partie de la
rade toute hérissée de pieux. Le premier, au Sud du
mur de clôture de l'école de Pyrotechnie, a une superficie de près de dix hectares : c'est le plus grand établissement de ce genre qui existe sur les côtes de la Méditerranée. Le second qui se trouve au-dessous du précédent, quoique moins vaste, occupe cependant une
étendue assez importante. La reproduction des huîtres
et des coquillages réussit, sur ce point, dans des conditions sans égales.

A partir du quartier de Brégaillon, la côte perd cet
aspect radieux qui caractérise le littoral méditerranéen.
Le rivage, cessant d'être pittoresquement accidenté,
dessine une courbe unie et presque régulière, et le chemin qui le borde se poursuit plat et uniforme jusqu'à la
ville de La Seyne, sans offrir rien de bien saillant. Seuls,
le panorama toujours attrayant de la mer, quelques
monticules boisés et les souvenirs historiques qui se
rattachent à ces lieux, peuvent faire oublier un instant
la monotonie de la promenade. D'abord c'est la hauteur
qui domine Lagoubran, où l'armée républicaine, au
moment de l'attaque de Toulon, en 1793, avait établi
trois batteries. Une seule put être conservée et utilisée,
les deux autres ayant été réduites au silence par le feu
du fort Malbousquet et des bâtiments de la rade. Au

(1) Archives communales. CC. 86.

Sud de cette hauteur, est la colline de Brégaillon, sur laquelle Bonaparte avait fait élever une batterie, dans la nuit du 17 au 18 septembre de cette même année. Elle était destinée à éteindre le feu d'une batterie flottante anglaise, placée dans la rade, sous la protection de la gabarre l'*Aurore*. Elle eut un plein succès, et, dès le 20 septembre, il fut possible de se rapprocher de la côte et d'y construire une nouvelle batterie. Cette dernière, appelée batterie des *Sans-Culottes*, est facile à déterminer : sa gauche était appuyée exactement à la chapelle de Brégaillon.

En poursuivant sa route vers La Seyne, le touriste demeure tout étonné de découvrir soudain, sur cette côte solitaire et désespérante, un coin quelque peu animé et relativement gai. Cet endroit n'était, il y a quelques années encore, qu'un immense marécage. A la suite d'une adjudication aux enchères publiques, un négociant de Toulon se rendait acquéreur, en 1889, de ce lais de mer. Il s'engageait à le combler sur toute sa longueur et à ouvrir, sur les terrains ainsi conquis, qui devenaient sa propriété, un boulevard d'une largeur de dix mètres. L'exécution de ces travaux eut pour résultat d'assainir ce point du littoral et d'en faire un petit centre d'agglomération, connu sous le nom de quartier Gabriel. Plusieurs lots de terrain ont déjà été vendus ; sur l'un d'eux s'élève une usine métallurgique.

A mesure que l'on approche de La Seyne le paysage devient de plus en plus vivant ; la côte se couvre d'élégantes maisons d'habitation, de bastides et de cabanons entourés de jardins très bien cultivés. On devine tout de suite un des côtés les plus caractéristiques du tempérament Seynois : la passion pour la campagne.

Après le quartier Gabriel et presque aux portes de La Seyne, apparaît, sur le rivage, l'usine des câbles sous-marins qui dépend de l'administration française des Postes et Télégraphes, et à laquelle est attaché un navire, la *Charente*, pour la pose et la réparation des câbles.

Enfin, à toucher le quai qui borde, à l'Ouest, le quai de La Seyne, se déroule la plage de l'Esplageole sur laquelle est un petit chantier de constructions navales.

La ville de La Seyne, qu'on aperçoit après la plage de l'Esplageole, est située au fond de la Petite Rade de Toulon. Elle doit son importance toujours croissante aux magnifiques établissements des Forges et Chantiers de la Méditerranée et au voisinage de Tamaris et des Sablettes. La fondation de cette ville ne remonte guère au-delà de 300 ans. Au Moyen-Age, ce rivage faisait partie du territoire de Six-Fours qui s'étendait jusqu'au cap Cépet et qui dépendait des domaines que les vicomtes de Marseille avaient concédés à l'abbaye de Saint-Victor. Ce n'était primitivement qu'une vaste plaine marécageuse où se déversaient les eaux pluviales qui arrivaient des hauteurs voisines, et qui, s'ouvrant difficilement un accès jusqu'à la mer, y croupissaient et s'y corrompaient sous l'action du soleil. Dans cet immense marais, croissait en abondance une plante aquatique, appelée *sagno*. (1). Le quartier prit d'abord ce nom dont on fit, plus tard, *Seyno*. C'est encore sous cette dénomination qu'est désignée, en provençal, cette petite ville.

Les premiers habitants de La Seyne furent des pêcheurs qui, attirés alors par ses eaux très poissonneuses, vinrent se fixer sur ces rives désertes et malsaines. Au XVIᵉ siècle, quelques familles d'agriculteurs quittèrent leur village de Six-Fours pour venir exploiter les terres de La Seyne qui étaient d'une grande fertilité. La crainte des pirates et l'insalubrité du sol les poussèrent à s'établir d'abord sur les collines dominant le petit port ; puis, lorsque le rivage fut un peu assaini et surtout débarrassé de la présence des corsaires, ils commencèrent à descendre sur les bords de la mer même.

(1) Espèce de *typha*.

Un siècle plus tard, les marécages étaient à peu près complètement desséchés et l'humble bourgade se transformait en un petit village. En 1657, la cité avait acquis une telle importance, qu'elle demanda à être distraite du territoire de Six-Fours. Par lettres-patentes du mois de juillet de la même année, sa requête était favorablement accueillie.

Au commencement du XVIIe siècle, le port de La Seyne, malgré la construction d'un petit quai, n'était guère accessible encore qu'aux bâtiments de faible tonnage. C'est à partir de 1691 que furent entrepris les premiers grands travaux qui devaient permettre aux gros navires d'aborder dans ce port. Dès ce moment, le commerce maritime de La Seyne prit un certain développement, et les quelques chantiers de constructions maritimes qui ne tardèrent pas à se fonder sur le bord de la mer, lui créèrent une industrie nouvelle.

Mais tous ces travaux furent négligés à différentes reprises, car leur exécution était subordonnée à la situation financière de la commune qui ne pouvait faire face aux dépenses même indispensables. Les envasements continuèrent à se produire comme par le passé, et bientôt le peu de profondeur du port ne permit plus le lancement de grands vaisseaux ni l'accostage des navires calant plus de quatre mètres.

Louis XVI se disposait à venir en aide à la malheureuse cité, lorsque les événements de 1789 l'empêchèrent de réaliser ce projet. Pendant toute la durée de la Révolution et du Premier Empire, aucune réparation ne fut faite au port de La Seyne. La marine militaire, qui commandait annuellement aux chantiers de cette ville un grand nombre de bâtiments de transports, de gabarres et de bombardes, se ressentit particulièrement de cet état de choses. Quelques dragages, exécutés de 1820 à 1832, furent insuffisants pour rendre à La Seyne sa splendeur passée. C'est à l'ensemble des travaux vraiment considérables qui se poursuivirent de 1839 à

1888 que cette commune doit actuellement sa prospérité et sa réputation universelle.

La ville de La Seyne est bâtie sur pilotis ; elle a l'aspect d'une cité de province industrieuse. Sa population est de 22.000 habitants.

Les chantiers de constructions navales de La Seyne sont au nombre de deux. A l'Ouest, celui de la plage de l'Esplageole qui construit des bâtiments en bois, des yachts à voiles et des canots à vapeur. A l'Est, au quartier de la Lune, les vastes ateliers de la Société des Forges et Chantiers de la Méditerranée, qui livrent de grands navires à vapeur soit aux armateurs et aux compagnies de navigation, soit aux marines française et étrangères. Ces ateliers occupent une superficie de 14 hectares et emploient 3.500 ouvriers environ. En 1895, la Société des Forges et Chantiers a installé, au quartier des Mouissèques, près La Seyne, un grand établissement pour la fabrication des chaudières.

Au Sud-Ouest de La Seyne et isolée au milieu d'une plaine verdoyante, se dresse une montagne de forme conique. C'est la montagne de Six-Fours (1) sur laquelle existait, il y a une dizaine de siècles, une des cités les plus importantes de la Provence (2). Dans ces temps lointains, Six-Fours était une ville close, défendue, de tous côtés, par de hautes murailles et par un château fortifié. A l'époque des descentes des Sarrazins, les habitants des hameaux voisins venaient se réfugier, avec leurs troupeaux, dans cette forteresse. En 950, les Six-Fournais infligèrent à leurs ennemis, dans la plaine de

(1) Son nom lui vient de *Sex-Phrounia*, six postes fortifiés. Ces postes s'élevaient sur les hauteurs voisines et servaient à désigner le plateau lui-même qui s'appelait Six-Forts. Cette dénomination s'est corrompue, dans la basse latinité, en celle de *Six-Furni*, dont on a fait Six-Fours.

(2) Le Cartulaire de Saint-Césaire dit que « le huitième de l'indiction XIII, an 842, Lothaire, empereur, accorda par lettre-patente, certains privilèges à l'église Saint-Pierre de Six-Fors. »

Malogineste (1), sur la route du Brusc, une défaite sanglante. Un petit monument, placé à l'endroit même où fut livré ce combat, rappelle ce fait d'armes.

Depuis bien longtemps, les habitants de Six-Fours ont abandonné leurs foyers pour venir se fixer dans la plaine au quartier de Reynier. Quelques maisons à demi écroulées qui semblent faire corps avec les vieux remparts, et une petite église, véritable monument historique, sont les seuls vestiges qui subsistent de ce village si prospère au Moyen-Age. Cette merveilleuse position stratégique a été transformée, de nos jours, en une citadelle aux constructions cyclopéennes. Elle commande les rades de Toulon, de Sanary, de Bandol et les îles Ambiers.

De graves démêlés, dont l'origine était analogue à celle qui avait divisé, pendant si longtemps, les Toulonnais et les habitants d'Ollioules, éclatèrent, au commencement du XIVᵉ siècle, entre les habitants de Toulon et ceux de Six-Fours. Ceux-ci, en violation des privilèges des premiers, s'obstinaient à vouloir embarquer, sur la plage de La Seyne, du vin, des bestiaux, des denrées et de les exporter sur d'autres points sans faire passer ces marchandises par Toulon. La commune de Toulon, après avoir longtemps protesté, intenta un procès à sa voisine qui lui faisait perdre une source de revenus, en la privant ainsi des droits d'ancrage, d'importation et d'exportation. Les débats qui ne durèrent pas moins d'un siècle, se terminèrent finalement au profit de notre cité. L'arrêt intervenu portait que « la cour de Toulon était en possession de défendre tout chargement et déchargement sur les rivages de la rade, savoir : à la Gobran, au Tortel (2), au quartier de l'Evescat (3), à Saint-Juers (4)

(1) Mauvais genêt.
(2) La Seyne.
(3) Tamaris.
(4) Saint-Georges.

et à Saint-Mandrier. » (1). Mais les habitants de Six-Fours ne se tinrent pas pour battus et essayèrent, à plusieurs reprises, de porter atteinte aux privilèges des Toulonnais. Condamnés chaque fois, ils finirent par se lasser et abandonnèrent la lutte, se contentant de se venger de leurs adversaires aussi souvent qu'ils en trouvaient l'occasion. Voici deux exemples des procédés dont usaient les Six-Fournais à l'égard de leurs rivaux.

En 1612, les Consuls de Six-Fours, afin de mettre obstacle à la construction du quai de Toulon, firent mettre en prison l'entrepreneur des travaux et porter à La Seyne, où l'on se proposait d'édifier un môle, toutes les pierres que cet entrepreneur avait fait extraire de Balaguier. (2).

Dix ans plus tard, les habitants de Six-Fours se portaient à des actes de violence sur un patron et des mariniers de Toulon qui chargeaient leur bateau dans les environs du cap Cépet. (3).

Dans le Sud de La Seyne, le massif du cap Sicié, remarquable par son immense manteau de verdure sombre, s'avance majestueusement dans la mer. Ce cap, connu dès la plus haute antiquité, sous le nom de *promontoire Cithariste*, était célèbre dans toute la Méditerranée. Il devait son appellation à sa forme doublement recourbée, qui avait éveillé, dans l'imagination des premiers navigateurs, le souvenir de la lyre d'Apollon. Au sommet de ce cap, s'élève la vieille chapelle de Notre-Dame-de-Bonne-Garde, dite aussi de la Bonne-Mère, dont la construction remonte à 1625. C'est un lieu de pèlerinage pour les marins qui, dans les périls de la mer, invoquent cette vierge, et pour les populations voisines qui, pen-

---

(1) Archives communales. AA. 96. FF. 457. 458. 459.
(2) Archives communales. BB. 53.
(3) Archives communales. BB. 55.

7

dant le mois de mai, se plaisent à faire, soit par dévo-
tion, soit comme but de promenade, l'ascension de cette
montagne. De la chapelle de la Bonne-Mère, on jouit
d'un des plus merveilleux panoramas du monde. A ses
pieds, s'étendent à perte de vue les belles forêts des
Moulières et de Janas, peuplées de pins séculaires.

Le cap Sicié fut témoin, en 1744, d'une grande
bataille navale, appelée dans l'Histoire, *le combat de
Toulon*.

Le 15 avril 1742, l'Angleterre, qui était en guerre
ouverte avec l'Espagne, envoyait une flotte, sous les
ordres de l'amiral Mathews, bloquer une escadre espagnole qui se trouvait dans la rade de Toulon. La flotte
anglaise, afin de surveiller de très près la sortie des vaisseaux espagnols, vint prendre son mouillage aux îles
d'Hyères. Après avoir séjourné deux années dans les
eaux de Toulon, l'amiral don José de Navarro, qui
commandait la flotte espagnole, dut appareiller finalement. Son escadre se composait de douze vaisseaux mal
armés et mal équipés. Comme il craignait, non sans
raison, d'être écrasé par les forces anglaises qui comp-
taient quarante-deux voiles, la Cour de France, quoique
en paix avec l'Angleterre, chargea le doyen des lieutenants généraux des armées navales françaises, la Bruyère
de Court, de protéger la sortie de l'escadre espagnole
avec les seize vaisseaux et les quatre frégates dont il
disposait. C'était une détermination dangereuse qui
pouvait entraîner la guerre avec l'Angleterre. C'est ce
qui arriva malheureusement.

L'escadre française comprenait :

Le *Terrible*, de 74 canons, de Court, lieutenant-
général, et de la Jonquière, capitaine de vaisseau ;

L'*Espérance*, de 74, Gabaret, chef d'escadre, et
d'Héricourt, capitaine de vaisseau ;

Le *Ferme*, de 74, de Sorgues, capitaine de vaisseau ;

Le *Duc-d'Orléans*, de 74, d'Orvès, capitaine de
vaisseau ;

Le *Saint-Esprit*, de 74, chevalier de Piosins, capitaine de vaisseau ;

Le *Borée*, de 64, comte de Magnes, capitaine de vaisseau ;

Le *Trident*, de 64, chevalier de Caylus, capitaine de vaisseau ;

Le *Solide*, de 64, chevalier Thomas de Châteauneuf, capitaine de vaisseau ;

Le *Sérieux*, de 64, de Cheylus, capitaine de vaisseau;

L'*Eole*, de 64, chevalier d'Albert, capitaine de vaisseau ;

L'*Heureux*, de 64. comte de Vaudreuil, capitaine de vaisseau ;

Le *Toulouse*, de 64, d'Astour, capitaine de vaisseau ;

Le *Diamant*, de 50, Massiac, capitaine de vaisseau ;

L'*Aquilon*, de 50, Duquesne, capitaine de vaisseau ;

L'*Alcyon*, de 50, de Lancez, capitaine de vaisseau ;

Le *Tigre*, de 50, Saurin, capitaine de vaisseau ;

Le *Zéphyre*, de 30, chevalier de Glandevès, capitaine de vaisseau ;

L'*Atalante*, de 30, Laclue, capitaine de vaisseau ;

La *Volage,* de 30, chevalier de Baufremont, capitaine de vaisseau (1) ;

La *Flore*, de 30, Bompar, lieutenant de vaisseau ;

L'escadre espagnole se composait de douze vaisseaux :

Le *Réal-Philippe*, de 116 canons, portant le pavillon de l'amiral de Navarro ;

La *Sainte-Élisabeth*, de 80 ;

Le *Constant*, de 60 ;

L'*Hercule*, de 60 ;

Le *Saint-Fernand*, de 62 ;

---

(1) Le vaisseau français le *Léopard*, de 64, commandé par M. Gravier, capitaine de vaisseau, vint se jeter, en virant de bord, sur la *Volage*, et se fit de graves avaries. Il ne put prendre part à l'expédition.

L'*Amérique*, de 60 ;

Le *Superbe*, de 60 ;

Le *Poder*, de 62 ;

L'*Orient*, de 60 ;

L'*Alcyon*, de 60 ;

Le *Brillant*, de 62 ;

Le *Neptune*, de 62.

Les escadres alliées appareillèrent, le 19 février, dans la soirée. Mais à peine étaient-elles sorties de la rade que la brise tomba, et elles furent forcées de mouiller sous le fort de Sainte-Marguerite où le calme les retint jusqu'au 22. Dans la matinée de ce même jour, la flotte franco-espagnole, favorisée par une petite brise, reprenait sa route. L'ordre de marche avait été arrêté par de Court de la manière suivante : l'escadre espagnole formerait l'avant-garde ; une division française, commandée par le lieutenant général, le corps de bataille, et une division française, sous les ordres du chef d'escadre, Gabaret, l'arrière-garde. Mais, par suite du retard que mirent les Espagnols à déraper, ceux-ci se trouvèrent à l'arrière-garde, et Gabaret à l'avant-garde.

Sur ces entrefaites, l'amiral anglais Mathews ne tardait pas à quitter son mouillage des îles d'Hyères, à courir, toutes voiles dessus, sur les vaisseaux ennemis et à les rejoindre à la hauteur du cap Sicié. Mathews se plaçait au corps de bataille et donnait l'avant-garde à Rowley et l'arrière-garde à Lestock, ses deux vice-amiraux. Les Anglais avaient quarante-deux vaisseaux et les alliés trente-deux seulement.

L'escadre espagnole, allant à une faible allure, fut bientôt séparée des Français. L'amiral anglais, qui avait l'avantage du vent, voulut profiter de cette faute pour couper les navires espagnols ; il s'empressa de signaler cette manœuvre à ses deux divisions. Mais, soit que ses ordres aient été mal compris, soient qu'ils fussent mal exécutés, il arriva que l'avant-garde anglaise se trouva

aux prises avec le corps de bataille français, et le corps
de bataille anglais avec l'arrière-garde espagnole. L'avant-
garde française trop en avant, et l'arrière-garde anglaise
trop en arrière, ne purent prendre part à l'action que
vers la fin du combat.

La bataille s'engagea vers midi environ. L'amiral
Mathews attaqua avec acharnement l'escadre espagnole
qui, inférieure en nombre et en valeur, fut très mal-
traitée. Le *Poder*, qui avait eu plus particulièrement à
souffrir, amenait son pavillon ; d'autres vaisseaux espagnols, se laissant porter sur le cap Sicié, sortirent de
leur ligne. Seul, le *Réal-Philippe* résistait bravement à
cinq vaisseaux ennemis. Il importe de dire ici que
l'honneur de cette résistance héroïque ne doit pas
revenir à l'amiral de Navarro qui le commandait. Blessé
légèrement dès le début du combat, celui-ci se hâtait de
descendre à l'ambulance où il dut subir les reproches
d'un sergent qui voulait l'empêcher de passer, et qui le
sommait de rester à son poste, sur le pont. Navarro
remonta, s'assit sur un câble et ne s'occupa plus de rien.
Heureusement son vaisseau avait un intrépide défenseur
dans la personne de son capitaine de pavillon, de Lage
de Cueilli, d'origine française. Quoique peu secondé par
les bâtiments de son escadre, de Lage soutenait avec
vigueur tous les efforts des ennemis dirigés contre le
Réal-Philippe. A un moment, quelques officiers ayant
parlé de se rendre, en voyant arriver un brûlot vers
leur navire, de Lage s'élança au milieu d'eux en s'écriant :
« Vous avez sans doute oublié, messieurs, que je suis
ici et vivant. J'ai fait dire au roi que son pavillon ne
serait jamais livré à l'ennemi tant que je serai au
monde. Je ne manquerai pas aujourd'hui à un si glorieux
engagement. Cherchez dans votre valeur le moyen de
détruire ce brûlot et ne songez à rien autre. » Cette
apostrophe ranima le courage de ces officiers : quelques-
uns d'entre eux se jetèrent dans un canot et allèrent
couler le brûlot.

Pendant ce temps, de Court luttait victorieusement contre l'avant-garde anglaise, qu'il forçait à s'éloigner pour réparer ses avaries. S'apercevant alors que l'escadre espagnole était menacée d'un anéantissement complet, il virait de bord pour la dégager, signalait à Gabaret de venir le rejoindre et se portait résolument entre les Anglais et les Espagnols. Gabaret, par suite du défaut de brise, ne put s'approcher. Seul contre les cinq vaisseaux anglais qui s'acharnaient après le *Réal-Philippe*, de Court, malgré son grand âge, fit des prodiges de valeur. Secondé bientôt par toute sa division, il dégageait entièrement les Espagnols et reprenait le *Poder* qui s'était rendu aux Anglais.

En cédant à ce mouvement aussi généreux que spontané, de Court avait commis une faute. Si, au lieu de passer sous le vent des vaisseaux ennemis pour s'interposer entre eux et les Espagnols, de Court avait doublé au vent pour tenir les forces anglaises entre ses feux et celui de son arrière-garde, la bataille se serait terminée par une victoire, tandis qu'elle resta indécise pour les deux adversaires. Le combat dura jusqu'à huit heures du soir. Vers minuit, un vaisseau anglais qui faisait eau de toutes parts, coula à pic. Les deux armées ennemies qui étaient restées en vue l'une de l'autre, toute la nuit, s'éloignèrent de la côte au lever du jour. La flotte franco-espagnole gagna Alicante et de là Carthagène, d'où de Court revint à Toulon. L'amiral Mathews se dirigea vers Mahon.

Sans constituer une victoire pour les Français, cette bataille navale avait eu pour résultat heureux de leur permettre de réaliser le projet qu'ils avaient formé, c'est-à-dire d'escorter l'escadre espagnole.

Le combat de Toulon eut pour les deux chefs, de Court et Mathews, qui cependant avaient fait bravement leur devoir, des conséquences bien douloureuses, tandis qu'il profitait à Navaro qui s'y était révélé comme un marin lâche et incapable. Les deux premiers furent disgrâciés par leurs gouvernements respectifs. De Court

fut accusé d'avoir mal manœuvré. Quant à Mathews on
lui reprocha de n'avoir pas recommencé la bataille le
lendemain matin. En Espagne, Navarro reçut de l'avancement et fut créé marquis.

Les quelques pages que nous avons consacrées à la
montagne de Six-Fours et au cap Sicié nous ont fait
oublier un instant la commune de La Seyne. Avant de
reprendre la description de la côte au point où nous
l'avons laissée, c'est-à-dire à la plage des Mouissèques,
nous devons saluer un coin de terre perdu au milieu des
collines, et plein de souvenirs d'une lutte grandiose.

A gauche de la route qui conduit de La Seyne aux
Sablettes, s'échelonne, en mamelons, toute une série de
collines d'un vert sombre. Sur une de ces hauteurs,
appelée colline Caire, et sur l'emplacement même de la
redoute Mulgrave, que les Anglais avaient édifiée pendant le siège de 1793, se dresse le fort Napoléon,
construit en 1812.

Ces lieux sont restés historiques, car c'est là que des
Français combattirent avec tant d'héroïsme pour recon-
quérir notre grand port militaire livré aux Anglais par
une poignée de factieux.

Les coalisés, fortement établis à Balaguier, tenaient
toute la côte depuis le fort de l'Aiguillette jusqu'aux
Sablettes. Leur position était soutenue, du côté de La
Seyne, par la redoute Mulgrave défendue par une nom-
breuse garnison et armée de puissants canons pris sur
les vaisseaux français mêmes.

De leur côté, les forces républicaines étaient par-
venues à occuper les hauteurs de l'Evescat et de Gaumain, situées au Sud-Ouest de la colline Caire, et séparées seulement de cette colline par un creux de terrain.
Sur ces deux points, les assiégeants avaient élevé, pour
réduire la formidable redoute anglaise, un système de
batteries composé des batteries des Hommes-sans-Peur,
des Braves ou des Chasse-Coquins et des Patriotes du
Midi. C'est de là que partit l'effort décisif qui devait
devait assurer la victoire aux Français.

A propos de ce coin désormais célèbre, un problème se pose depuis bien longtemps déjà. Où se trouvait exactement la fameuse batterie auprès de laquelle Bonaparte avait fait placer un poteau avec ces mots : *Batterie des Hommes-sans-Peur* ? Les souvenirs locaux demeurés bien vagues et l'absence de vestiges ne permettent pas de déterminer, d'une façon catégorique, l'emplacement de cette batterie. Toutefois, sans avoir la prétention de déclarer que l'opinion que nous allons exposer est incontestable, nous croyons pouvoir dire qu'elle nous nous paraît la plus plausible. Comme tous ceux qui s'intéressent avec passion à notre histoire locale, nous avons longuement cherché la position de cette batterie, après avoir lu tous les articles publiés à son sujet, lors des fêtes du centenaire de la reprise de Toulon. Désireux d'apporter notre modeste contribution aux savantes recherches de nos prédécesseurs, nous avons fait appel, avant de nous prononcer, à M. Noir, commandant d'artillerie, dont la haute compétence fait autorité dans toutes les questions techniques se rapportant à l'art militaire. Nous soumettons donc au lecteur le résultat de nos découvertes dont le mérite revient, pour la plus large part, à mon éminent collaborateur dans cette circonstance.

M. Georges Duruy, professeur d'histoire à l'Ecole Polytechnique, dans une lettre du 11 décembre 1893, adressée à M. S. Giraudo, qui lui avait demandé son avis sur l'identification de cette batterie, s'exprime dans les termes suivants. (1).

« Paris, le 11 décembre 1893.

« Monsieur et cher Confrère.

« Je me suis, en effet, occupé du siège de Toulon, à Toulon même, il y a deux ans, et, depuis, dans diffé-

---

(1) Supplément du *Petit Marseillais* du 25 décembre 1895.

rentes archives. J'ai réuni un grand nombre de documents et mon livre aurait déjà paru sans des occupa-
tions très absorbantes qui m'ont obligé à en ajourner la
publication. Je me suis occupé avec le plus vif intérêt
de la question qui fait l'objet de votre lettre : la fameuse
redoute des Hommes-sans-Peur. Je l'ai cherchée dans les
documents contemporains et sur les lieux mêmes, la
carte à la main. Sans entrer ici dans une discussion èn
règle de chacun des points du débat — discussion qui
serait beaucoup trop longue et que je vous demande,
d'ailleurs, la permission de réserver pour mon livre —
je suis, après mûr examen, arrivé aux conclusions suivantes que je regarde comme absolument sûres.

« 1° La redoute des Hommes-sans-Peur n'était nullement placée, comme on le prétend aujourd'hui, sur la
hauteur dite du Rouquier, à l'Ouest du fort Napoléon
(fort Mulgrave de 1793).

« 2° Il y a bien eu, sur cette colline du Rouquier,
une batterie construite par les républicains. Les traces en
sont encore visibles aujourd'hui ; mais cette batterie
n'était qu'une batterie de soutien. La distance qui
sépare du fort Napoléon, 1.300 mètres à peu près, à vol
d'oiseau, est beaucoup trop grande, vu la portée des
pièces du temps, pour que la position des troupes
républicaines y ait été *presque intenable*, comme l'affir-
ment tous les documents contemporains, ce qui, précisément, justifie le glorieux nom donné à cette batterie.
De plus, elle est à la même altitude que le fort Napoléon (Rouquier, 81 mètres ; fort Napoléon, 82 mètres,
sur la carte de l'état-major). Elle n'a donc pu essuyer le
terrible feu *plongeant* que l'on sait ; l'erreur vient
probablement de Georges Sand qui, dans son roman
Tamaris, désigne la colline de Rouquier comme ayant
été l'emplacement de la célèbre batterie. Mais cette
opinion est en contradiction formelle — c'est sur les
lieux mêmes que j'ai recueilli ce détail — avec la tradition populaire qui place la batterie des Hommes-sans-
Peur beaucoup plus près de l'ancienne redoute Mulgrave.

« 3° En réalité, la redoute des Hommes-sans-Peur était placée, soit sur la colline de l'Evescat — c'est l'opinion du lieutenant-colonel Trevel, ancien chef du génie à Toulon — soit sur une autre colline, nommée Gaumain, située un peu au N.-O. de l'Evesca et portant, sur la carte du ministère de l'intérieur, la côte d'altitude de 59 mètres. C'est à cette opinion que je me rallie pour mon compte.

« Cette colline de Gaumain est dominée par le fort Napoléon : différence d'altitude de 23 mètres entre les deux positions, au profit du fort Napoléon. Des traces de tranchées et d'une banquette en terre, tournée contre le fort, y sont encore visibles — quoique beaucoup moins distinctes qu'au Rouquier — ce qui s'explique peut-être par le fait que les travaux exécutés là sur le conseil de Bonaparte avaient été sommaires, tout juste ce qu'il fallait pour protéger tant bien que mal et plutôt mal que bien, une poignée de soldats héroïques.

« La distance entre Gaumain et le fort Mulgrave était de 4 à 500 mètres tout au plus. La batterie républicaine était dominée par la position anglaise. Dans ces conditions, on s'explique les pertes des républicains et leur moment de défaillance et l'héroïsme, enfin, dont ils ont dû faire preuve pour rester dans une pareille position, malgré le feu que les Moulins de La Seyne et la batterie du Rouquier entretenaient de loin, par dessus leur tête, contre la formidable redoute anglaise.

« 4° Un dernier argument qui me semble décisif est celui-ci : la redoute des Hommes-sans-Peur faisait partie d'un système de batteries composé de trois redoutes : les Hommes-sans-Peur, la batterie des Braves et celle des Patriotes du Midi.

« Or, en acceptant l'hypothèse du Rouquier, comme siège de la principale batterie, il est impossible de trouver la place des deux autres. En admettant, au contraire, comme je le propose, que la batterie des Hommes-sans-Peur ait été placée sur la colline de Gau-

main, nous trouvons la colline de l'Evescat tout à côté
d'elle pour porter la Batterie des Braves, et une troisième colline, située un peu plus au Nord de Gaumain,
pour la batterie des Patriotes du Midi. Il semble bien
que ce soit précisément ces trois collines, formant une
sorte d'arc de cercle autour de la position anglaise, qui
aient été audacieusement choisies par Bonaparte pour
servir d'emplacement aux batteries avec lesquelles il se
proposait de réduire la redoute Mulgrave.

« Je suis heureux, monsieur et cher confrère, de
mettre à votre disposition cette modeste contribution à
l'éclaircissement de la question que vous m'avez fait
l'honneur de me soumettre.

« Agréez, etc.

« Georges DURUY,

« *Professeur d'Histoire et de Littérature à l'École Polytechnique.* »

Nous nous empressons de déclarer que l'opinion de
M. G. Duruy au sujet de l'emplacement de la batterie
des Hommes-sans-Peur est la plus vraisemblable ; nous
aurons même l'occasion de dire, dans un instant, qu'elle
a nos préférences, bien que nous ne soyons pas tout à
fait d'accord avec cet historien sur certains points de
détail.

La batterie des Hommes-sans-Peur, fait-il remarquer
par exemple, devait être à une altitude sensiblement
inférieure, puisque d'après les relations du temps, elle
était soumise au tir plongeant exécuté par ce dernier
fort.

Cet argument doit être écarté, car le tir plongeant
est caractérisé simplement par la grandeur de l'angle de
chûte et ne suppose en rien une différence de niveau.

Nous ne croyons pas non plus que la panique, qui
donna lieu à l'intervention de Bonaparte, implique
nécessairement que le feu ait eu une intensité exceptionnelle ni que la distance fût médiocre.

Enfin, la tradition locale ne fournit pas de renseignements concordants, et cela s'explique, chacun rap-

portant volontiers au point qui l'intéresse, les événements de quelque importance qui se sont passés dans
son voisinage.

Nous avons, plusieurs fois et très attentivement,
visité ces lieux, et nous avons constaté que plusieurs
emplacements passaient, aux yeux des habitants, pour
avoir été les témoins de l'anecdote célèbre. Au surplus,
jusqu'au jour où quelque document encore inconnu, un
plan ou un croquis contemporain aura tranché la question, il ne peut être qu'imprudent de prétendre la
résoudre. Granet a laissé un certain nombre de dessins
de battéries. Malheureusement, il ne s'est préoccupé que
de l'effet pittoresque sans se soucier en particulier des
horizons qui, pour un habitant du pays, auraient fourni
des renseignements sans doute décisifs. Des recherches
de ce côté auraient peut-être quelque chance d'aboutir.
Nous n'avons rien vu jusqu'à présent de Granet qui
permette d'asseoir une opinion. Dans l'état actuel de nos
connaissances, on pourra se faire une idée de sentiment plus ou moins fondée, mais toujours incertaine.
C'est à ce titre que nous nous permettons de penser que
la batterie des Hommes-sans-Peur était située soit sur la
hauteur de Gaumain, soit sur le piton qui se trouve au
Nord de cette dernière position. Nous inclinerions
cependant à croire que c'est à Gaumain qu'il faut donner
la préférence.

On trouve sur ce point une batterie à peu près
intacte. M. G. Duruy dit que les travaux exécutés par
Bonaparte avaient dû être « très sommaires, tout juste
ce qu'il fallait pour protéger tant bien que mal et plutôt
mal que bien une poignée de soldats héroïques ». A en
juger par la batterie de Gaumain, cette appréciation est
bien sévère. L'emplacement déterminé par Bonaparte
est au contraire remarquablement choisi pour produire,
avec la plus grande protection, le plus grand effet
d'artillerie. Il ne semble pas qu'on puisse rien imaginer
de meilleur. Couverts par une crête rapprochée, de

manière à pouvoir faire eux-mêmes du tir plongeant sur
le fort Mulgrave, les républicains avaient, à leur droite,
un terrain entièrement abrité où ils pouvaient se retirer,
en dehors des moments du tir. Leurs derrières assuraient
à leur ravitaillement en munitions une protection absolument complète. On peut presque dire que cette
batterie était la batterie idéale, et il n'est pas douteux
qu'elle dût avoir une influence importante. Si c'est là
que Bonaparte eut l'idée géniale qu'on lui prête, il est à
croire que le poteau devenu célèbre fut planté à la
droite de la batterie, par où certainement les canonniers
durent prononcer leur mouvement de recul. Il faut noter
en passant que la batterie des Hommes-sans-Peur est
désignée parfois sous le nom de redoute. Ce n'était
assurément pas une redoute, mais une batterie. Rien
n'expliquerait, dans les conditions du siège, la construction d'une redoute à cet endroit.

Le fort Mulgrave, connu aussi sous le nom de
redoute Caire, avait été appelé par les Anglais Petit-
Gibraltar ; ce n'était pas, comme on pourrait le supposer,
parce qu'ils avaient vu, dans sa position près de la côte,
un rapport avec la forteresse de Gibraltar — rapport qui
d'ailleurs n'existe en aucune façon — mais bien parce
qu'ils le considéraient comme imprenable, grâce aux
travaux qu'ils y avaient accumulés. (1). Il est assez
remarquable — peut-être n'y a-t-on pas assez songé —

(1) « Dugommier a insisté, dans son rapport, sur l'aspect formidable du fort Mulgrave, qu'entouraient, dit-il, une double enceinte,
des abatis d'arbres, des chevaux de frise, un large fossé et que
défendaient 28 canons et 4 mortiers de gros calibre. Les assertions de
Dugommier à l'égard de ce fort sont confirmées par celles du citoyen
Sardou : « On établit, déclare-t-il, sur cette redoute, de grands
revêtements construits en terre et en bois ; des redans pour couvrir
les passages qui sont dans la gorge ; de grands fossés qui faisaient
le circuit du revêtement ; des embrasures avec leurs plates-formes
armées de pièces de 36, une autre partie armée avec des pièces
de 12, d'autres revêtements faits en bois avec des plates-formes

qu'ils aient deviné avant Bonaparte, tout au moins en
même temps que lui, que c'était là la clef de Toulon.
Sans nuire à la gloire du jeune capitaine, on peut dire
que ce n'est pas tant par la conception de son plan dont
d'autres et en particulier les Anglais avaient eu l'idée
avant lui, que par l'autorité avec laquelle il l'imposa, et
surtout par ses admirables qualités d'organisation dans
cette armée désordonnée et à peine cohérente, qu'il
révéla son immortel génie.

Le fort Napoléon actuel occupe exactement l'emplacement du Petit-Gibraltar. Quand, des hauteurs de Gaumain, on regarde le fort Napoléon, on a devant soi
presque tout le champ de bataille où se sont passés les
événements mémorables de la nuit du 16 au 17 décembre 1793.

Le 16 au soir, 7.000 hommes sont assemblés au
village de La Seyne. Mais la tempête qui règne depuis
plusieurs jours est si violente qu'on hésite, un instant, à
donner aux troupes l'ordre de marcher. Au milieu de la
nuit, un conseil de guerre est réuni à la hâte. Dugommier se prononce pour le mouvement en avant, et à une
heure du matin, les républicains s'ébranlent sur trois
colonnes. La première, sous les ordres de Victor (1),
suivra la mer et abordera le fort Mulgrave par la gauche;
la seconde, commandée par Brulé, longera le promon-

---

armées avec des pièces de 8, des plates-formes pour des mortiers à
gros calibre, *idem* pour des obusiers, doubles rangs de chevaux de
frise, de grands abatis d'arbres. En avant après, un large fossé en
défendait l'entrée. L'intérieur était défendu par de bons remparts de
14 à 15 pieds d'épaisseur, par des troncs de pins placés les uns au-
dessus des autres. Ces remparts étaient armés de 25 pièces de
canons ». (Archives de la guerre. 18 décembre.) — Mémoires de
Boullement de Lachenaye . — Dugommier à Lapoype, 17 décembre.
— *Summary account.* » P. Cottin. *Toulon et les Anglais en 1793.*

(1) Victor (Claude-Victor Perrin, dit), duc de Bellune, maréchal
de France (1764-1841).

toire à mi-côte et attaquera l'ouvrage de front ; la troisième restera en arrière et formera le corps de réserve. Les deux colonnes, égarées par la nuit, se rencontrent à gauche, près de la mer, et se confondent dans un inexprimable désordre. On réussit cependant à les porter en avant et quelques hommes vaillants franchissent l'enceinte anglaise. Est-ce la victoire ? Hélas ils sont immédiatement repoussés. Les assaillants lâchent pied en criant : « Sauve qui peut ! » et Dugommier, qui sait qu'il joue sa tête, s'il échoue, s'écrie avec désespoir : « Je suis perdu ! » Mais Bonaparte n'a pas attendu des ordres pour agir. Il est allé chercher les réserves avec Muiron, et les précipite sur l'ennemi. A trois heures du matin, après une lutte terrible, la redoute anglaise est enlevée par les Français. Mais nous ne tenions qu'un faible point de l'immense camp retranché établi entre le Petit-Gibraltar et la mer, et il est probable que nous en aurions acheté chèrement la possession si les Espagnols avaient fait tout leur devoir, et surtout si les Napolitains n'avaient pas montré une insigne lâcheté. Les trois redoutes Saint-Louis, Saint-Philippe et Saint-Charles sont rapidement abandonnées ; les alliés se précipitent vers leurs vaisseaux et s'embarquent à Balaguier, pendant que les Napolitains, à l'Aiguillette, sont pris d'une telle panique qu'ils enclouent leurs canons.

Le sort de Toulon était fixé.

On a reproché aux républicains — le reproche vient des Anglais eux-mêmes — de n'avoir pas su profiter de leur succès. Il est certain qu'ils auraient pu, avec un peu plus de vigueur, acculer les fuyards à la mer et les détruire jusqu'au dernier. Peut-être, après l'effort de la nuit, Dugommier jugea-t-il ses troupes incapables d'un nouveau combat. Pour appuyer l'attaque du Petit-Gibraltar, on avait, dans la même nuit, prononcé une fausse attaque sur Malbousquet et pris non sans peine les hauteurs du Faron, par le Pas de la Masque, aujourd'hui infranchissable.

Georges Sand avait demandé qu'on élevât, dans ces bois, un monument ou tout au moins une simple colonne pour désigner au passant les lieux où reposent, ignorés, tant d'héroïques patriotes. « Les antiquaires, dit-elle, cherchent avec amour, sur nos rivages, les vestiges de Tauroentum et de Pomponiana ; on a écrit des volumes sur le moindre pan de muraille romaine ou sarrasine de nos montagnes, et vous trouveriez difficilement des détails et des notions topographiques bien exactes sur le théâtre d'un exploit si récent et si grandiose ! Aucune administration, aucun gouvernement n'a eu l'idée d'acheter ces vingt mètres de terrain, de les enclore, de tracer un sentier pour y conduire, et de planter là une pierre avec ces simples mots : « Ici reposent les Hommes-sans-Peur. » Ça coûterait peut-être 500 francs ! Ma foi, si je les avais, je me payerais ça ! Il semble que chacun de nous soit coupable de ne pas l'avoir encore fait ! Quoi ! tant de braves sont tombés là, et l'écriteau prestigieux qui les clouait à leurs pièces n'est pas même quelque part dans l'arsenal ou dans le musée militaire de la ville. »

La voix de Georges Sand n'a pas encore été entendue ; et par un sentiment d'ingratitude dont l'Histoire n'offre, peut-être, aucun autre exemple, la France n'a pas encore daigné élever le plus modeste souvenir à ces glorieux Hommes-sans-Peur qui dorment leur dernier sommeil sur une terre qu'ils ont cependant rendue à la Patrie, au prix de leur vie.

Nous nous empressons de revenir sur la plage des Mouissèques que nous avions laissée pour nous livrer à quelques digressions indispensables au sujet des lieux historiques dont il vient d'être question. Cette plage, sur laquelle la Société des Forges et Chantiers de la Méditerranée a fondé, depuis 1895, un établissement pour la fabrication des chaudières, était, il y a quelques années encore, un endroit très marécageux. Comme cette partie de rivage descendait en pente douce vers la mer, il en résultait qu'à la moindre différence de niveau des eaux, elle se trouvait rapidement soit baignée par les flots, soit entièrement à sec sur une très grande étendue : d'où son nom primitif, formé de deux mots provençaux *mouisso* et *seco* dont on fit Mouissèques. (1).

La construction de l'atelier des chaudières et la création du boulevard du Littoral ont assaini ce quartier qui est devenu, depuis ces travaux, un centre d'agglomération très important. Le tracé de ce boulevard a fait disparaître un pin gigantesque, appelé pin de Grune et bien connu de tous les vieux Seynois. Sur l'emplacement situé à l'Ouest de l'atelier des chaudières et au bord de la mer même, existait une très ancienne chapelle, désignée sous le vocable de Chapelle des Morts ; elle a été démolie il y a une quarantaine d'années environ.

Le quartier des Mouissèques s'étend du pensionnat des Sœurs de la Présentation à la colline du Bois-Sacré.

Depuis la ville de La Seyne jusqu'à cette petite colline, l'aspect de la côte se ressent du voisinage du grand établissement de constructions navales, qui a englobé toute cette bande du littoral et l'a transformée en une immense usine industrielle. Aux sinuosités du rivage triste et vaseux, ont succédé des quais bien alignés ou des bordures de grosses pierres pour maintenir les terres rapportées.

A partir du Bois-Sacré, lieu qui mérite à juste titre son nom gracieux, un chemin assez large et régulier suit le rivage rocheux. Les coteaux accidentés et boisés qui bordent la plage et le panorama merveilleux qu'on découvre sur la Petite Rade, semée de navires de guerre au mouillage ou sillonnée sans cesse par des embarcations à voiles ou à vapeur, donnent, à ce coin adorable, un charme à la fois tranquille et puissant ! Un restaurant installé en plein vent et au milieu des pins, est le

(1) *Mouisso*, lieu humide ; *seco* qui sèche.

8

rendez-vous continuel des amateurs de bouillabaisses et
de coquillages.

Après avoir laissé à gauche les bâtiments des
défenses sous-marines, installés sur la plage, on commence à longer un rivage qui, à mesure que l'on
s'avance, ménage les plus admirables surprises. La côte,
jusque là orientée de l'Ouest à l'Est, tourne brusquement
et se poursuit vers le Sud, décrivant dans sa course
deux courbes presque régulières ; la première, comprise
entre les pointes sur lesquelles s'élèvent le fort de
l'Aiguillette et la tour de Balaguier ; la seconde, beaucoup plus vaste, délimitée par la tour de Balaguier et la
station des Sablettes.

Le fort de l'Aiguillette, construit au commencement
de la seconde moitié du XVIIᵉ siècle, est un petit
ouvrage à fleur d'eau et entouré d'une forte muraille.
Vauban, qui visita ce fort en 1679, fut émerveillé de sa
situation vraiment exceptionnelle, qui lui permettait de
coopérer utilement à la défense de la rade ; toutefois, il
ne put s'empêcher de reconnaître que cet ouvrage avait
besoin de subir certaines transformations indispensables
pour remplir parfaitement la mission qui lui était
dévolue en cas de guerre.

En 1793, les Anglais se rendant exactement compte
de l'importance du fort de l'Aiguillette, capable de se
défendre contre une attaque, aussi bien par mer que par
terre, en avaient fait une sorte de forteresse d'autant
plus inexpugnable que leur flotte pouvait sans cesse la
ravitailler.

La pointe de l'Aiguillette, un fois doublée, on côtoie,
jusqu'à la tour de Balaguier, une anse demi-circulaire
où les barques de pêcheurs trouvent un excellent abri.
Ce coin agréable, à qui la beauté seule de son site
suffirait pour assurer une juste renommée, est encore
célèbre, depuis bien longtemps, par un établissement
qui jouit, pour ses bouillabaisses, ses civets et ses poulets

sautés, de la même vogue que celle des restaurants d'Asnières pour leurs fritures et matelotes. Tenu autrefois par un traiteur consommé, le Père Louis, comme on l'appelait communément, ce restaurant, quoique très confortable, n'était connu que sous le nom de guinguette du Père Louis. Un petit hôtel moderne a remplacé le restaurant champêtre ; bien que le père Louis ait disparu depuis de longues années, son nom est resté attaché à l'établissement qu'il a créé, ainsi qu'au rivage de Balaguier qu'il a, pour ainsi dire, immortalisé dans la Provence entière.

Cette partie de la côte a été, de tout temps, réputée pour la qualité exquise de ses coquillages et particulièrement de ses oursins.

A l'extrémité Sud de la baie de Balaguier, se faufile la pointe sur laquelle se dresse la tour du même nom dont la construction date de 1634.

Au delà de cette pointe qui se distingue par un petit escarpement du plus pittoresque effet, le promeneur se trouve transporté soudain dans la partie la plus féerique de cet incomparable littoral. Ce quartier, si prodigalement privilégié par la nature, comprend deux localités : le Manteau et Tamaris (1), qui, en réalité, se confondent sur le même décor radieux pour ne former qu'une seule résidence merveilleuse.

Située en plein midi et sur le versant de collines boisées de pins, de chênes, de bruyères, de genêts et de myrtes qui l'abritent presque de toutes parts contre les vents froids, cette résidence princière étale, avec une

---

(1) « Ce nom précieux de Tamaris est dû à la présence du « tamarix narbonnais, qui croît spontanément sur le rivage, le long « des fossés que la mer remplit dans ses jours de colère. L'arbre « n'est pas beau : battu par le vent et tordu par le flot, il est bas, « noueux, rampant, échevelé ; mais au printemps, son feuillage grêle, « assez semblable d'aspect, à celui du cyprès, se couvre de grappes « de petites fleurs d'un blanc rosé qui rappellent le port des bruyères « et qui exhalent une odeur très douce. » George Sand. *Tamaris.*

puissante vitalité, sa végétation luxuriante et multicolore. De tous côtés, l'œil découvre des parterres tapissés de plantes les plus rares qui rivalisent de richese et d'élégance ; des jardins artistement dessinés, où l'oranger, le citronnier, l'eucalyptus, le tamaris, et le mimosa se mêlent aux fleurs les plus variées pour former une parure éclatante ; des palmiers projetant leurs tiges découpées et retombantes ; d'énormes pins parasols dont le feuillage épais, sphérique et toujours vert couvre, d'une ombre continuelle, les massifs environnants ; des aloès gigantesques, semblables, par leurs feuilles recourbées et épineuses, à d'immenses candélabres que la nature aurait disséminés à dessein pour éclairer cette féerie. Sur le fond de cette serre naturelle, toute imprégnée de soleil et de parfums, s'étagent des villas somptueuses, aux styles divers et semées à profusion par des mains fortunées. A ses pieds, s'étend un lac toujours calme dont les eaux prennent sur les algues des bas-fonds l'irisation violette de la Méditerranée orientale, et dans lequel semble se mirer, avec volupté, ce littoral enchanteur. Ce n'est plus un rivage de la Provence, ce n'est pas un site de l'Italie, c'est un paysage de l'Ionie avec sa poésie antique. George Sand, qui a habité Tamaris, l'a immortalisé dans un roman débordant de soleil, de lyrisme et de passion. La page que cet écrivain consacre à cette partie de la côte est un chef-d'œuvre de description topographique. « Ce coin de terre, où j'ai tant erré, est la pointe la plus méridionale que la France pousse dans la Méditerranée, car la presqu'île de Giens, auprès de îles d'Hyères, est un doigt presque détaché, tandis que ceci est une main dont le large et solide poignet est bien soudé au corps de la Provence. Cette main s'est en partie fermée, abandonnant au flot qui la ronge deux de ses doigts mutilés, la presqu'île du cap Cépet, qui formait son index, et les îlots des Ambiers, qui sont les phalanges rompues de son petit doigt. Son pouce écourté ou rentré est la pointe de Balaguier, qui protège la petite rade de Toulon d'un côté, de. l'autre le golfe du Lazaret, et, par conséquent le quartier de Tamaris. »

Ce quartier était connu autrefois sous le nom de Port de l'Evescat, parce que les évêques de Toulon y possédaient un domaine important et une opulente demeure. (1). C'était déjà un lieu ravissant et recherché de la côte. L'isthme des Sablettes n'était pas encore fermé et les sables que les courants sous-marins entraînent, depuis bien des siècles, n'avaient pas complètement obstrué ce passage. Aussi les galères et les tartanes pouvaient circuler librement entre la montagne de Sicié et l'île de Cépet, aujourd'hui presqu'île. Puis, sous l'influence des apports de sable continuels, le fonds de cette partie de la rade s'exhaussa, et une langue de terre se forma, qui vint joindre le continent à l'île de Cépet. Les courants ne trouvant plus d'issue pour s'écouler, les sables qu'ils transportaient se déposèrent dans la baie actuelle de Tamaris qui ne tarda pas à se combler avec rapidité. Le port de l'Evescat et l'anse du Croton (2), située au Sud de ce port, ne furent bientôt plus qu'un vaste marais.

Tout ce littoral a été assaini et transformé, depuis une vingtaine d'années, en un véritable éden, par M. Michel Pacha, le vrai créateur de cette contrée. Son rivage indécis fut bordé d'un quai auprès duquel on creusa un chenal pour les bateaux à vapeur qui desser-

---

(1) « Au XVIIᵉ siècle, il y avait encore divers vestiges de fondements de maisons, mesme de pavés d'icelles de briques en mosaïques de diverses couleurs, enchâssés et cimentés sur des matières très fortes. » *Manuscrit de Jean Denans*.

(2) Diminutif du mot provençal *croto*, endroit voûté. Sur ce point du rivage se trouvait une fontaine en forme de grotte, appelée *lou croutoun*.

Des fouilles ont mis à jour, dans ce quartier, des vestiges de constructions qui indiquent que l'endroit avait été, en des temps très lointains, le centre d'une agglomération.

vent cette localité, et un large boulevard aussi agréable que celui de la Croisette, à Cannes, fut tracé le long de la côte.

Enfin, après avoir dépassé Valmer, où se trouve le laboratoire de biologie marine, coquette bâtisse de pur style mauresque que la Faculté des Sciences de Lyon a fait construire tout près du rivage, apparaît, à l'extrémité Ouest de l'isthme des Sablettes, une terre de prédilection et d'un aspect quasi oriental. C'est la station balnéaire des Sablettes, regardant la haute mer et étendue nonchalamment, comme une sultane, sur une plage de sable blanc et fin qui descend en pente douce vers les flots azurés.

Ce coin, naguère encore solitaire et presque ignoré, ne comptait, il y a quelques années, qu'un petit hameau en bordure sur la route, une humble guinguette, de modestes bastides et des cabanons, des jardinets plantés d'oliviers et de figuiers et quelques baraquements primitifs, installés sur la grève, à l'époque des bains de mer. A la guinguette, aux jardinets et aux baraquements ont succédé, de nos jours, un vaste hôtel, un casino magnifique, un hall immense, des jardins splendides et de nombreuses et élégantes cabines échelonnées sur la plage, de chaque côté du hall.

Grâce à l'administration intelligente de celui qui dirige actuellement cet établissement et qui a su, avec un goût parfait, y rassembler tout ce que la science et l'art modernes peuvent produire de plus magnifique et de plus confortable, grâce à sa compétence et à sa persévérance, grâce enfin à son caractère de franche aménité et de largesse presque prodigue, cette station est devenue une des plus belles et des plus justement renommées de tout le littoral méditerranéen.

Au delà de l'isthme des Sablettes, langue étroite et aride formée d'algues et de sable, se dresse un promontoire élevé, couvert d'un manteau sombre de pins et de chênes. C'est la presqu'île du cap Cépet, massif imposant dont les flancs et les crêtes cachent, sous leur épaisse parure de verdure, des batteries modernes, qui en font une véritable forteresse barrant l'entrée de la Grande Rade. Le cap qui a donné son nom à ce promontoire est appelé dans les plus vieilles chartes, *Caput sancti Trophimi apud Sex-Furnos*. Dans la suite et par altération, *caput* se transforma en Cépet et cette dernière dénomination abrégée servit à désigner l'ancien cap « Sancti Trophimi ». La presqu'île du cap Cépet est doublement célèbre dans les annales de la Provence : elle fut visitée de bonne heure par les premiers navigateurs ; d'autre part, elle a conservé des témoignages incontestables de l'introduction du Christianisme en Gaule, dès le commencement de notre ère.

Nous passerons en revue, au cours de notre promenade autour de cette presqu'île, les différents points de la côte auxquels se rattachent quelques souvenirs historiques.

Le chemin, qui longe ce promontoire, est assurément un des plus pittoresquement accidentés de tout le littoral ; carrossable au début, il ne tarde pas à se changer en un petit sentier rocheux et tortueux. Tantôt il est tracé, à mi-côte, au milieu d'un bois de pins dont les senteurs résineuses se mêlent aux parfums doux et pénétrants des plantes odoriférantes qui tapissent le sol; tantôt il court, au bord de l'eau, sur les galets polis par les flots ou à travers les rochers qui bordent le rivage ; tantôt, enfin, il s'élève en mille lacets pour serpenter sur la crête des falaises qui surplombent la mer à des hauteurs vertigineuses.

En quittant l'isthme des Sablettes, ce chemin se dirige, à la hauteur de la pointe du Palmier, vers le Sud-Est, et s'éloigne de la côte qu'il ne rejoint qu'à l'anse du Cros Saint-Georges. Vers le milieu de la route, l'œil découvre, tout au bas, sur le rivage, les diverses constructions du Lazaret. C'est dans cet établissement que les navires, porteurs d'une patente suspecte, venaient déposer, autrefois, sur l'ordre du Bureau de la Santé de Toulon (1), leurs passagers lorsque la quarantaine imposée devait être de longue durée.

Avant la construction du Lazaret, les bâtiments purgeaient leur quarantaine soit au Cros Saint-Georges, soit dans les eaux de Lagoubran ou du Mourrillon. Après la peste qui avait sévi à Toulon en 1621, on se préoccupa de choisir un lieu à la fois isolé et propice pour y fonder un établissement stable et convenable. Le choix du roi se porta, en 1657, sur la presqu'île de Cépet. A cet effet, la communauté de Toulon acheta à divers particuliers de Six-Fours les terrains sur lesquels furent bâtis, tout d'abord une infirmerie, des magasins et une chapelle dédiée à Saint-Roch. Le personnel se composait d'un capitaine des infirmeries ou garde-intendant, de plusieurs aides, d'un cantinier et d'un aumônier.

Les relations commerciales de Toulon avec le Levant et les colonies s'étant considérablement étendues, les locaux, affectés aux quarantaines, ne tardèrent pas à devenir insuffisants et durent être agrandis à différentes reprises. (2).

Le Lazaret comprend des cours, des jardins, de nombreux bâtiments, des parloirs, des magasins, des galeries pour la ventilation des vêtements et des marchandises, et une grande étuve ; il est englobé dans un vaste enclos dont les murs de limite suivent les sinuosités de la côte et les pentes de la colline contre laquelle il est adossé. De nos jours, le Lazaret peut être considéré comme désaffecté à cause de la proximité du Frioul sur lequel doivent être dirigés les navires contaminés par une épidémie susceptible de se propager. S'il s'agit d'une maladie présentant un caractère moins grave, le service de la Santé l'envoie en observation dans les eaux du

---

(1) Nous aurons l'occasion de parler du Bureau de la Santé lorsque nous décrirons la Vieille Darse.

(2) Le joli pavillon, situé au bord de la mer, fut édifié en 1833.

Lazaret, et le désinfecte, quand il y a lieu, avec les moyens dont il dispose.

Le personnel de la Santé comprend actuellement un docteur en médecine, agent principal, qui a sous ses ordres un capitaine de la santé, un commis-concierge et deux gardes maritimes. Tout ce personnel réside à Toulon et a ses bureaux dans l'établissement appelé la Consigne et situé sur le quai du Port.

Le ministre de l'Intérieur a autorisé son collègue de la Guerre à installer provisoirement au Lazaret des troupes de l'armée coloniale. Cet établissement reste toutefois la propriété du service sanitaire qui pourrait l'utiliser au besoin. Mais, à l'heure actuelle, tous les bâtiments sont en fort mauvais état ; ils ne pourraient servir qu'après avoir subi des réparations très sérieuses.

Nous consacrerons, en terminant, quelques lignes au fonctionnement du Lazaret.

Ses locaux sont isolés les uns des autres de manière à recevoir les passagers provenant de navires différents et soumis, par conséquent, à des quarantaines de durée différente. Les quarantenaires ne peuvent voir leurs familles et leurs amis que dans des parloirs spécialement aménagés. Ces parloirs consistent en des salles divisées, dans toute leur étendue, par deux grilles parallèles qui sont garnies d'un treillis en fer, et qui laissent entre elles un couloir spacieux, dans lequel les gardes peuvent circuler. C'est seulement à travers ces grilles qu'il est permis de se parler, Les diverses catégories de passagers logés dans les bâtiments du Lazaret et astreints à des périodes de quarantaines différentes ne peuvent communiquer entre elles.

L'étuve dont on se servait autrefois pour désinfecter, a suggéré à M. Henry les réflexions suivantes : « L'étuve, pour ce qu'on veut bien appeler le *parfum* des quarantaines, était un vrai guet-apens où on vous asphyxiait anciennement au milieu d'une épaisse, horrible et puante fumée produite par des débris de laine, de peau et de vieilles savates qu'on brûlait dans un fourneau exprès : supplice inventé dans un temps d'ignorance !..»

Aux XVIIᵉ et XVIIIᵉ siècles, plusieurs personnages de distinction, qui étaient arrivés à Toulon par la voie de mer, durent se soumettre à une quarantaine dans l'établissement du Lazaret. Nous pouvons citer entre autres « Saïd Mehemet Pacha, Regler Bey de Romelée, ambassadeur extraordinaire du grand seigneur de France; arrivé le 15 septembre 1741, en cette rade, avec une suite et cortège, il a descendu au Lazaret avec une partie de ses officiers, où il a fait quelques jours de quarantaine. » (1).

En continuant à suivre le chemin de ceinture qui longe, un instant, l'enclos du Lazaret, on ne tarde pas à arriver, après avoir laissé, à gauche, les pointes de la Piastre et de la Vieille, sur les bords de l'anse du Cros Saint-Georges. Cette baie, petit port naturel qui s'ouvre sur la Grande Rade, divise la presqu'île en deux massifs à peu près égaux ; elle est très bien garantie par les terres contre les vents, sauf du côté du Nord. Mais elle n'offre que peu de profondeur, 4 m. 50 environ, vers son milieu, et 0 m. 50 à son extrémité Sud ; aussi les tartanes de faible tonnage peuvent-elles seules s'y réfugier. Les gros navires surpris par le mauvais temps doivent mouiller au Nord de cette anse. Ce lac est encadré de bois de pins touffus et verdoyants, et bordé d'un cordon de villas, de bastides et de maisonnettes de pêcheurs qui en font un des villages les plus champêtres et les plus riants des environs de Toulon. Aucune côte de notre littoral n'est peut-être aussi poissonneuse que celle de cette presqu'île.

L'origine du village de Port-Cros est assurément des plus anciennes. Il est prouvé que les Romains venaient pêcher dans ses eaux le *myrex* pour faire la pourpre. Primitivement, humble bourgade donnant asile à une

---

(1) Archives communales. II. 6.

petite colonie de pêcheurs, elle ne tardait pas à prendre une certaine importance, grâce à son port de refuge où venaient jeter l'ancre, le soir, les caboteurs de la côte. Le Cartulaire de Saint-Victor mentionne que Fulco, vicomte de Marseille concéda, en l'an 1038, aux moines de cette abbaye, le *braceria de Georg* (1), dans le territoire de Six-Fours. Le hameau possédait une petite chapelle qui devait jouir d'un certain renom, à en juger par les clauses du testament de Sibille, dame de Toulon, où elle figure comme légataire.

L'ancienne bourgade, qui n'a pas cessé, depuis, de se développer de jour en jour, constitue actuellement, avec l'agglomération de Saint-Elme, une section importante de la commune de La Seyne. Le produit des pêches, la fabrication des tuiles et le commerce du sable sont pour elle une source de revenus assez fructueux.

L'établissement que l'on aperçoit, en sortant du village du Cros Saint-Gorges, l'Hôpital de Saint-Mandrier, s'élève sur un sol historique qui fut, pendant fort longtemps, un lieu de pèlerinage vénéré pour nos ancêtres. D'après un document de nos archives et plusieurs autres textes non moins probants, ce coin de rivage fut le séjour de Saint-Mandrier et de Saint-Flavien. « C'étaient deux gentilshommes saxons qui servirent dans l'armée d'Alaric et qu'on assure avoir été convertis à la foy catholique par Saint-Cyprien, évêque de Toulon, qui les porta à se retirer dans la solitude qu'on appelle encore aujourd'hui Saint-Mandrier. » (2).

Le fait traditionnel du séjour de ces deux saints sur ce point de la presqu'île du cap Cépet, ne saurait être mis en doute ; mais leur mort est entourée d'une légende que la critique historique ne peut admettre, car elle ne s'allie pas avec les événements du temps. Cette légende

---

(1) *Braceria*, agglomération de fermes. Du Cange.
(2) Archives cemmunales. BB. 29.

veut que Cyprien, Mandrier et Flavien aient été mis à
mort, en 566, le jour de l'Assomption, dans l'église de
Toulon, où les deux anachorètes s'étaient rendus pour
recevoir la communion des mains de Cyprien. D'abord
la date de 566 est absolument erronée, car l'évêque
Cyprien était mort antérieurement à 549. Le *Gallia
Christiana* nous apprend que Palladius, successeur de
Cyprien au siège de Toulon, assista en 549, au concile
d'Orléans, et envoya un député au concile d'Arles, en
554. De plus, l'église de Toulon n'admet pas la version
qui fait de Cyprien un martyre. Selon toutes les proba-
bilités — sans toutefois en faire une certitude — il
convient de placer, entre 526 et 536, la mort de Mandrier et de Flavien. Voici, au sujet de la fin des deux
saints, l'opinion de M. G. Lambert que nous partageons
entièrement : « La presqu'île de Saint-Mandrier était
devenue, en ces temps, un des points de refuge le plus
souvent choisi par les coureurs de nos côtes, qui
venaient y chercher un abri contre le mistral, y faire de
l'eau ou y réparer leurs avaries. Il dut arriver qu'un
jour des barques, montées par des pirates ariens, vinrent
mouiller au Creux Saint-Georges, et soit que Mandrier
et Flavien aient pris parti pour quelques pêcheurs qu'on
dépouillait ou maltraitait, soit qu'à cause de leur renom
de sainteté, ils aient été attaqués dans leur retraite, ils
auront succombé sous les coups de leurs agresseurs. »

Par un sentiment de vénération, les habitants du
voisinage recueillirent les restes des deux anachorètes,
les ensevelirent dans une tour antique d'origine pho-
céenne, située sur le bord de la mer et transformèrent
la tour en une chapelle votive. Cette tour se trouvait
exactement dans l'enclos de l'hôpital actuel, auprès d'un
puits, sur l'emplacement même du jardin botanique.
L'existence de cette chapelle, élevée depuis des temps
immémoriaux, sur le lieu de retraite des deux saints, est
révélée par des documents qui ne sauraient être mis en
doute.

Dans son Histoire de Six-Fours, Jean Denans (1) en fait remonter la construction au VIe siècle.

Les archives de Six-Fours relatent que cette chapelle fut « déprédée, en 940, par les pirates. »

La chronique d'Emon, abbé de Worms, qui aborda, en 1217, sur la côte de la presqu'île de Cépet, la mentionne comme un monument existant déjà depuis plusieurs siècles. (2).

Enfin, dans son testament portant la date du 14 août 1161, Sibille institue, en faveur de cette même chapelle, quelques legs précieux.

Il est également un fait non moins certain qu'il importe de signaler. En 1022, la tour antique qui menaçait ruine, fut abattue, et sur son emplacement qui servait de tombeau aux deux saints, Guillaume III, comte de Provence, fit ériger une chapelle plus vaste et plus coquette, sous le vocable de Saint-Mandrier. (3). La ville de Toulon dut contribuer pour une large part aux dépenses, car ses armoiries étaient sculptées sur deux pierres d'égale hauteur au-dessus de la porte d'entrée (4). Un siècle plus tard, un prieuré vint s'adjoindre à la chapelle, ainsi que le prouve une transaction intervenue le 6 septembre 1101, entre le prieur de Saint-Mandrier et l'abbaye de Saint-Victor. (5).

En 1669, Louis XIV conçut le projet d'affecter l'ancien prieuré au service de l'Etat. On acheta les terrains qui en dépendaient, et sur une partie de leur emplace-

---

(1) Notaire et viguier de Six-Fours en 1713.

(2) *Acta Sanctorum*.

(3) Par une pratique populaire de ces temps lointains, la chapelle, aussi bien la primitive que celle édifiée par Guillaume III, ne fut jamais désignée que sous un seul nom, celui de Saint-Mandrier.

(4) En 1571, on pouvait constater encore l'existence de ces armoiries. Archives communales. GG. 12.

(5) Au commencement du XVIIe siècle, Antoine de Salettes s'intitulait sieur de Saint-Mandrier.

ment, auprès de la chapelle même, on construisit un hôpital « pour recevoir les malades des armées navales ». Cet établissement, qui ne se composait que de deux corps de bâtiments sans étage et réunis à angle droit, prit le nom d'Hôpital Saint-Louis, dit de Saint-Mandrier (1).

Pendant les guerres de la succession d'Espagne, on y évacua de nombreux malades provenant des troupes espagnoles qui opéraient de concert avec la France.

L'hôpital fondé par Louis XIV fut abandonné en 1784, année où le Séminaire des Aumôniers des vaisseaux, situé à Toulon, fut converti en hospice pour la marine. Ce n'est qu'en 1818, qu'on songea à réédifier l'établissement hospitalier de Saint-Mandrier. Les travaux furent confiés d'abord à M. Raucourt, puis à M. Bernard, tous deux ingénieurs des travaux hydrauliques. Douze ans après, l'hôpital était entièrement terminé. M. Bernard compléta son œuvre en élevant, au bas de la colline, sur une petite éminence, l'élégante chapelle circulaire qui domine l'établissement.

Avant de donner la description de cet hôpital, nous croyons intéressant de rappeler un autre fait qui se rattache à l'histoire de l'Eglise, et dont ce rivage fut le témoin. Nous voulons parler de l'arrivée des reliques de Saint-Honorat sur la presqu'île du cap Cépet.

On lit dans un acte dressé par le notaire Jean Ruffi, vers la fin du XVᵉ siècle, la relation suivante : Le 6 mars 1353, vers sept heures du matin, Pierre de Valencia, vicaire général, recevait, pour être remise à Jean Sylvestre, évêque de Toulon, une lettre écrite par le sieur

(1) Avant la fondation de cet établissement, il n'y avait aucun hôpital pour le personnel de la marine. Ce personnel était reçu, moyennant rétribution par l'Etat, à l'hospice civil de Saint-Esprit, dans des salles différentes. On vit même après la construction de l'hôpital de Saint-Mandrier, des marins soignés à l'hospice civil, lorsque. à la suite d'une guerre maritime, il y avait encombrement de blessés.

Frinon, de Saint-Mandrier, au nom d'un patron de barque illettré, Bertrand Huguet, d'Antibes, qui venait d'accoster sur la presqu'île de Cépet. Dans cette lettre, Huguet faisait connaître qu'il avait été chargé par l'archevêque d'Arles de transporter aux Iles de Lérins, pour les soustraire aux profanations des ennemis qui menaçaient la ville, quelques reliques de Saint-Honorat. Il ajoutait qu'une violente tempête ayant jeté sa barque sur les rochers de la presqu'île, il avait déposé sur l'autel de la chapelle de Saint-Mandrier, la caisse contenant les reliques. Enfin, il terminait en disant qu'il se jugeait « indigne par ses nombreux péchés » de transporter plus loin ces restes sacrés et qu'il les confiait à l'évêque de Toulon.

Le récit de Jean Ruffi porte que cette lettre fut immédiatement lue à la grand'messe, dans la cathédrale, en présence de deux syndics de la communauté, de huit conseillers et de neuf chanoines.

Ainsi présentée, cette relation, née d'une tradition altérée, ne saurait être admise, parce qu'elle est entachée de quelques erreurs historiques. En 1353, le siège épiscopal était occupé par Hugues de Beylune et non par Jean Sylvestre de Girbiose, qui ne monta sur ce siège que vers 1370. Ensuite, la présence des syndics à cette cérémonie religieuse constitue un anachronisme puisque leur institution ne date que de 1367.

Mais il ne faudrait pas cependant repousser entièrement ce récit, car il renferme un fond de vérité qui mérite d'être retenu et qui, à notre avis, doit être ainsi exposé.

En présence de la guerre civile qui désolait la Provence, vers la fin du XIV⁰ siècle, l'église d'Arles, pour empêcher les reliques de Saint-Honorat qu'elle conservait pieusement de tomber entre les mains des ennemis, les divisa en deux lots. L'un fut porté à l'abbaye de Ganagobie, dans la haute Durance, et déposé sur son autel ; l'autre, qui avait été dirigé par mer sur les Iles de Lérins, ne put, par suite de la tempête dont parle Jean Ruffi, arriver qu'à Saint-Mandrier. La présence des reliques de Saint-Honorat sur ce point de la côte est historiquement prouvée : d'abord par l'existence d'un autel érigé et dédié, vers cette époque, à Saint-Honorat, dans la chapelle de Saint-Mandrier ; ensuite, par la découverte, en 1491, des reliques de ce saint dans la chapelle elle-même ; enfin, par l'inscription commémorative de cette découverte sur l'autel de Saint-Honorat. Cet autel fut démoli, au XVIIIᵉ siècle, avec la chapelle de Saint-Mandrier.

Il est temps de revenir à l'hôpital maritime de Saint-Mandrier qu'une longue digression sur les souvenirs qui se rattachent à son sol nous a fait un instant délaisser.

Cet établissement, un des plus considérables de la marine française, est situé au bas du versant Nord de la montagne de Cépet, dans un immense enclos qui comprend une partie de colline boisée. Vu de loin, il ressemble à un merveilleux palais italien.

La porte principale d'entrée est flanquée de deux pavillons gracieux dont les façades sont supportées par quatre colonnes d'ordre dorique formant péristyle. Après avoir franchi cette porte, on se trouve dans une vaste cour plantée d'arbres et au fond de laquelle s'élèvent trois grands corps de bâtiments faisant les trois côtés d'un carré. Ces trois corps de bâtisse, bien qu'isolés les uns des autres, sont reliés entre eux par des ponts volants, jetés d'étages à étages. Tout autour des étages règne une large galerie couverte en arcades qui procure aux convalescents un lieu d'exercice, et d'où ils peuvent jouir du soleil et de la vue de la rade. Dans ces galeries, des fontaines sont installées de distance en distance.

Du premier étage du corps de logis central, on passe de plain-pied, au moyen d'un pont, sur une terrasse qui n'est autre que la voûte d'une immense citerne.

Dans la colline se trouve une autre citerne bien connue; la disposition particulière de cette construction, toute en courbes, produit un écho très curieux qui répète jusqu'à vingt fois les sons qu'on se plaît à lui envoyer.

A gauche des jardins et parallèlement au mur de clôture faisant face au Nord, s'élèvent les pavillons réservés aux hommes atteints de maladies contagieuses.

Une des principales curiosités de cet établissement est la chapelle, élégante rotonde, couronnée par une coupole et semblable, selon l'expression de Mery, à un temple de Sunium. Les rosaces de la coupole, les cha-piteaux des colonnes et l'édifice tout entier ont été exécutés, en 1840, par des galériens. L'autel est surmonté d'une toile représentant le baptême de Saint-Mandrier par Saint-Cyprien. « A l'entrée d'une petite église, un évêque debout donne le baptême à Saint-Mandrier en costume de chevalier. A la droite du tableau, une femme s'approche tenant son enfant mourant sur ses bras. On voit derrière elle des guerriers. » (1). La toile est signée V. de Chinchamp. 1857.

Le sol de cette chapelle est recouvert d'une mosaï-que en marbres du pays, diversement coloriés et formant des dessins du meilleur goût.

Le parc qui dépend de l'hôpital est tracé' sur la pente d'une colline et sillonné d'allées en zigzags. L'an-cien jardin botanique de Saint-Mandrier que son éloigne-ment de Toulon rendait inaccessible aux étudiants en médecine et en pharmacie, a été transféré, en 1885, dans notre ville, sur la place Saint-Roch.

Quoique cet hôpital puisse contenir 1.200 lits, on fut obligé, pendant les expéditions de Crimée et d'Italie, de construire dans la cour plusieurs rangées de baraques pour recevoir les malades et les blessés qui arrivaient sans cesse:

---

(1) C. Ginoux.

Au devant des deux pavillons d'entrée, le département de la marine a établi une petite darse carrée, entourée de quais et destinée à son usage exclusif.

Sur le point le plus élevé de la colline de Cépet et au Sud-Est de Saint-Mandrier, se dresse le sémaphore qui a remplacé l'ancienne Croix des Signaux. On appelait ainsi un mât planté verticalement en terre, avec une vergue disposée horizontalement, de manière à former une croix aux bras de laquelle on suspendait, primitivement, une boule recouverte d'une toile goudronnée. Cette boule, selon qu'elle était hissée à droite ou à gauche, indiquait la présence d'un navire dans l'Est ou dans l'Ouest.

Au début de la Révolution, on substitua à la boule une série de quatre pavillons. Depuis le Premier Empire, le sémaphore actuel a remplacé la Croix des Signaux.

Non loin du sémaphore on pouvait apercevoir, il y a un an encore, un mausolée en forme de pyramide. C'était le tombeau érigé, en 1810, au vice-amiral Latouche-Tréville par les officiers de marine du port de Toulon. Sur l'une des faces, une plaque commémorative portait gravée cette inscription :

L'armée navale de la Méditerranée
à la mémoire de son S. E. le vice-amiral
Latouche-Tréville
grand-officier de l'Empire
mort à bord du vaisseau le Bucentaure
en rade de Toulon
le 17 août 1804
Commandant en chef des forces navales
de la Méditerranée

Comme la présence de cette pyramide, haute de huit mètres, au milieu de la batterie de la Croix des Signaux, constituait un point de repère pour le tir de l'ennemi, l'autorité militaire décida, le 14 octobre 1902, de la déplacer.

Le monument, soigneusement démoli pierre par pierre, fut reconstruit dans le cimetière de l'hôpital de Saint-Mandrier, et le cercueil de Latouche-Tréville transféré, le 29 avril 1903, avec un très grand cérémonial, dans sa nouvelle tombe.

Si nous nous conformions strictement au plan que nous nous sommes tracé, ici devrait se terminer la première partie de notre étude. Mais toute la presqu'île de Cépet est si admirablement belle que nous ne pouvons résister au désir de lui consacrer quelques lignes. En effet, aucun rivage du littoral méditerranéen n'a conservé aussi intact son primitif aspect grandiose et sauvage. Nul n'est plus merveilleux pour la variété de ses sites magnifiques, plus attirant à cause des souvenirs sacrés qu'il évoque, ni plus imposant par sa majestueuse solitude. Seuls, le murmure plaintif de la mer se brisant contre les falaises ou le bruit de quelque rame frappant les flots, retentissent sur cette plage lointaine et tranquille. Et l'âme, impressionnée en face de ce coin mystérieux et troublant, se plaît à se reporter à seize siècles en arrière et à faire revivre l'image des deux guerriers Mandrier et Flavien, qui, après leur conversion, choisirent ce lieu de retraite, créé véritablement pour la méditation et la prière.

A partir de la batterie de la Caraque, située à quelque distance de l'hôpital de Saint-Mandrier, la côte s'élève insensiblement et présente bientôt, comme une digue aux flots, une bordure de hautes falaises violemment coloriées.

Festonné d'anses minuscules et de rochers se découpant, tantôt fauves, tantôt gris, encadré d'autre part d'un décor de verdure touffue, tout ce rivage, quoique jalonné d'ouvrages de défense, n'est qu'une suite ininterrompue de sites d'une indicible splendeur. Tour à tour,

le regard découvre la pointe des Freirets (1), qui doit
son nom à la présence de deux écueils à peu près semblables et émergeant de la mer non loin de la côte ; la
pointe de la Laouve (2) ; le rocher de la Galette ; la
pointe de l'Ane si originale par sa disposition ; la plage
du Puits si connue de tous les pêcheurs ; l'anse du
Canier où de grands roseaux indiquent que l'eau coule
à fleur de terre, et au fond de laquelle apparaît, sur un
cadre féerique, un superbe château ; la plage de Mor-
d'huy, si pittoresquement accidentée ; des roches nombreuses disséminées le long du rivage, d'un aspect
bizarre et portant des noms empruntés à leur configuration : la Langouste, la Figueirette et l'Enclume ; enfin
le cap Cépet que prolonge le rocher du Rascas sur
lequel, par les jours de tempête, les vagues frappent
comme des coups de bélier.

Entre le cap Cépet et la pointe de Malgau (3), une
inflexion de la côte, qui court sensiblement du Sud-Est
au Nord-Ouest jusqu'à la batterie de la Coudoulière,
puis du Nord-Est au Sud-Ouest, détermine une vaste
échancrure, dite Vide du Cros Saint-Georges. A l'Est de
cet enfoncement et dans un vallon, véritable fouillis de
verdure, quelques habitations de plaisance se détachent
comme d'immenses fleurs de pierre : c'est Cavallas avec
sa baie si coquette, dite de Saint-Joseph. A droite et à
gauche, comme pour protéger ce coin privilégié, se
dressent de hautes falaises escarpées et couronnées de
pins, sur le fond rouge sombre desquelles se dessinent, telles des veines de topaze, de larges raies
jaunâtres. Défendu, en hiver, contre les vents froids du

---

(1) Petits frères.
(2) Pierre plate.
(3) Des mots provençaux *mal*, mauvais, et *gau*, passage. La
marine a transformé ce nom en Maregaou.

Nord et rafraîchi, en été, par la brise du large, Cavallas est une petite oasis perdue sur ce rivage presque encore ignoré des Toulonnais.

En poursuivant sa route vers l'Est, on aperçoit successivement la Grande Coudoulière (1) avec sa plage à gros galets qui rappellent celle d'Etretat ; de hautes falaises taillées à pic et inaccessibles ; la pointe de la Renardière ; le Baou Bleu, qui doit son appellation à la couleur de son terrain ; enfin la pointe de Malgau.

Après là pointe de Malgau, la côte s'infléchit vers le Nord-Ouest, longe la courbe régulière formée par l'isthme des Sablettes et fait un détour vers le Sud-Ouest jusqu'au cap Sicié. Sur tout ce rivage à la fois pittoresque et guerrier, le panorama n'est qu'un éblouissement continuel. C'est d'abord la petite pointe connue des pêcheurs sous l'appellation de Santo-Cilo (2) ; l'agglomération de Saint-Elme, au pied du versant occidental d'un mamelon et son port de refuge pour les bateaux de pêche et de plaisance ; l'anse des Sablettes, avec sa plage pailletée d'argent et si basse que, du large, on découvre, par dessus, les bâtiments mouillés en rade et les édifices de la ville ; la plage de Mar-Vivo, ainsi dénommée à cause de l'agitation incessante du flot ; la baie de Fabrégas, entourée d'une ceinture de collines verdoyantes et festonnée de criques capricieuses et de pointes hérissées de rochers rougeâtres ; la plage du Jonquet avec sa parure de tamaris, qui donne à ce coin solitaire un charme intime et pénétrant ; enfin le massif boisé du cap Sicié, haut et sombre, qui semble surgir des flots d'un bleu intense, et à ses pieds, isolés dans la mer, les Deux-Frères, rochers jumeaux, droits et pointus qui ressemblent à deux pyramides lointaines.

---

(1) De *coudoulet* pierre arrondie par le mouvement des flots.

(2) Diminutif, en provençal, de Sainte-Cécile. Cette pointe est désignée sur les cartes marines sous le nom de Saint-Asile.

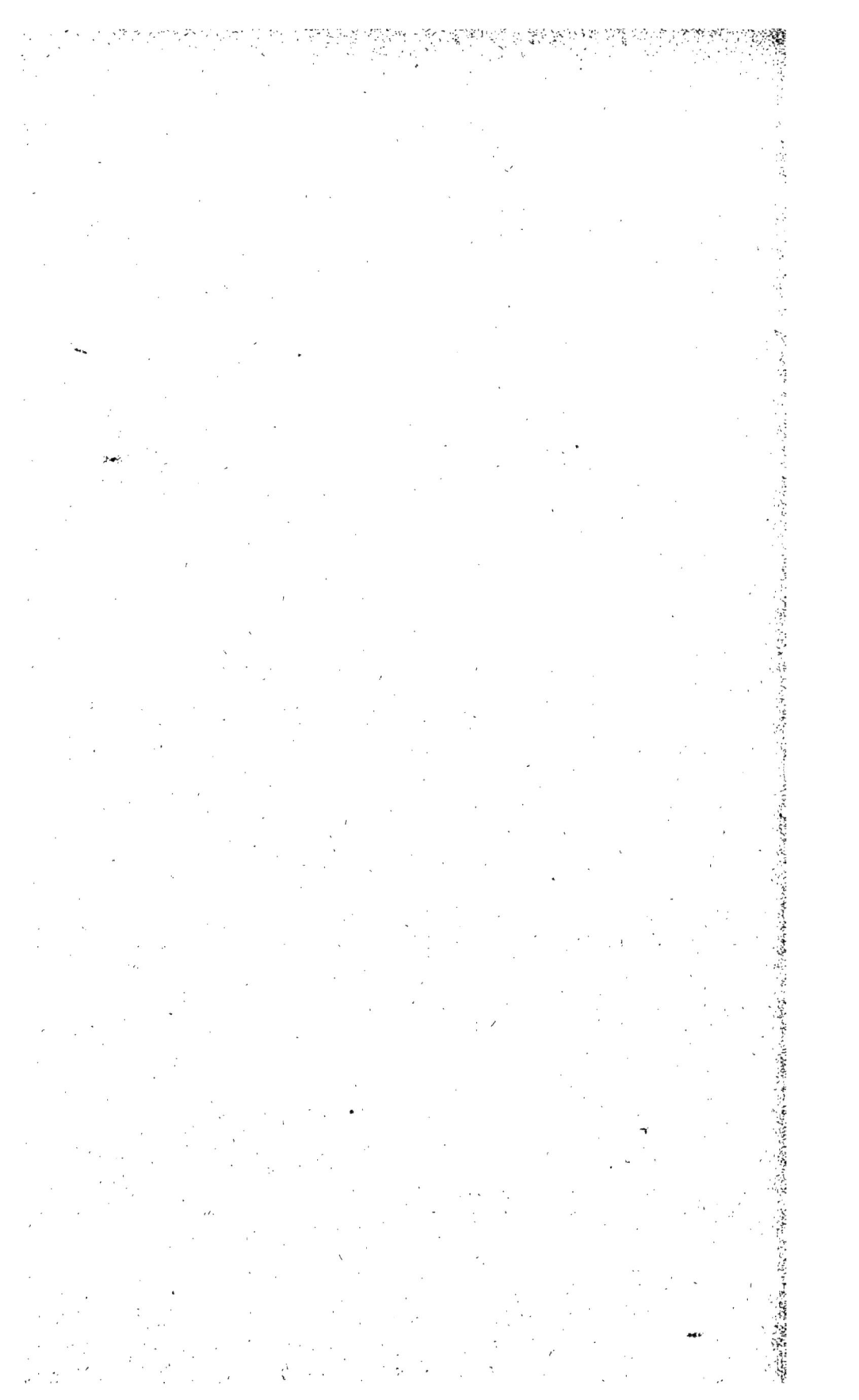

CHAPITRE II

Le Port de Toulon [1]

Le port de Toulon comprend deux bassins bien distincts : la Vieille darse et le Port de commerce. Le premier fut créé au commencement du XVII\ siècle ; le second en 1838.

La Vieille Darse [2]

A la fin du XVI\ siècle, le port de Toulon ne consistait encore qu'en une plage ouverte, peu abritée et presque sans fortifications. Cette plage s'avançait jusqu'à la rue dite aujourd'hui de la République et s'étendait de l'angle de la rue d'Alger à la place Louis-Blanc actuelles.

---

(1) Nous avons reproduit dans ce chapitre quelques extraits de notre ouvrage *Toulon Ancien et ses Rues.*

(2) Expression qui sert à désigner dans la Méditerranée un bassin clos, creusé dans les terres ou circonscrit par des digues.

C'est sur ces deux points extrêmes que se trouvaient les chantiers de construction des navires.

Bordée au Midi par une muraille qui avait remplacé, en 1366, l'ancienne palissade du XIIIe siècle, la cité communiquait avec la mer par une porte appelée Portal du Môle (1) et située vers le milieu de notre rue de l'Hôtel-de-Ville. Cette muraille et les quelques tours dont elle était flanquée, constituaient les seuls moyens de défense de Toulon du côté de la mer. Un petit quai étroit, au-devant duquel existait un débarcadère dénommé Port de la Palissade, formait alors tout l'établissement maritime de l'humble bourgade. Ce débarcadère, d'abord en bois, puis en maçonnerie, avait été construit en 1310, sur les instances réitérées des navigateurs qui se plaignaient de ne pouvoir aborder commodément près du quai. Quoique bien modeste, cette sorte de jetée suffit, pendant plusieurs siècles, aux besoins des quelques navires de commerce qui visitaient Toulon, soit pour charger ou décharger des marchandises, soit pour faire de l'eau ou s'approvisionner de vivres.

Toulon, en effet, n'avait encore, dans ces temps éloignés, aucune importance maritime. Comme toutes les cités du littoral de la Provence, Toulon restait étranger à la préparation des expéditions sur mer. A la veille d'une guerre, les rois de France, dépourvus alors de marine militaire, s'empressaient d'emprunter aux autres nations, principalement aux Gênois et aux Espagnols, leurs flottes et leurs ports.

Dès le XVIe siècle, l'Etat cesse de recourir le plus souvent aux marines étrangères ; il loue aux grands personnages, à de riches commerçants ou aux capitaines de mer français leurs navires ou leurs galères transformés, pour la circonstance, en bâtiments de combat et commandés presque toujours par les propriétaires

---

(1) Le Portal du Môle ne fut démoli qu'en 1607 ; ses décombres servirent à combler les fondations de l'Hôtel de Ville actuel.

eux-mêmes. A partir de ce moment, la Méditerranée compte dans ses ports des flottes composées déjà, en grande partie, de vaisseaux de haut bord ; et la rade de Toulon, jusqu'ici méconnue, commence à devenir précieuse à cause de la profondeur de ses eaux. (1).

Grâce aux armements entrepris en vue des guerres d'Italie (2), la ville de Toulon avait pris un tel développement qu'on songea à l'agrandir, à la fortifier et à la doter d'une darse. C'était le vœu que formulaient depuis fort longtemps les consuls de Toulon qui se préoccupaient « de voir protéger le plus beau port du monde, objet de la convoitise des estrangers. »

Mais Toulon, à qui sa détresse financière ne permettait pas d'entreprendre, à ses frais, ces gigantesques travaux, comptait trop sur la générosité de ses rois. De plus, les troubles de la Ligue et les changements de partis auxquels la ville fut particulièrement en butte, firent oublier les idées de force navale permanente conçues précédemment. Aussi la marine se trouvait, par ce fait, dans un état de dénûment complet.

Malgré les difficultés des temps, la population toulonnaise n'abandondait pas ses justes revendications dictées plus par ses sentiments patriotiques que par son intérêt personnel. « La ville de Tholon, faisaient remarquer ses consuls, en 1585, étant veüe ordinairement par les estrangers quand ils traversent d'Espagne en Ytalie et au contraire, avec grand nombre de galères et aultres vaisseaux de guerre, que la voyant leur estre tant propre et commode, et en si mauvais équipaige qu'elle ne soyt

---

(1) A l'époque des Croisades, on ne voit figurer que les ports de Marseille et d'Aigues-Mortes.

(2) « Tous les embarquements faicts aultrefois pour mander gens en Ytalie et en Corsègue, se trouvent avoir esté faicts au dict Thollon et non ailleurs. » Mémoire des Consuls de Toulon dressé en 1586. Archives communales. FF. 306.

par eulx regardée d'un œil plein d'ambition et de désir
pour s'en saisir et emparer aussitost que la moindre
occasion se présenterait. » (1).

En 1589, les Toulonnais voyaient enfin leurs vœux
en partie réalisés. Henri IV, comprenant toute l'importance militaire de Toulon, ordonnait d'agrandir et de
fortifier la ville et de créer une darsenne qui offrît toute
sécurité aux navires.

Dès 1590, en même temps qu'on construisait les
remparts, on commençait à tracer la darse. Deux môles,
enracinés aux extrémités Est et Ouest de la façade de la
ville, le long de la plage, furent prolongés du Nord au
Sud, de façon à former un port bien fermé et susceptible de mettre les vaisseaux à l'abri du mistral et des
vents d'Est. Cinq ans après, les deux môles étaient
achevés. On s'occupa alors de délimiter les eaux du port
qui venaient battre les maisons élevées sur le rivage,
car la muraille avait disparu depuis fort longtemps déjà,
à l'exception du Portal du Môle.

Henri IV, pour dédommager les habitants d'avoir
fait « à leurs frais et dépens », creuser les fossés des
fortifications et construire la darse, leur concéda, en
1595, tous les terrains gagnés ou à gagner sur la mer (2).

Mais ce projet primitif ne prévoyait pas encore la
création d'un arsenal. Ce fut seulement le 30 juin 1599,
que la Cour des comptes de Provence, appelée à vérifier
et à enregistrer le don royal, décida qu'une partie des
terrains concédés serait réservée « pour servir à la
construction et fabrique des vaisseaux et pour bastir un

---

(1) Archives communales. FF. 305.

(2) « Permettons, accordons et octroyons aux consuls manans et
habitans de la ville de Tholon, qu'ils puissent et leur soyt loysible
faire faire une ou plusieurs rues dans la darsène et port du dict
Tholon, et y bastir et construire des maysons le long d'icelles, et,
pour cet effect, qu'ils puissent disposer des places y estans, les bailler
et faire vendre au plus offrant. » Archives communales. DD. 50.

arsenal ou magasin ». (1). Pour faire suite à cette décision, la Cour des comptes délégua, à Toulon, un de ses conseillers, Garnier de Montfuron, pour déterminer avec l'ingénieur du roi Raymond de Bonnefons, l'endroit où devait être fondé l'arsenal maritime. Leur choix se porta, après un long et minutieux examen, sur les terrains qui se trouvaient situés à l'Ouest de la darse dans la partie comprise entre le Bureau actuel des armements et le canal dit Mange-Garry (2), et qui s'étendaient jusqu'à l'emplacement occupé aujourd'hui par la Direction des Constructions navales.

Les travaux à exécuter consistaient dans le prolongement de la courtine du bastion de Notre-Dame (3) jusqu'à la mer (4), et dans la construction d'un bastion au Sud, sur les terrains des vieux bassins. Tous ces travaux devaient être d'autant plus longs et coûteux que cette partie du rivage était marécageuse ou recouverte par la mer. Comme toujours, les dépenses furent mises à la charge de la ville. Mais la municipalité, très obérée, ne put rien entreprendre.

Dans le courant d'octobre 1602, le duc de Guise, gouverneur de Provence, vint à Toulon pour hâter l'exécution des plans dressés par l'ingénieur Raymond de Bonnefons. Les Consuls de Toulon durent faire de

(1) Archives communales. DD. 50.

(2) D'après une vieille légende, ce canal devrait son appellation à la quantité considérable de rats, *garris* en provençal, qui vivent sur ses bords. C'est une erreur. Ce nom est celui d'un conseiller de la Communauté qui fut chargé de la surveillance des travaux entrepris dans cette partie de la darse. Archives communales. BB. 58.

(3) Ce bastion était situé sur l'emplacement appelé aujourd'hui place d'Armes. Une de ses pointes s'avançait jusqu'à l'Hôtel de la Préfecture maritime actuelle.

(4) C'est-à-dire jusqu'à la rencontre du canal Mange-Garry qui fait communiquer les eaux de la darse avec celles du canal des Directions.

belles promesses au gouverneur, car celui-ci ne séjourna
que peu de temps dans notre ville. Après son départ, les
choses en restèrent là. Une interminable correspondance
s'engagea alors entre le duc de Guise et les chefs de la
municipalité. Ces derniers ne cessaient d'objecter que
les ressources financières de la ville de Toulon ne
permettaient pas de se livrer à des dépenses aussi considérables. Pour en finir, le gouverneur se rendit de
nouveau à Toulon, dans les derniers jours de juillet
1604, et intima aux consuls l'ordre « d'avoir à commencer
les travaux en la plus grande diligence que faire se
pourra ». Comprenant que toute résistance était désormais inutile, ceux-ci se soumirent aux volontés du
gouverneur.

Le 28 octobre de l'année suivante, on entreprit les
derniers travaux qui restaient à faire pour compléter
l'enceinte du port. Comme la darse s'ouvrait encore trop
largement sur la rade, on construisit les deux tenailles (1)
qui devaient fermer le port au Sud, en ayant soin de ne
laisser entre elles qu'une ouverture de quinze cannes de
longueur pour l'entrée et la sortie des navires. Cette
ouverture reçut, à l'origine, le nom de Chaîne (2) parce
qu'on la fermait, tous les soirs, à l'heure du couvre-feu,
avec une grosse chaîne que l'on tendait à fleur d'eau
pour empêcher, dans un but de police maritime, le
passage des vaisseaux et des embarcations. Les clefs de

---

(1) Primitivement ces deux tenailles ne constituaient qu'un
terre-plain peu élevé au-dessus du niveau de la mer. En 1625, ces
murailles furent exhaussées, percées d'embrasures et garnies de
canons. Ce sont celles qui existent encore aujourd'hui.

(2) En 1892, on élargit cette ouverture qui portait alors, depuis
longtemps déjà, le nom de passe. On porta sa largeur de 30 à 50
mètres. Ces travaux furent exécutés par les soins du département de
la Marine, avec le concours financier du département des Travaux
publics et de la ville de Toulon. qui participèrent chacun pour un
tiers à la dépense.

cette chaîne demeurèrent, jusqu'à la fin du XVIIe siècle, entre les mains des consuls de la ville. (1)

En 1609, la darse, complètement protégée par une ceinture de fortifications, comprenait à la fois le port militaire et le port de commerce.

Le mouillage des navires sur les différents points de la darse fit l'objet d'une réglementation spéciale. La marine militaire, qui avait présidé à ce partage, se fit naturellement la part la plus avantageuse. Les gros vaisseaux devaient stationner le long de la jetée de gauche, et les flûtes et les brûlots le long de celle de droite. De plus, les deux côtés des môles situés dans l'intérieur de la darse étaient encore réservés aux autres bâtiments du roi ; ils avaient emprunté leur dénomination au rang des navires qui venaient y accoster. C'est ainsi que le côté Est fut appelé le Petit Rang et le côté Ouest le Grand Rang (2). L'emplacement qui se trouve à l'Ouest, entre la darse et le canal des Directions, là même où naguère encore existait le chantier de construction des frégates, fut spécialement affecté à la construction des vaisseaux. Comme ce lieu n'était qu'un marais, on décida que les navires de commerce qui voudraient se faire caréner, ne pourraient procéder à cette opération que sur ce point et qu'ils seraient tenus d'y débarquer leur lest afin de combler toute cette partie du rivage. (3). On édifia tout d'abord, en cet endroit, un simple atelier pour la

---

(1) Dans les commencements et même pendant fort longtemps, une sorte de pouvoir était dévolu, sur la marine, aux consuls de Toulon qui étaient lieutenants du roi. L'Etat s'adressait à eux lorsqu'il ordonnait des armements maritimes et les invitait à y donner tous leurs soins. Les vaisseaux désarmés étaient placés sous leur police immédiate.

(2) Lorsque les galères furent envoyées, au commencement du XVIIIe siècle, de Marseille à Toulon, elles furent postées contre le quai Nord, au devant des maisons de la ville.

(3) Archives communales. BB 53.

réparation des galères. Mais, dès 1628, cet atelier se transforma en un vaste chantier destiné uniquement à la construction des navires neufs. Enfin le canal dit aujourd'hui des Directions fut creusé et bordé d'un quai pour y recevoir les vaisseaux de guerre en armement.

Quant au port de commerce, on lui assigna seulement la partie de la darse voisine du quai du Parti actuel.

A partir de ce moment l'arsenal maritime était fondé. La vieille darse avait été son modeste berceau.

Nous laisserons de côté, pour un instant, le grand établissement de la marine pour ne nous occuper que de la vieille darse et du port de commerce.

Au moment de l'agrandissement de 1589, la mer suivait une ligne irrégulière qui, partant de la porte actuelle de l'arsenal, longeait la rue de ce nom, représentée alors par une plage sablonneuse appelée le Sécan (1) : de là, elle coupait par le milieu, dans sa longueur, la place dite aujourd'hui Gambetta, s'infléchissait brusquement au Sud pour traverser notre rue de la République, et se poursuivait jusqu'à la place appelée actuellement Louis-Blanc, où elle formait une petite baie, dénommée le Pesquier (2).

Lorsque, en 1604, on commença à dresser le plan de délimitation du quai du port en vue des enrochements et des remblais à faire, les sondages constatèrent qu'il y avait cinq pans d'eau et douze de boue sur l'emplacement occupé de nos jours, par la porte de l'arsenal ; cinq pans d'eau et du gravier au fond, vers le milieu du Sécan ; huit pans d'eau et deux de boue, du milieu du Sécan à l'angle de la rue Neuve ; sept pans

---

(1) Cette plage était ainsi appelée parce que les pêcheurs y faisaient sécher leurs filets.

(2) Petit étang qui communiquait par une bouche assez étroite avec la mer.

d'eau et trois de boue, de cet angle à l'entrée de la rue des Marchands ; de cinq à six pans d'eau avec fond de gravier, de la rue des Marchands à la place Louis-Blanc; enfin quatre pans d'eau et huit de boue, de la place Louis-Blanc aux fortifications.

En 1610, les travaux d'endiguement de la mer et de confection du quai étaient terminés; mais ces travaux ne s'étaient pas accomplis sans avoir suscité aux consuls de nombreuses difficultés. Quand l'administration municipale mit en adjudication, en 1606, les terrains conquis sur la mer, elle avait stipulé, comme condition expresse, que les acheteurs « seraient tenus de construire, à leurs frais, un quai en pierres dures de taille de quatre cannes de longueur au-devant de leurs maisons, à l'instar de celui qui serait fait devant la Maison commune. » (1). Mais la plupart des nouveaux acquéreurs ne se soucièrent pas d'exécuter cette clause de l'acte de vente. Pour couper court aux contestations, la municipalité usa d'un moyen radical : elle fit procéder, aux frais de la ville, à la construction du quai et força les propriétaires des maisons à contribuer aux dépenses. (2).

Le quai n'eut primitivement que la largeur que nous lui voyons aujourd'hui à ses deux extrémités Est et Ouest. L'avant-quai qui se trouve devant l'Hôtel de Ville fut construit en 1729, dans des circonstances dignes d'être rappelées. Dès 1728, on s'était occupé de la nécessité d'élargir le quai à cet endroit et d'en faire une place pour le déchargement des marchandises venant par mer. Ce projet ne fut mis à exécution que l'année suivante. Dans le courant de 1730, l'avant-quai était complètement achevé ; mais les travaux avaient été faits dans des conditions si déplorables que, moins de quarante ans après, cette place s'était non seulement

(1) Archives communales. BB. 53.
(2) Archives communales. BB. 54.

crevassée sur plusieurs points, mais encore affaissée d'une manière dangereuse. Il fallut procéder à sa réfection presque totale. En 1766, un ingénieur de la marine fut chargé de reconstruire cette partie du quai. Au bout de trois ans, l'ingénieur avait dépensé des sommes considérables sans pouvoir terminer son œuvre. On lui donna comme successeur M. Milet de Montville, directeur des fortifications, qui, sept mois après, livrait au commerce l'avant-quai entièrement terminé (1) et tel qu'il existe encore de nos jours. (2).

A l'extrémité Nord du Petit Rang et presque en face de l'angle Est de l'avant-quai, une maisonnette émerge du milieu des eaux de la darse. C'est le poste de la Pile. Cet édicule était destiné, à son origine, au logement du gardien chargé de la surveillance des embarcations, des bâtiments désarmés et des bois de construction qu'on immergea pendant longtemps dans ce coin de la darse. Le projet d'édification de ce poste fut établi dans les premiers jours de 1722, par M. Montlibert, directeur des fortifications. La maisonnette fut achevée vers la fin de la même année.

Le 10 février 1766, on décida d'enlever ce poste du milieu de la darse pour l'établir dans une maison sur le quai. Le ministre avait déjà ordonné l'achat de cette maison quand il renonça à son idée première (3).

---

(1) « La réfection du quai au devant de l'Hôtel de Ville fut commencée le 2 mai 1769, sous les ordres de M. Milet de Montville, directeur des fortifications. Ce même ouvrage avait été commencé, trois ans auparavant, sous les ordres d'un ingénieur de la marine : il y fut dépensé considérablement et sans fruit. M. Milet de Montville fit finir dans sept mois l'ouvrage de Pénélope. » Archives communales. BB. 12.

(2) Lors de l'expédition d'Égypte, le carré du port céda sous le poids du matériel d'artillerie qui avait été déposé, et s'affaissa à tel point qu'il fallut le réparer presque entièrement.

(3) Archives de l'Arsenal de Toulon. *Direction des Travaux hydrauliques.*

Depuis que le Petit Rang a été désaffecté, ainsi que nous le verrons plus loin, le poste de la Pile est sans utilité aucune. Il est question actuellement de le faire disparaître.

La portion de mer où fut tracée la darse, reçoit depuis bien des siècles, toutes les eaux de la ville qui charrient avec elles une grande quantité de terre, de sable et de détritus. Sous l'influence de ces apports journaliers, son fond se trouvait considérablement exhaussé au moment où se terminaient les travaux entrepris sous Henri IV. Tant que la darse n'abrita que des navires d'un faible tonnage, cet inconvénient ne se fit pas trop sentir. Mais à mesure que les vaisseaux prirent des dimensions plus grandes et que leur tirant d'eau devint, par ce fait, toujours plus fort, l'insuffisance de profondeur du nouveau bassin ne tarda pas à constituer un danger réel pour la navigation.

On se préoccupa, dès lors, de remédier à cette situation si désastreuse pour le développement de notre marine. En 1611, on décida « que les navires et barques qui voudraient se réparer ou se caréner dans la darse paieraient, chacun selon son tonnage, une somme déterminée qui serait employée au nettoiement de la darse (1) ». Cette mesure ne dut pas procurer des ressources assez abondantes pour commencer les travaux de dragage, car la ville de Toulon recevait, en 1625, l'ordre de procéder, à ses frais au creusage de la darse (2).

Comme Toulon ne pouvait faire face à ces nouvelles charges, ses Consuls envoyèrent une députation auprès du roi pour le prier d'y participer dans une certaine mesure. La requête ne fut pas accueillie (3). La ville, mise en demeure de s'exécuter immédiatement, n'eut

(1) Archives communales. BB. 53.
(2) Archives communales. BB. 55.
(3) Les délégués toulonnais profitèrent de cette occasion pour demander la construction d'une forteresse à l'entrée de la darse. Cette supplique n'eut pas plus de succès. Archives communales. BB. 55.

d'autre ressource que de déléguer à Paris le premier
consul Aycard, afin de réclamer le paiement des dépenses faites par la Communauté, depuis un quart de siècle,
pour la construction des fortifications. (1). Ces fonds
furent vite épuisés et les travaux se poursuivirent naturellement avec la plus grande lenteur. A cette époque, le
creusage de la darse était si peu avancé que le comte de
Gallour, général des armées navales du roi, dut, pour
faire entrer ses vaisseaux dans le port, demander aux
consuls de faire creuser un chenal.

Quatorze ans plus tard, une lettre du roi venait de
nouveau ordonner à la municipalité de faire nettoyer et
creuser la darse dans le plus bref délai. (2). Le Conseil
de ville délibéra sur le champ « que l'impossibilité de
faire cette dépense serait démontrée au roi et à son
conseil, et que néanmoins, pour prouver son obéissance,
ce travail serait aussitôt commencé. » (3). Malgré les
sacrifices onéreux que dut s'imposer la ville de Toulon
et toute la bonne volonté qu'elle apporta à obéir à la
volonté royale, on trouva que les opérations du creusage
traînaient encore trop en longueur. Un arrêt du Conseil
d'Etat vint ordonner, en 1676, de prélever pendant cinq
ans, sur les revenus de la commune, la somme de
1.200 livres pour être employée exclusivement à cet
usage. (4). Les travaux n'étant pas terminés à l'expiration des cinq ans, la ville fut de nouveau imposée pour
la même somme et pour la même durée. Les consuls
demandèrent alors à l'intendant de Provence la permission de faire un emprunt. L'autorisation fut refusée et
la municipalité se vit dans l'obligation d'augmenter
encore, au préjudice des habitants, le droit de piquet

(1) Archives communales. BB. 55.
(2) Archives communales. BB. 57.
(3) Archives communales. BB. 57.
(4) Archives communales. BB. 66.

déja bien élevé (1). Divers documents de nos archives nous apprennent que des arrêts du Conseil d'Etat vinrent proroger sans interruption, de 1676 à 1679, l'obligation pour la ville de Toulon, de fournir cette somme en vue de la continuation des travaux. (2). Il importe d'ajouter que dès 1702, plusieurs autres communautés furent astreintes à contribuer aux dépenses du creusage du port (3).

Enfin de nos jours on a dû, à différentes reprises, exécuter de nombreux travaux de dévasement ; nous citerons notamment ceux de 1821 à 1825 ; de 1852 à 1857 ; de 1864 à 1865 ; de 1878 à 1879 ; en 1884 et 1885.

Avec la création de la darse et la construction de de ses quais, une ère de prospérité se levait pour Toulon. Sa marine marchande, composée jusque là de quelques petits navires seulement, ne tardait pas à se développer d'une manière prodigieuse ; bientôt ses transactions commerciales prenaient une telle extension que notre ville devenait, en peu de temps, une des cités les plus florissantes du royaume, et même presque la rivale de Marseille. D'autre part, grâce aux armements de son arsenal, Toulon allait bientôt écrire une des pages les glorieuses de notre histoire maritime.

Durant cette période de splendeur, la plus grande activité régnait dans la ville, et surtout aux abords des quais où se pressaient une foule de travailleurs occupés à charger et à décharger les navires. Il résulte d'un

---

(1) De 1670 à 1681, les dépenses s'élevèrent à 120.000 livres. Archives communales. BB. 29. 67.

(2) Archives communales. BB 27.

(3) Les communautés de Six-Fours, de La Seyne, du Revest, de La Valette, de La Garde, de Sainte-Marguerite, de Solliès, de Belgentier, de Cuers, d'Ollioules, de Sanary, du Beausset, du Castellet et de La Cadière. Archives communales. CC. 576.

rapport remis par les Consuls, en janvier 1633, à M. de
Séguiran, venu à Toulon pour visiter les côtes de Provence, que le port comptait 70 bâtiments de commerce,
savoir : 12 vaisseaux armés de 10 à 12 canons et d'une
trentaine de mousquets ; 7 polacres armées de 3 ou 4
canons et de 5 à 6 mousquets. Ces navires étaient montés
par 826 hommes d'équipage et représentaient 4.609
tonneaux. « Il y avait en outre 111 bateaux qui sortaient
tous les jours avec cinq hommes chàcun ou environ,
pour la pescherie du poisson tant aux mers de Tholon
que aux isles d'Hyères. »

Le mouvement du commerce étranger n'était pas
moins important ; il entrait, toutes les années, dans le
port de Toulon, une soixantaine de bateaux marchands
soit flamands, soit anglais ou irlandais. « Les flamands
apportaient des harengs, du goudron, de la graisse et
du plomb ; les anglais et les irlandais, du poisson salé,
de l'étain, du plomb et des peaux de veau ; et les uns
comme les autres des cendres, des soudes et autres
matières indispensables à la fabrication du savon (1). »
Tous ces bateaux emportaient dans leurs pays des
huiles, des savons, des câpres et des fruits secs provenant du terroir de Toulon. L'exportation des huiles
produisait annuellement 800.000 livres, et celle des
savons 15.000 livres environ.

Toulon possédait, à cette époque, quinze tanneries,
vingt fabriques de savon, douze de chapeaux, dix manufactures d'un drap appelé *pinchina*, des métiers pour la
bonneterie, des teintureries pour la laine et la soie, huit
manufactures de cotonines pour les toiles à voiles, des
établissements pour la fabrication des cierges et des
chantiers renommés pour la construction des bâtiments
de commerce. Il augmentait encore ses revenus avec
l'exploitation de ses câprières qui donnaient, chaque
année, 3.000 quintaux de câpres, et avec l'exportation de

---

(1) Archives communales. EE. 47.

ses huiles qui étaient universellement recherchées. Mais la principale branche de son industrie était incontestablement la fabrication des savons. Ses usines en produisaient plus de 60.000 quintaux par an et de qualité supérieure (1).

L'édit de 1669 proclamant la franchise du port de Marseille, et, d'autre part, l'ordonnance de 1688 soumettant à un droit de 20 0/0 toutes les marchandises qui entraient dans Toulon ou qui en sortaient, portèrent un premier coup à la prospérité de notre ville. (2). Pour remédier à la crise commerciale qui ruinait les savonneries de la Provence, un arrêt du Conseil, en date du 25 octobre 1757, vint rétablir une sorte d'égalité entre toutes les fabriques, en exemptant de tout droit les savons exportés à l'étranger. Mais Marseille ne put voir sans une extrême jalousie l'encouragement que cet arrêt accordait indistinctement à toutes les fabriques. Aussi, pour le rendre infructueux à la basse Provence qui commençait à devenir le centre principal de la fabrication, cette ville sollicita et obtint, en 1763, l'exemption du droit de deux livres onze sols par quintal sur les huiles du pays entrant dans ses murs. Grâce à cet avantage considérable « Marseille tantôt nationale, tantôt étrangère, et l'une et l'autre suivant ses intérêts, et par son port franc et par des prédilections particulières qui dérogeaient à l'essence de sa constitution, conserva la supériorité dont elle jouissait depuis l'édit de 1669, réunit le commerce intérieur au commerce extérieur et vint à bout d'exténuer les savonneries de Toulon. » (3).

---

(1) Archives communales. BB. 29.

(2) « Du moment que les matières premières ont été exemptées de tous droits à Marseille, les fabriques de savon de Toulon n'ont pu soutenir la concurrence avec les siennes ; leurs savons ont forcément perdu de leur qualité pour se rapprocher du poids. Dès lors, ils ont été moins recherchés, la fabrication a diminué et s'est insensiblement presque perdue. » Archives communales. BB. 29.

(3) Archives communales. BB. 29.

Toulon perdit de ce fait le monopole de la fabrication du savon, et, vers la fin du XVIIIe siècle, ses usines n'en produisaient même plus la quantité nécessaire à la consommation des habitants.

Par surcroît de malheur, l'hiver rigoureux de 1709 gela tous les oliviers de la région. (1). Les câpres qui, après la disparition des oliviers, étaient la seule denrée pouvant encore donner quelque profit, tombèrent à un si bas prix que « ce qu'on en retirait, payait à peine la dépense des cultures qui étaient grandes et du vinaigre qu'elles consumaient » (2). Enfin, son arsenal qui fournissait à la marine la plus grande partie de ses vaisseaux et où se faisait l'armement des flottes, vit, dès 1705, son activité décroître de jour en jour. Le travail se réduisit au radoub, et c'est à peine si on arma, par an, quatre ou cinq frégates.

Les habitants émigrèrent en grand nombre et la population se trouva bientôt en peu d'années réduite de moitié. A la suite de cette désertion, la plupart des fabriques et des manufactures furent abandonnées.

Un mémoire rédigé vers cette époque dépeint de la manière suivante la situation précaire de Toulon. « L'état de cette ville, autrefois si florissant, a changé de tout au tout par les grosses dettes qu'elle a été obligée de contracter pour les affaires de sa Majesté, par les contributions onéreuses dont elle est frappée, par le siège qu'elle a soutenu, par le bombardement qu'elle a souffert, le renversement des maisons et la démolition d'un faubourg, le dégât de son terroir, la perte de ses oliviers causée par un froid excessif, la suspension des

---

(1) « Ces arbres étaient presque à eux seuls la richesse du terroir de cette ville. En les perdant, elle a à peu près tout perdu. La plupart de ses habitants ont été totalement ruinés, et ceux des autres qui ont eu le moins souffert, n'ont pas laissé de s'en ressentir. » Archives communales. BB. 29.

(2) Archives communales. BB. 29.

armements et la cessation des travaux de son arsenal qui entretenaient les deux tiers de ses habitants, dont les uns ont été réduits à la mendicité et les autres contraints d'aller chercher leur vie ailleurs. Le défaut de commerce et de travail a aussi obligé les plus pécunieux négociants de Toulon à aller s'établir à Marseille et en d'autres villes ; de sorte que Toulon se trouve désert par le déguerpissement de tant de gens et par la mort de plus de 3.000 hommes qui périrent sur le vaisseau le *Phénix* sur l'escadre et à l'entreprise de M. Cassart, et sur les vaisseaux commandés par M. de Roquemodore ; tous ces pauvres malheureux ayant laissé leurs femmes et un grand nombre d'enfants à la charge du public et de la mendicité. » (1).

C'est en vain que le ministre Choiseul essaya de rendre à Toulon son ancienne splendeur. La situation lamentable de cette ville, loin de s'améliorer, ne fit que s'aggraver au moment de la tourmente révolutionnaire. Les émigrations nombreuses qui se produisirent et les mesures de rigueur ordonnées par la Convention achevèrent de précipiter la ruine de la cité.

Après la conquête de l'Algérie, le commerce maritime toulonnais reprit un instant une certaine importance. Mais ce mouvement ascensionnel fut, de courte durée. De nos jours, il s'est ralenti à un tel point que Toulon qui occupait encore, en 1840, le dixième rang parmi les ports de France, est maintenant relégué au trentième.

A l'époque où Toulon entretenait avec le Levant, les Indes et les colonies des relations commerciales importantes, les négociants avaient fait construire à l'extrémité Est du quai, de vastes entrepôts pour y emmagasiner les produits du terroir, tels que : vins, huiles, fruits secs et

---

(1) Archives communales. FF. 370.

eaux-de-vie. Un îlot de douze maisons, renfermé dans une enceinte, constituait tout le quartier. C'est là que les navires venaient débarquer les marchandises qu'ils apportaient à Toulon, et c'est aussi de ce point qu'ils partaient après avoir chargé celles destinées à l'exportation. Devenus inoccupés par suite de la crise commerciale qui sévissait sur notre cité, ces entrepôts furent pris en location par le roi qui y installa les Party des vivres. Ce coin du quai prit dès lors le nom de quai du Party et plus tard celui de Parti. (1).

Toutes les maisons de cet enclos n'avaient qu'un étage : le premier servait de grenier et le rez-de-chaussée, soit de four, soit de bureau au munitionnaire des vivres de la Marine et de la Guerre. Un de ces magasins avait été aménagé pour le commissaire de la marine chargé de la police des vivres ; un autre était spécialement affecté à la fabrication du pain des troupes de la guerre. L'établissement de ce service porta un préjudice considérable aux commerçants de la ville. Le munitionnaire qui avait, en effet, la liberté de faire venir de tous les points du royaume, et même des pays étrangers, les vivres et les denrées qui lui étaient nécessaires — et ce, avec franchise de tout droit — cessa de s'approvisionner à Toulon.

A l'extrémité Ouest de la darse s'élève depuis près de trois siècles, l'édifice appelé la Consigne et destiné au service de l'arraisonnement des navires.

Primitivement, les chefs de la municipalité étaient chargés de l'exécution de toutes les mesures sanitaires ; mais en présence de la multiplicité de leurs fonctions,

---

(1) C'est à tort que M. G. Lambert, dans son *Histoire de Toulon*, a prétendu que ce quartier avait été ainsi appelé du nom du propriétaire de l'îlot des maisons. Le mot Parti est un ancien terme de finance qui servait à désigner des forfaits, soit pour lever les droits du roi, soit pour faire certaines fournitures. Le partisan partageait le profit, le revenu. Parti des vivres, Parti des poudres, etc.

ceux-ci s'adjoignirent, dans la suite, des agents qui furent particulièrement préposés aux déclarations des capitaines de bâtiments. Ces employés avaient pour bureau une baraque en bois située soit à Castigneau, soit au Mourillon. En raison de l'obligation qui leur était imposée de se tenir constamment aux abords de la ville, ils furent appelés, à l'origine, subrestans (1).

En 1595, les subrestans furent remplacés par les capitaines de la Santé ; et, dix ans plus tard, à ces derniers succédèrent les intendants de la Santé. Ces intendants au nombre d'abord de quatre, puis de huit et enfin de dix, composaient le Bureau de la Santé. Les membres de ce bureau, élus en même temps et de la même manière que les autres officiers municipaux, avaient pour mission de faire exécuter les règlements relatifs à l'entrée et à la sortie des navires ; ils jugeaient à mort en cas de peste. L'intendant de la marine, qui faisait partie de droit de ce conseil, devait être appelé lorsqu'il s'agissait de délibérer sur les quarantaines des vaisseaux du roi.

En 1638, l'administration municipale décida « qu'il serait fait un remplissage dans la mer au bout du quai pour y faire un logement pour les intendants de la Santé. » Lorsque ces travaux furent achevés, la baraque en bois fut transportée sur l'emplacement qui venait d'être conquis sur la mer. Détruite en 1691, par un incendie, elle fut remplacée par la construction en pierre qui existe actuellement et qui précède le Bureau des Armements. Ce dernier bureau a dans ses attributions l'administration des équipages de la flotte à terre et des navires armés. Il s'occupe aussi de la liquidation des prises faites en mer sur l'ennemi.

Le 18 décembre 1793, au moment du départ des escadres alliées, la darse fut le théâtre des plus doulou-

(1) Du latin, *sub*, *restare*, résider près.

reux événements. Lorsque, le matin de ce jour, les Toulonnais aperçurent le drapeau tricolore flotter sur les hauteurs de Faron, ils se sentirent glacés de terreur en pensant au sort terrible qui les attendait. Chacun songea à chercher son salut dans la fuite et transporta, sur le quai, ses objets précieux ; bientôt des pyramides de malles et d'effets s'élevèrent tout le long de la darse, depuis la porte de l'Arsenal jusqu'à l'extrémité du quai du Parti.

L'embarquement se faisait depuis le point du jour, quand, à neuf heures du matin, une fausse alerte provoquée par une décharge de mousqueterie, vint jeter la panique au milieu de cette foule déjà affolée. Le bruit se répandit aussitôt que les républicains entraient dans la ville, et le cri de « Voici Carteaux » acheva de porter la terreur à son comble. Ce fut un spectacle affreux que ce sauve-qui-peut général aux éclats de l'artillerie républicaine qui bombardait la place, et au milieu des plaintes et des imprécations de toute une population. Nous laissons la parole à M. Guérin pour dépeindre ces scènes d'horreur. « Ce cri terrible « Voici Carteaux », jeté par 20.000 bouches, produit une commotion d'effroi plus prompte que l'éclair qui précède la foudre. De toutes les rues de Toulon qui affluent sur le port, la foule se presse, se heurte, en poussant des hurlements et des clameurs lamentables. La mère veut retenir son enfant, l'emporte dans ses bras, et elle est renversée avec lui ; les fils veulent courir avec leurs vieux parents sur leurs épaules, et sont obligés de les abandonner sous les pieds de la cohue épouvantée. Il y en a qui se précipitent par les fenêtres et se tuent en voulant se sauver. C'est ainsi qu'on se roule, qu'on se porte jusqu'au quai. Là, ce sont d'autres scènes, mais plus cruelles encore. On se dispute, on s'arrache les embarcations ; on lutte avec violence, avec fureur ; les derniers rangs se ruent sur ceux qui les précèdent, et ceux-ci précipitent les premiers rangs du haut du quai dans la mer. Les Napolitains et les Espagnols viennent autant qu'ils peuvent avec des embarcations au secours de tant d'infortunés. Quant aux Anglais, après avoir joint la menace au refus, ils ne cèdent qu'aux cris de réprobation que leur indigne conduite excite même parmi leurs alliés, en se décidant, à la fin, de tendre une main secourable aux victimes de leur perfidie.

« Les canots, les chaloupes, les barques de toutes sortes se surchargent ; de peur d'être submergés, ceux qui les montent, repoussent les derniers venus à coup d'aviron, et quelquefois leur abattent le poignet à coup de hache.

« On voyait ainsi s'enfoncer dans les flots des malheureux avec leurs bras mutilés, sanglants, et dans une attitude encore suppliante. Puis c'étaient des frères, des époux, des mères avec leurs enfants qui s'étaient perdus dans la foule, se reconnaissaient de loin, et s'appelaient sans pouvoir s'atteindre.

« Enfin, chose affreuse à retracer, on assure que parmi les derniers venus, qui ne trouvaient plus de place sur les navires, plus une barque, plus une planche pour les recevoir, il y en eut qui, après avoir un moment fixé sur la mer un œil stupide et hagard se sentirent pris soudain d'un transport frénétique, se saisirent par les mains, et tournant ensemble dans une horrible ronde, se précipitèrent dans les flots avec des rires convulsifs. »

M. Henry qui assista à ces scènes déchirantes dit de son côté : « Il serait impossible de décrire le spectacle qu'offrait Toulon dans cette nuit affreuse du 18 au 19 décembre. Le calme le plus lugubre avait succédé à cette extrême agitation de la journée ; le silence des tombeaux régnait dans ces rues si pleines encore, peu d'heures auparavant, de tant de gens aux abois......

« Le sifflement de quelques bombes qui, par intervalles éloignés, venaient encore tomber dans la ville, était, avec le pétillement des flammes dévorant l'arsenal, le seul bruit qui retentit dans cette solitude. Et cette darse, témoin de tant et de si cruels désastres, recouvrait de ses eaux redevenues tranquilles, les nombreuses victimes qu'elle avait englouties. (1) »

La vieille darse est encore entourée aujourd'hui, à l'Est et au Nord, par les remparts construits sous Henri IV. Quant aux fortifications élevées à la même époque, dans la partie Ouest, la Marine y a subtitué des établissements destinés aux divers services de l'arsenal. Quoique l'ancien mur d'enceinte ait disparu sur un point, la darse n'en a pas moins conservé la forme polygonale qu'elle reçut à l'origine.

Le quai de Toulon, appelé depuis les fêtes franco-russes de 1893 Quai de Cronstadt, est une des promenades les plus fréquentées de la ville, à cause du mouvement incessant qui y règne et du tableau curieux et varié qu'elle présente à toute heure de la journée. Près de ses bords stationne une flottille de rafiots, sortes de fiacres maritimes, à la disposition des étrangers désireux de visiter les vaisseaux de guerre mouillés sur rade.

L'hiver, des nuées de mouettes et de goëlands mêlent leurs vols aux mouvements des barques. Les uns, planant à des hauteurs élevées, cherchent, de leurs yeux perçants, une proie sur la plaine liquide ; puis fondant tout à coup, comme des flèches, jusqu'à la surface de l'eau qu'ils ne font qu'effleurer, s'empressent de remonter dans les airs ; d'autres plus rapprochés de l'eau décrivent, avec une merveilleuse adresse, des courbes incessantes et gracieuses, et se croisent, en tous sens, sans jamais se heurter ; d'autres enfin, comme fatigués de leur course longue et rapide, viennent se reposer sur les flots et se réunissent en groupes nombreux, semblables à autant d'immenses fleurs de nénuphar.

---

(1) Histoire de Toulon depuis 1789 jusqu'au Consulat.

M. Antoine Palliès a décrit admirablement, en quelques lignes, ce coin pittoresque de Toulon, au moment de l'arrivée de l'escadre de la Méditerranée. « L'escadre vient d'être signalée; on l'aperçoit au loin, à l'horizon, arrivant en ligne ; et sur la rade, à chaque coffre, les canots des marins vétérans amarrés attendent les cuirassés pour les aider dans la délicate manœuvre du mouillage......

« La rade qui, tout à l'heure, offrait le spectacle d'une immense nappe d'eau, d'un grand lac, s'anime tout à coup ; voici les pointus qui arrivent battant de l'aile avec leur petite voile rouge, courant au plus près ; les canots amenant à bord les marchands et marchandes accrédités auprès de l'escadre, croisant les bertons qui, filant à toute rame, amènent à terre les officiers ; les youyous arrivant au plus tôt, les chaloupes accostant à la Consigne.

« Et Toulon attend, sourit à l'escadre qui arrive ; sur les quais de la vieille darse on fait bon accueil aux officiers généraux, aux états-majors, car cette arrivée représente pour la ville le principal élément de vitalité ; sans l'escadre, Toulon ressemble à Pénélope attendant le retour d'Ulysse ; c'est l'escadre qui donne à la ville cette physionomie originale ; c'est l'escadre, avec ses milliers d'hommes, l'intensité de tous ses services auxiliaires, qui fait de Toulon une des villes les plus importantes de cette lumineuse côte d'azur.

« La vieille darse a aussi sa physionomie avec ses torpilleurs, ses petits vapeurs qui font le service de Porquerolles, de Saint-Mandrier, de La Seyne. Ses quais ont bien aussi un aspect séduisant avec leurs établissements polychromes sur les tentes et les devantures desquels le soleil verse une lumière intensive. A petits pas les promeneurs marchent, paraissant compter les dalles des quais ; les vétérans, les retraités qui veulent se donner l'illusion de l'activité d'autrefois, font les cent pas, enveloppés dans la douce tiédeur des rayons obliques du soleil, de la Consigne à la grille qui protège le

Génie de la Navigation ; pendant que d'autres devant l'Hôtel de ville, immobiles, brûlent le *gaveou* (1) et semblent faire corps avec les superbes et majestueuses cariatides qui tordent au soleil leurs muscles si puissamment fouillés par le ciseau du grand sculpteur marseillais.

« Et la perspective des quais s'allonge lumineuse, avec ses millions de détails. »

Ainsi que nous avons eu l'occasion de le dire précédemment, les côtés Ouest et Est de la vieille darse sont appelés, depuis fort longtemps déjà, le Grand Rang et le Petit Rang. Délimités par des pannes en bois formant barrière, ils constituaient deux petites portions de mer.

Le Grand Rang, contigu à l'arsenal, était affecté anciennement aux vaisseaux désarmés provisoirement.

Dans l'enceinte du Petit-Rang stationnaient les vieux navires rayés de la liste de la flotte ; leur vue évoquait le souvenir des glorieuses batailles navales d'autrefois. Transformés en pontons, ils servirent d'abord de caserne aux équipages de la flotte, puis aux isolés revenant des colonies.

Avant de s'éloigner de Toulon, en 1793, les Anglais avaient chargé les Espagnols de mettre le feu aux bâtiments amarrés au Petit Rang. Mais ceux-ci, plus nobles que leurs alliés, refusèrent d'accomplir cette criminelle besogne, et la France conserva ainsi une quinzaine de vaisseaux ou de frégates.

Depuis le mois de novembre 1901, le département de la marine a fait enlever tous les navires qui encom-

---

(1) Expression provençale qui signifie se chauffer aux rayons du soleil.

braient les deux côtés de la darse, et a assigné le Petit
Rang aux avisos-torpilleurs de la défense mobile du
port de Toulon.

A l'extrémité Sud de la jetée du Petit Rang et à
l'entrée même de la Passe, se trouvait, il y a une trentaine d'années encore, une immense grue appelée la
machine à mâter. La hauteur de cette grue était de
42 mètres, et son inclinaison sur la mer de 8 mètres
environ. Au pied des mâts dont elle était formée et qui
étaient retenus par des haubans s'adaptant, au moyen
de poulies, à des crochets de fer scellés dans la maçonnerie du quai, se trouvaient installés huit cabestans ; ces
cabestans mettaient en mouvement de grosses moufles
qui soulevaient le mât pour le planter dans le vaisseau.
Cette machine avait remplacé, vers 1810, une première
grue dont Pierre Puget avait, dit-on, donné le modèle
en 1685. Au lieu de cabestans, c'étaient deux immenses
roues à tournebroche dans lesquelles étaient renfermés
des forçats qui, en marchant, faisaient monter le mât.
Ces manœuvres étaient très dangereuses, car lorsqu'un
des câbles venait à se rompre, les forçats étaient broyés
par la machine qui se déroulait avec une vitesse verti-
gineuse.

Sur le côté du môle Ouest, fermant la vieille darse,
était mouillée, il n'y a pas bien longtemps encore, une
frégate appelée l'*Amiral*, parce qu'elle portait, à l'unique
mât qu'elle possédait, le pavillon du vice-amiral, préfet
maritime. Cette frégate servait de corps de garde à la
marine pour la police du port, et de prison pour les
matelots passibles du conseil de guerre. C'est là aussi
qu'étaient détenus les officiers punis d'arrêts de rigueur.
Enfin, son artillerie annonçait, matin et soir, par un

coup de canon, l'ouverture de l'arsenal (1), rendait les honneurs (1) et faisait les salves, les jours de fêtes nationales.

Non loin de la Consigne stationne un aviso désarmé où l'on détient provisoirement les marins arrêtés en ville par mesure de police. Cet aviso a remplacé un vieux ponton couvert d'un toit appelé la *Patache*, qui était mouillé près du débarcadère des bateaux à vapeur de La Seyne. En 1689, l'administration de la marine ayant fait amarrer près du quai une patache (2) pour défendre aux navires d'y aborder, la population continua de désigner sous ce nom les vaisseaux affectés à cette destination.

C'est dans la darse et vis-à-vis de l'Hôtel de ville qu'ont lieu, depuis plusieurs siècles, les divertissements donnés, en été, à l'occasion de certaines fêtes. Ces divertissements sont principalement la bigue et la targo ; à ces jeux populaires on a ajouté, de nos jours, la fête vénitienne.

La bigue est un mât de cocagne horizontal, savonné ou enduit de suif, qu'on établit au-dessus de l'eau et sur lequel les concurrents, vêtus d'un simple caleçon, doivent marcher pour décrocher le prix qui se trouve au bout de la bigue. La targo est un jeu où deux hommes debout, chacun sur l'arrière d'un batelet, cherchent, au moment où les deux embarcations se croisent, à se faire tomber à l'eau, en se poussant avec une lance terminée à ses deux extrémités par un large bouton de bois.

---

(1) Jusqu'en 1665, les saluts furent rendus par des canons installés devant l'Hôtel de Ville. A cette date, les canons furent transportés « à la plate-forme de l'angle flanquant du côté du levant de la darse. » Après l'installation du bâtiment-amiral à l'entrée de la darse, ce service fut assuré par ce bâtiment.

(2) Nom que l'on donnait autrefois aux navires-transports à cause de la lenteur de leur marche.

Pour célébrer le traité de Lunéville, conclu le 9 février 1801, entre la France et l'Autriche, on tira, au milieu de la darse, un immense feu d'artifice.

En 1898, M. Ardouin-Dumazet écrivait : « le grand défaut de cette amusante ville de Toulon, c'est de ne pas avoir vue sur la rade. On pourrait, il est vrai, céder à la ville un môle inutilisé et tombant en ruines, pour en faire une promenade merveilleuse ; mais la marine tient jalousement à ce tas de moellons. » (1). M. Ardouin-Dumazet fait allusion ici au môle du Petit Rang. Ses vœux sont peut-être à la veille d'être exaucés. Des pourparlers ont été engagés entre la municipalité de Toulon et le département de la marine au sujet de la cession à la ville de cette jetée, qui serait transformée en un superbe boulevard.

Nous dirons en terminant que les services de navigation rattachés au port de Toulon sont purement locaux. L'un d'eux, subventionné par l'Etat, dessert les îles d'Hyères. Les autres services font communiquer avec Toulon, au moyen de bateaux à vapeur-omnibus, les localités de La Seyne, de Tamaris, des Sablettes et du Cros Saint-Gorges.

La vieille darse a une superficie de 15 hectares environ. La profondeur de ses eaux est de 6 mètres le long du quai de Cronstadt ; de 5 mètres au quai du Parti et de 8 à 10 mètres vers son milieu.

Le Port de Commerce

Pendant plus de deux siècles, la marine marchande dut se contenter du modeste espace qui lui avait été assigné dans la vieille darse, quoiqu'on reconnût toujours que cet espace était réellement insuffisant.

(1) Voyage en France. *La Provence Maritime*. 13e série.

Au commencement du XVIIIᵉ siècle, M. Niquet, directeur des fortifications, ayant été chargé de dresser un projet d'agrandissement de Toulon vers l'Est, comprit, dans son projet, la création d'un port de commerce au quartier de la Rode, et la construction d'un quai reliant la ville au Mourillon. Les plans furent approuvés sans discussion. Mais au moment même où les travaux allaient être entrepris, on s'aperçut que les finances de l'Etat ne permettaient pas de se livrer à des dépenses aussi considérables. Il fallait, en effet, acquérir de nombreux terrains et procéder à de grands travaux d'endiguement. Le quartier de la Rode n'était, en effet, qu'un vaste marais alimenté par les écoulements d'eau de pluie que déversait le revers méridional de la montagne de Coudon, et par les débordements de la rivière de l'Eygoutier, pendant la saison d'hiver. Il englobait les terrains occupés par le Champ de manœuvre, les prairies qui l'entourent, le faubourg du Port-Marchand et l'arsenal du Mourillon. Le projet de M. Niquet fut donc abandonné.

En 1826, la nécessité de construire une autre darse se fit de nouveau sentir, en raison de l'accroissement du mouvement de la navigation. Un projet fut mis à l'étude.

L'essor donné à la marine marchande par la conquête de l'Algérie vint, en 1830, accuser davantage encore l'insuffisance de la vieille darse. Quoiqu'une prompte solution s'imposât, c'est en 1838 seulement, et après d'interminables formalités administratives, qu'une loi du 8 août autorisa l'exécution des travaux. Le nouveau port fut achevé en 1842.

En 1853, on songea à mettre en communication la vieille darse avec le port de la Rode, au moyen d'un chenal de 16 mètres de largeur sur 116 de longueur. Ce chenal devait permettre le passage des navires de l'un à l'autre port, et leur éviter ainsi des manœuvres parfois très difficiles. Après trente-trois ans d'études, le ministre des travaux publics décida que le trafic du port de Toulon ne nécessitait pas la création du chenal.

Le port de la Rode, quoique très bien situé pour la commodité des transactions, présente cependant deux graves inconvénients. D'abord les navires à voiles qui veulent, soit entrer dans le port avec les vents d'Est, soit en sortir avec le mistral, ne peuvent louvoyer faute d'espace et sont obligés de se faire remorquer. Ensuite, son fond qui n'est que de 5 mètres, ne répond plus au tirant d'eau des bâtiments actuels. Ceux qui calent plus doivent s'alléger dans la petite rade, sur des chalands, avant d'entrer dans le port ; d'où des frais supplémentaires considérables.

Les moyens de remédier à cette double situation critique seraient les suivants : en premier lieu, faire creuser le port à sept mètres au moins, et détourner l'égout qui s'y jette et qui est un agent d'exhaussement assez important. Secondement, créer un avant-port, qui du reste est tout indiqué ; il faudrait, à cet effet, prolonger dans la direction de l'Ouest le chemin de ronde au moyen d'une jetée, et construire, à l'Est, un petit môle qui serait enraciné à l'angle extrême et extérieur du rempart du Petit Rang. La nouvelle passe serait ainsi orientée Nord-Est et Sud-Ouest, et permettrait aux bâtiments d'entrer et de sortir avec tous les vents. De plus, la nouvelle enceinte, non seulement abriterait le port des vents d'Est et d'Ouest, mais encore le garantirait de la houle.

La superficie du port de la Rode est de 3 hectares. Son tonnage n'est aujourd'hui que de 65.000 tonnes par an. L'importance du commerce maritime est loin de correspondre au chiffre de la population de la ville. La proximité du port de Marseille est une des causes principales de ce ralentissement. « Le port marchand de Toulon, comme l'a fait judicieusement remarquer un écrivain, présente même au point de vue militaire, un intérêt sérieux. Son mouvement commercial s'élève ou s'abaisse suivant les exigences de la flotte. Toulon n'est pas tout entier dans son arsenal ; et, quoique sa marine marchande ne tienne qu'une place secondaire, il serait injuste et même imprudent de la réduire en sacrifiant trop au développement de la marine de guerre ».

Depuis quelques années, les bateaux à vapeur reliant Marseille à la Corse par Nice font escale dans le port de la Rode, une fois par semaine, à l'aller et au retour.

La langue de terre qui borde à l'Ouest le port de la Rode, est appelée encore de nos jours, la *Poncho-rimado*. « La désignation de Poncho-rimado fut donnée à la portion du terrain située vers le côté Sud-Est du quai de la vieille darse, à l'extrémité des maisons du Party, à l'occasion de l'incendie d'un bâtiment en construction qui eut lieu le 13 mai 1713. Le vent ayant dirigé les flammes sur la maison qui formait l'angle de la dernière île, cette île fut en grande partie brûlée ; de là la dénomination de Poncho-rimado que l'on traduisit en français par Pointe-brûlée. » (1).

Affecté à son origine, au radoub des bateaux de pêcheurs, ce lieu fut transformé dans la suite en chantier pour la construction des navires marchands. « Un des derniers constructeurs, dans l'espace de 31 ans, de 1755 à 1786, y a fabriqué soixante-quinze bâtiments de commerce tant grands que petits, indépendamment de deux chebecks de guerre pour la République de Venise, de deux gabarres ou flûtes, d'un grand nombre de pontons, de chalands, de petites gabarres pour la marine royale. » (2).

En 1753, le Conseil de ville établit une redevance annuelle d'un sol sur chaque cabane élevée sur ce terrain qui appartenait à la commune. (3). Sur cet emplacement s'élève aujourd'hui une construction où sont

---

(1) Archives de l'Arsenal de Toulon. *Direction des Travaux hydrauliques.*

(2) H. Vienne.

(3) Archives communales. BB. 90

installés un poste de douane, l'atelier du charpentier
assermenté, le dépôt des phares et le bureau du maître
de port.

Tout à fait à l'extrémité Est du canal qui sépare
cette pointe du Parti, se trouve un plan incliné pour
hâler les bateaux à terre en vue de les réparer ou de
les peindre.

CHAPITRE III

L'Arsenal de Toulon

Historique de l'Arsenal de Toulon

Sous l'influence des grandes idées de Henri IV, qui rêvait de créer une puissante marine royale et d'en faire une des forces essentielles de l'Etat, l'Arsenal de Toulon se développait sensiblement. Mais la mort qui surprit tragiquement ce roi, en 1610, ne lui permit pas d'exécuter les projets qu'il avait formés pour la gloire et la prospérité de la France.

L'agitation qui se produisit pendant la minorité de Louis XIII, la faiblesse de Marie de Médicis, régente du royaume, et l'insouciance coupable des ministres, firent oublier la sage politique de Henri IV. Les trésors si péniblement amassés par Sully disparurent dans un honteux gaspillage, et la marine cessa dès lors de recevoir cette impulsion qui devait favoriser son essor. L'arsenal de Toulon se ressentit particulièrement de cette période de désordre. Il fallut que les événements de guerre qui se préparaient vinssent, en 1622, lui rendre, pour un instant, son activité d'autrefois. A cette époque, le port arma une escadre de dix galères et de plusieurs vaisseaux ronds, dont quelques-uns avaient été construits sur les chantiers de l'arsenal de Toulon.

Grâce à l'énergie d'un seul homme, Armand du Plessis, duc de Richelieu, appelé au poste de premier ministre, en 1624, les choses allaient bientôt changer de face.

Comprenant que l'empire de la mer avait été offert par la nature à la France ; convaincu d'autre part que les vieux titres à la domination maritime étaient la force et non la raison, Richelieu conçut le dessein de former une véritable marine de guerre et d'encourager puissamment le commerce et la marine marchande. Il racheta, en 1626, à Henri II, duc de Montmorency, la dignité d'amiral qui lui conférait le commandement des armées navales et la surveillance des ports, et il en exerça lui-même les fonctions sous le titre de Grand Maître et Surintendant général de la Navigation.

Le 29 mars 1639, Richelieu décrétait la création de la marine militaire ; il établissait aussitôt dans les ports des commissaires généraux à qui il confia la conservation et l'entretien des vaisseaux désarmés et de leurs agrès ; enfin il se réservait l'ordonnancement de toutes les dépenses et la nomination des officiers de guerre et de finance servant dans la marine.

Comme conséquence du principe qu'il venait de proclamer, c'est-à-dire que l'Etat possèderait en toute propriété sa marine, il ordonna d'approprier le terrain réservé, sous Henri IV, pour l'édification d'un arsenal. Ce terrain est celui qui s'étend de la Consigne au canal Mange-Garry. On y éleva des chantiers et des ateliers, on creusa le canal dit aujourd'hui de l'Horloge et on le borda d'un quai en pierre pour permettre aux navires en armement de s'en approcher ; on construisit enfin entre ce canal et la courtine du bastion de Notre-Dame, des magasins pour y déposer tous les engins propres aux constructions navales.

Dès ce moment, les galères ne furent plus construites à Marseille comme elles l'avaient été jusqu'alors, et celles qui existaient dans ce dernier port vinrent désormais à Toulon, soit pour s'y faire réparer, soit pour y stationner pendant un certain temps.

Mazarin qui succéda à Richelieu hérita de toute l'autorité et de toutes les conceptions grandioses de son prédécesseur. L'accroissement de notre marine nationale fit l'objet de toute sa sollicitude. Un de ses premiers actes fut de confier à des surveillants, appelés maîtres d'équipage, le mobilier et les approvisionnements que l'on commençait à réunir dans l'arsenal.

Dès 1643, Toulon devenu le centre de tous les armements dans la Méditerranée, comptait déjà vingt vaisseaux et quelques bâtiments.

En 1650, le commissaire général et intendant de la marine, M. Leroux d'Infreville, agrandit quelque peu le périmètre primitif de l'arsenal en y annexant la super- ficie de trois maisons (1) situées entre « la rue du Quay et la rue Bourbon. » (2). Mais c'était là un agrandissement sans bien grande valeur, étant donné l'importance que prenait journellement l'établissement maritime. En effet, les nombreux armements entrepris successivement à l'occasion soit de la guerre d'Espagne, soit de l'expédi- tion de Djidjelli dirigée contre les Barbaresques, démon- trèrent l'insuffisance de l'arsenal. D'un autre côté, le voyage de Louis XIV à Toulon, en 1660, ne fut pas étran- ger à l'agrandissement prodigieux ordonné quelques années plus tard.

Ce monarque fut frappé autant de l'étendue et de la sûreté de la rade que de la petitesse de la darse qui

---

(1) Archives communales. DD. 49.
(2) La rue de la République actuelle.

servait à la fois au commerce et à la marine royale. Non seulement il comprit qu'il fallait agrandir le port pour satisfaire aux besoins toujours croissants des armements maritimes, mais il voulut encore faire de Toulon le centre de la puissance navale de la France dans la Méditerranée.

La création du nouvel arsenal donna lieu à de sérieux embarras et à d'interminables hésitations.

M. Leroux d'Infreville, envoyé à Toulon, en 1664, fit dresser, sur l'ordre de Colbert, un projet d'extension de l'arsenal par le sieur Gombert, architecte de la ville et ingénieur de la marine. Colbert renvoya le projet le 1er janvier 1666, à M. d'Infreville avec cette annotation : « le plan du parc doit sentir quelque chose de la grandeur du maître pour qui ces ouvrages sont faits. Sa Majesté désire qu'il fasse voir le tout à M. Arnoul et au sieur du Cayron et qu'il s'entende avec le chevalier de Clerville, qui a été en Provence pour résoudre le tout. »

M. de Clerville, commissaire général des fortifications, qui avait été choisi jadis pour enseigner au jeune roi les mathématiques, les fortifications et les principes de l'art militaire, ne tardait pas, à son arrivée à Toulon, à entrer en lutte avec M. d'Infreville. Fort de la faveur dont il jouissait auprès de Louis XIV, il prétendit prendre l'entière direction des études. De plus, pour contrecarrer tous les projets de l'intendant général, il alla même jusqu'à vouloir faire démolir certaines constructions que celui-ci avait ordonnées sans l'avoir consulté. Au nombre de ces édifices figuraient notamment la Corderie et un vaste atelier appelé étuve et destiné à la préparation du goudron. Le premier, situé hors de l'arsenal, se trouvait sur l'emplacement occupé aujourd'hui par les maisons qui bordent, à l'Est, la place d'Armes. Le second, également en dehors de l'enceinte de l'arsenal, s'élevait en face des bureaux actuels de la Majorité Générale ; il avait été construit sur les plans de Pierre Puget (1).

Mais c'était surtout le bâtiment de l'étuve que critiquait vivement de Clerville, jaloux de la réputation de Puget. Ce monument, véritable chef-d'œuvre d'architecture, présentait deux rangs d'arcades superposées et ornées de nombreux pilastres et balustres enrichis de décorations sculpturales ; il occupait avec ses annexes une superficie de 336 cannes. (2).

Au mois de septembre 1669, une conférence eut lieu entre les divers chefs de service et les ingénieurs de la marine pour arrêter un projet définitif. M. Leroux d'Infreville voulut y faire admettre Puget ; M. de Clerville s'y opposa formellement.

En présence de ce parti pris, le premier président au parlement de Provence, M. Henri de Forbin, baron d'Oppède, d'accord avec MM. d'Infreville et Arnoul, intendant des galères à Marseille, chargeait Puget de dresser, concurremment avec M. de Clerville. un plan du futur arsenal, « mais à moing que le premier projet qu'il avait fait. »

Le projet de Puget était une œuvre vraiment remarquable ; il comprenait, avec la superficie de l'arsenal primitif, le sol occupé actuellement par les bureaux de la Majorité Générale, la partie de la rue sur laquelle ces bureaux sont en façade et le bâtiment de l'étuve. Au milieu du dessin se dressait un beau monument, soutenant à droite et à gauche deux cales de construction.

Quant au plan de M. de Clerville, qui portait en tête cette légende prétentieuse « *Dernière pensée du che-*

(1) Cette étuve fut entièrement détruite le 17 avril 1677, par un incendie d'une violence extrême. On fut obligé de faire abattre onze maisons environnantes pour circonscrire le feu.

(2) 1344 mètres environ.

valier de Clerville.», il se contentait d'élargir un peu l'ancien arsenal, en prolongeant le chantier de construction sur une partie du canal Mange-Garry. qui aurait été comblé, et en faisant construire huit grandes cales. Autour de ce chantier agrandi, il avait groupé, dans les lieux les plus favorables, tous les établissements de la marine.

Dans une lettre à Colbert, de Clerville ne put s'empêcher de laisser percer ses sentiments hostiles à l'égard de Puget. Le ministre de la marine ayant fait savoir au commissaire général des fortifications, qu'il s'opposait à la démolition de l'étuve, celui-ci lui répondit en portant sur le célèbre artiste ce jugement plutôt ridicule que sévère. « Pour ce qui est de l'étuve, je l'ay conservée pour un autre usage....., Outre depuis que je vous ay envoyé son eslévation, on y a tant ajousté de balustrades à travers les pilastres, et pour ainsy dire, tant de *colifichets*, que la répétition d'une semblable architecture ne répondrait absolument pas à la majesté d'un ouvrage destiné à la guerre. »

Colbert n'approuva ni les conceptions de Puget qu'il trouvait trop grandioses et même hardies, ni le projet de M. de Clerville, qui lui paraissait correct mais sans ampleur.

Le fougueux artiste et le prétentieux ingénieur quittaient bientôt Toulon. Le premier se rendait à Gênes pour y terminer le maître-autel de l'église de Saint-Cyr qui lui avait été commandé, en 1662, par Alexandre Marini (1) ; le second allait diriger les travaux de fortifications de Bordeaux.

Sur ces entrefaites, M. de Matharel succédait à M. d'Infreville, comme intendant de la marine à Toulon. Dès son arrivée dans cette ville, M. de Matharel comprenait l'urgente nécessité de donner de l'air à l'arsenal.

---

(1) *Annales de la vie de Pierre Puget*, par C. Ginoux.

Il créait, à l'Ouest, de l'autre côté du rempart et sur les terrains que Vauban devait plus tard utiliser si merveilleusement, une annexe à l'arsenal qui fut appelée Petit Parc et y faisait construire quelques hangars. Puis il demanda au ministre l'autorisation de faire communiquer les deux parcs en ouvrant une brèche dans le rempart ; mais celui-ci refusa en déclarant « qu'il serait de la dernière conséquence d'ouvrir une ville de la qualité de celle de Toulon. »

L'idée de Colbert était de ne pas procéder par de petits agrandissements successifs et provisoires, mais de fonder, en une seule fois, un établissement digne, comme il se plaisait à le répéter, de la grandeur du maître.

Divers projets furent encore soumis au ministre qui les rejeta.

L'heure approchait cependant où son rêve allait enfin se réaliser.

Après un séjour de six mois à Gênes, Puget, sollicité par le premier président d'Oppède, revenait à Toulon et reprenait son travail de reconstruction de l'Arsenal. Le 16 janvier 1671, M. de Matharel, soumettait à Colbert trois nouveaux plans dressés par l'immortel artiste. Un de ces projets portait création de l'arsenal à l'Est de la ville, sur les terrains de la Rode ; il avait l'approbation « des gens de mer et matelots », tandis qu'il était combattu par les « intendants et commissaires » qui étaient partisans de l'extension de l'arsenal primitif. Le nouvel établissement, conçu par Puget, englobait le faubourg actuel du Port-Marchand, les marais de la Rode qu'on aurait assainis en détournant l'Eygoutier, et la plus grande partie des terrains occupés aujourd'hui par l'arsenal du Mourillon.

Ce projet, encore trop grandiose, était en même temps défectueux au point de vue pratique, et Puget lui-même ne se faisait aucune illusion sur le sort qui lui était réservé. Du reste, il avait prévu, dans un mémoire joint au plan, les inconvénients qui résultaient de la création de l'arsenal à l'Est de la ville. « Le premier

disait-il, est que le vent du Mistral qu'est fort incom-
mode, battra la fosse (1) ; le deuxième, que le quartier
est beaucoup habité de personnes viles, comme pes-
cheurs et mariniers ; le troisième, qu'il est assez malsain
par ses marécages, et la despense excessive pour destourner la rivière nommée l'Eygoutier, qu'on ne saurait
creuser ou destourner à moins d'une grosse despense ;
et d'ailleurs que les murailles de la ville, qui nécessairement doivent enceindre l'enclos de l'arsenal, seront
tout contre de quelques collines aboutissant à un petit
port qu'on nomme les Vignettes, fort propre au débarquement des ennemys, lesquels étant postés sur les dites
collines incommoderaient fort l'assiette du dit arsenal,
même serait facile, avec des artifices à feu, de brusler ce
qui s'y trouverait dedans. »

Cinq années s'écoulèrent sans que Colbert fit connaître son avis sur le projet de Puget. En 1676, ce dernier reçut l'ordre de dresser un nouveau plan d'édification d'un arsenal à l'Est de la ville. Puget se contenta
d'apporter quelques modifications au plan précédent et
proposa, pour se garantir du danger d'un débarquement
dans le port des Vignettes, de combler ce port en y
échouant un vaisseau et d'élever « tout autour une
muraille terrassée qui aboutirait aux rochers escarpés
qui sont d'un côté et d'autre. » Ce projet quoique très
ingénieux ne fut pas approuvé.

Colbert, désireux de se faire une opinion bien
exacte de la disposition des lieux qui rendaient si
difficile la construction d'un arsenal ; résolu d'autre
part « à n'entreprendre que des établissements dont
l'architecture devait en être simple et tirer seulement sa
magnificence et sa beauté de la situation, de l'étendue et
de la solidité, sans employer d'autres ornements »,

(1) Darse à creuser pour y recevoir les vaisseaux en armement
ou en désarmement.

délégua à Toulon un autre lui-même, le marquis de Seignelay, son fils.

Seignelay arriva à Toulon dans les premiers jours d'octobre 1676, accompagné d'un ingénieur, M. Lambert. Après avoir étudié minutieusement la question sur place, s'être renseigné auprès des officiers du port sur les divers établissements qui devaient composer le futur arsenal et avoir pris connaissance des plans des arsenaux de Venise, d'Amsterdam, de Rochefort et de Brest, le jeune marquis chargea l'ingénieur Lambert de rédiger un projet.

Pendant son séjour à Toulon, Seignelay voulut se rendre compte des différents plans successifs qui avaient été élaborés jusqu'alors. Celui de l'intendant Arnoul l'intéressa d'une manière toute particulière ; il en fit part à Colbert en ces termes : « Je l'ay trouvé d'une grande étendue, mais ses pensées me paraissent assez bonnes ; il travaille à le rendre plus correct, et je le porteray avec moi, avec un mémoire exact qui en expliquera toutes les parties. » Au dire de Vauban lui-même, qui devait s'en inspirer plus tard, ce projet était très complet.

Les plans de M. Lambert, qui pouvait être, sans doute, un habile ingénieur, mais qui ignorait totalement les choses de la marine, fut rejeté. Ceux présentés par deux autres ingénieurs, MM. Peyronnet (1) et d'Aspremont (2), subirent le même sort.

Les choses en étaient toujours au même point, lorsque Vauban reçut, à son tour, l'ordre de se rendre à Toulon.

Avec Vauban, qui allait donner un projet à la fois simple et grandiose, devaient cesser enfin les hésitations de Colbert.

Le futur créateur de l'arsenal de Toulon, qui venait d'être nommé commissaire général des fortifications, en

(1) Ingénieur et géographe du roi.
(2) Ingénieur du roi.

remplacement du chevalier de Clerville, mort en 1677, arriva dans cette ville vers la fin de 1678. Il avait pour mission de dresser un projet d'agrandissement de l'arsenal et d'améliorer ou de réparer les vieilles fortifications de Henri IV. Le célèbre ingénieur pensa qu'il n'y avait pas lieu, pour le moment, de refaire les remparts, et proposa seulement de procéder aux réparations les plus nécessaires pour les préserver d'une trop prompte destruction. Tout son génie se porta sur la construction du nouvel arsenal.

Conformément à l'opinion émise par Puget dans son premier projet, Vauban fut d'avis que le nouvel établissement devait être construit à l'Ouest de la vieille darse. Mais avant de rien entreprendre, il pensa qu'il était urgent de détourner les ruisseaux du Las et de l'Eygoutier « qui travaillaient ensemble à combler la rade. » Après avoir indiqué le nouveau cours à donner à ces deux ruisseaux, il dressa le premier projet du futur arsenal où il assignait la répartition de tous locaux, en ayant soin d'y joindre les plans et les devis des travaux à exécuter. De même que Puget, il préconisa l'idée de créer une seconde darse, alors que tous les ingénieurs consultés jusqu'à ce jour, proposaient l'élargissement de l'ancienne. Enfin, il se faisait un devoir de reconnaître qu'il avait beaucoup emprunté au projet de M. Arnoul, qui « avait mieux réussi que lui-même avait fait. »

Ce mémoire, qui porte la date du 9 mars 1679, est empreint des plus nobles idées d'ordre, d'économie et de sage prévoyance.

Les travaux furent entrepris en 1680. On démolit les remparts qui entouraient la ville à l'Ouest, depuis la Fonderie jusqu'à l'arsenal primitif, et on les reporta sur la place Saint-Roch, afin de renfermer dans leur enceinte le nouvel établissement maritime. Le canal de Castigneau était la limite que Vauban avait assignée, dans l'Ouest, à l'arsenal.

Quoique émerveillé, aussi bien de l'ensemble grandiose que de l'ordonnancement pratique des constructions projetées par Vauban, Colbert n'admit pas cependant entièrement le plan qui lui était soumis, et qui englobait tous les terrains occupés actuellement par la place d'Armes, les rues de la Corderie et Courbet et une partie de la rue Leblond-Saint-Hilaire. Au cours des travaux le ministre modifia le plan primitif, en donnant au nouvel établissement des limites plus étroites. La muraille qui existe encore de nos jours, sous le nom de mur de la Corderie, marque la séparation imposée, à cette époque, entre la ville et l'arsenal. Sur les 28.500 toises de terrain expropriées en vue de l'agrandissement, on n'en conserva que 13.000 auxquelles on joignit le sol de l'arsenal primitif, celui laissé libre par la démolition des fortifications et le terrain à gagner sur la mer. Les 15.500 autres toises furent vendues à des particuliers pour y construire des maisons.

Ces modifications donnèrent lieu, de la part de Vauban, à de nouveaux mémoires qui sont autant de modèles de simplicité et de grandeur et qui portent tous l'empreinte de son génie. Dans chacun de ces rapports, qui sont à la date des 21 mars 1681, 9 mai 1682 et 19 mars 1701, Vauban donne, avec mille détails judicieux, la dimension et la raison d'être de tous les bâtiments à édifier. C'est ainsi qu'il prévoit la corderie, le magasin général, les cales, les ateliers des forgerons, armuriers, fondeurs, charpentiers, menuisiers, peintres, le chantier des embarcations, le magasin aux affûts, le parc aux bestiaux, la boucherie, le parc aux canons, le parc aux ancres, la voilerie, un hôpital, une chapelle, la sacristie, pavillon destiné à servir d'entrepôt au matériel et aux ornements du service du culte à bord des vaisseaux, le magasin des subsistances, les fours, etc., etc. Mais conformément aux désirs de Colbert, qui voulait que l'enceinte du nouvel arsenal ne renfermât que les bâtiments nécessaires aux constructions navales, à l'armement et au désarmement des vaisseaux, on supprima la boulangerie, le magasin des vivres, le parc aux

12

bestiaux, la boucherie, l'hôpital, la chapelle, la sacristie
et quelques édifices de moindre importance.

En même temps qu'on comblait les terrains marécageux, Vauban faisait creuser la nouvelle darse (1),
qui devait porter son nom, et construire les quais de
délimitation et les deux môles du front de mer (2). Une
coupure pratiquée au milieu de cette jetée et appelée la
chaîne neuve par opposition à la chaîne vieille, fit communiquer la rade avec la vieille darse. Puis, tout autour
du bassin qui venait d'être créé, furent édifiés les bâtiments nécessaires aux divers services de la marine.
Enfin, Vauban conservait la porte d'entrée de l'arsenal
de Henri IV, parce qu'elle offrait, à l'endroit où elle
était, certains avantages au point de vue de la surveillance de l'établissement maritime. Cette entrée se trouvait à l'extrémité du quai, dans le prolongement de la
ligne formée par la façade Nord du bureau actuel des
armements. « Cette porte, écrivait-il, ne peut être mieux
située, puisqu'elle se trouve sur l'avenue et le débouche-
ment de quatre rues de la ville, et tout devant la maison
de l'intendant, qui pourra, de sa fenêtre, voir tout ce
qui se passe dans les deux darses, tous les navires de
guerre et marchands qui sont dedans. » (3).

Les travaux furent dirigés par l'ingénieur Niquet, et
confiés, pour l'exécution, au sieur Boyer, architecte de la
ville de Paris. Faute de pouvoir trouver des ouvriers en
nombre suffisant, on dut employer les soldats de la

(1) Les vases et les terres extraites furent transportées vers
Malbousquet, où existait un grand marais inondé par la mer, et firent
naître le terrain de Castigneau et la plaine de Missiessy.

(2) Ces deux môles qui se rencontrent à la chaîne neuve furent
élevés sur des jetées et des encaissements, de même que le sol
d'alentour et le terrain situé vis-à-vis de la Corderie. Les pilotis ne
furent employés qu'en peu d'endroits.

(3) La construction de la belle porte actuelle fut entreprise et
terminée en 1738, d'après les plans de Jean-Lange Maucord, maître
sculpteur du roi à l'arsenal de Toulon.

garnison qui ne se contentèrent pas toujours du salaire assigné à leur peine. Une ordonnance du 18 mars 1681 régla à 9 sols en hiver et 10 sols en été, le prix de leur journée, avec une augmentation de deux sols « pour les travaux pénibles, comme d'avoir les pieds dans l'eau et tourner les moulins. » On leur laissa même la faculté de travailler à la tâche, à la condition de se contenter de ce que l'entrepreneur voudrait raisonnablement leur donner.

En 1701, Vauban revenait à Toulon pour inspecter les travaux qui n'étaient pas entièrement achevés. Il profita de son séjour dans cette ville pour apporter quelques changements au plan primitif, « sans rien altérer au vieux dessin, » et pour compléter son œuvre en faisant construire des cales couvertes.

Deux hommes de génie, Puget et Vauban, venaient de transformer un modeste bourg de pêcheurs en un des plus beaux ports de la Méditerranée. Le souvenir de ces remarquables travaux qui constituent une des gloires du règne de Louis XIV, nous a été transmis dans une médaille qui représente, d'un côté, la tête du roi, et sur le revers, Bellone planant sur Toulon, avec cette légende :

TOLONI PORTUS ET NAVALE
MDCLXXX

Description de l'Arsenal de Toulon

Les derniers ouvrages publiés sur l'arsenal de Toulon remontant déjà à une trentaine d'années au moins, nous avons pensé que le lecteur nous saurait gré de lui faire visiter aujourd'hui, telle qu'elle existe actuellement, cette immense usine nationale si souvent transformée et agrandie par les progrès incessants de la science et de l'art naval. Nous ajouterons d'autre part que nous n'avons pas négligé, au cours de notre promenade, de faire revivre le passé des monuments anciens encore existants.

Nous allons donc passer en revue l'arsenal principal et ses différentes annexes qui comprennent les établissements de Castigneau, de Missiessy et du Mourillon.

Arsenal Principal

La porte en arc de triomphe qui sert d'entrée principale est sans contredit un des plus beaux monuments de Toulon. Elle a 13ᵐ50 de hauteur ; sa largeur est de 11ᵐ50. La baie plein cintre a 6 mètres de hauteur sur 3 mètres de largeur. Les ornements des métopes, des panneaux, des entre-colonnements et des attributs révèlent le goût du siècle de Louis XV. Elle fut, en effet, construite en 1738. Quatre colonnes accouplées, d'ordre dorique et de marbre cipolin d'une seule pièce, supportent un entablement sur lequel sont assises les statues de Mars et de Minerve. La première est l'œuvre de Verdiguier, et la seconde de Lange Maucord. Les colonnes laissent voir entre elles des bas-reliefs représentant des trophées de marine et de guerre. Entre les deux statues est placée une plaque de marbre portant cette inscription : *Arsenal de la Marine Nationale*. (1). Au-dessus de l'attique repose sur des canons un écusson surmonté d'une coquille et flanqué de drapeaux. Cet écusson, tour

---

(1) Sur la table de marbre était gravée jadis cette inscription : *Ludovicus XV christianissimus ne quid portui tolenensi sub Ludovico Magno adserti splendoris interiret principalem hanc navalis armentarii portam pro dignitate loci restituit anno MDCCXXXVIII.*

Cette inscription, détruite en 1792, fut remplacée à diverses reprises par celles de *Marine Impériale* ou *Royale*.

à tour orné, suivant les divers régimes qui se sont succédé, des armes royales, du faisceau républicain, de l'aigle impériale, des fleurs de lys, de l'aigle impériale, est timbré, de nos jours, d'une ancre, véritable symbole de la marine. Sur le même plan, deux génies enfants embrassent, l'un un faisceau de lauriers, et l'autre un faisceau de palmes. A l'extrémité sont groupés les attributs des sciences et des arts relatifs à la marine.

Dans le vestibule qui existe entre la porte d'entrée et la grille de fer (1), s'ouvrent les différents locaux affectés au corps de garde et aux agents chargés de la surveillance : gendarmes, gardes-consignes, douaniers.

Du seuil de la porte, l'œil découvre une vaste esplanade, et en face une longue allée bordée de platanes qui la transforment en une voûte de verdure offrant la plus agréable des perspectives.

Anciennement, la porte de l'arsenal se trouvait au milieu du mur de clôture qui s'étendait depuis l'angle Nord du bâtiment de la Majorité Générale jusqu'à la rue Bourbon. (2). En 1769, afin d'agrandir l'arsenal de ce côté, on recula le mur d'enceinte jusqu'à la rue Trabuc (3), en lui faisant faire un angle droit avec le mur qui forme aujourd'hui la rue de l'Arsenal, et qui vient aboutir à gauche de la porte d'entrée.

A l'Est de la porte se prolonge, parallèlement à la rue de l'Arsenal, l'ancien atelier de la Ferblanterie. Cet atelier a été livré, depuis quelques années, au service de la flotte armée pour emmagasiner du matériel. Le service de la flotte armée, créé le 14 août 1897, et appelé à son origine groupe-flotte, est placé sous l'autorité du major général. Ce service s'occupe du ravitaillement de la

---

(1) Cette grille a remplacé, en 1834, celle placée sous Louis XV.
(2) Rue de la République.
(3) Rue de la Darse.

flotte, de l'entretien et des réparations courantes des bâtiments armés. Il comprend un personnel ouvrier faisant partie des équipages de la flotte et un personnel civil chargé de la recette, de la comptabilité et de l'entretien du matériel. Le 1ᵉʳ janvier 1901, il prit le nom de service de la flotte armée. Un décret du 19 janvier 1903 a supprimé le Détail des Approvisionnements et l'a fondu dans le service de la flotte. Cette fusion a eu notamment pour effet de transférer au service de la flotte l'habillement et le couchage des équipages, de la compagnie des ouvriers militaires et artificiers, ainsi que la passation des marchés de transport du personnel de la marine et du matériel commun aux divers services. Un magasin, divisé en dix sections, comprend tout le matériel de la flotte.

Une ruelle, qui va aboutir tout près du fourneau économique de l'arsenal, sépare l'ancien atelier de la Ferblanterie de deux autres vastes constructions. Le premier de ces bâtiments, dont une façade tourne sur la place de l'Horloge, comprend : au rez-de-chaussée, l'atelier de la section de la Peinture ; au premier étage, du côté Nord, l'atelier de la lithographie de la Direction des Constructions navales, et, du côté du Sud, les bureaux du groupe comptable de la même Direction.

La seconde construction, qui se trouve derrière la précédente, était autrefois l'atelier de la Menuiserie ; elle a été ensuite successivement affectée à l'école de Maistrance, puis à l'école préparatoire de Maistrance, et de nos jours, au service de la centralisation des Constructions navales. Enfin, derrière ce monument, et adossés à la muraille d'enceinte du port, s'élèvent les hangars aménagés pour y déposer du vieux matériel ; un de ces locaux sert aujourd'hui de remise pour loger, pendant la nuit, les deux chevaux que le service de l'artillerie envoie, chaque soir, dans l'arsenal, en vue de transporter les pompes, en cas d'incendie.

Tout l'emplacement bordé au Sud, à l'Est et au Nord par les rues du Quai, de la Darse et de l'Arsenal, renfermait encore, vers le milieu du XVIIIᵉ siècle, un îlot de maisons. Ces maisons, les plus belles de la ville, étaient la propriété des hauts fonctionnaires de la marine. Elles étaient toutes pourvues d'un jardin ou d'une grande cour. En 1769, le département de la marine acheta ces immeubles pour cause d'agrandissement de l'arsenal, les fit démolir et entoura le terrain qu'ils couvraient de la haute muraille de clôture qui existe actuellement.

Sur le terre-plein situé au Sud des hangars dont il vient d'être question, existe un local qui avait été édifié pour servir primitivement d'annexe à l'atelier des embarcations ; il a été transformé, depuis quelque temps, en magasin aux huiles pour le service de la flotte armée (1).

Ce coin de l'arsenal fut témoin, à la fin du XVIᵉ siècle, d'un événement historique que nous croyons intéressant de rappeler. Là, se dressait, en 1593, une citadelle qui fut prise et démolie avant d'être complètement achevée. Au mois de janvier de cette même année, le duc d'Epernon avait ordonné la construction de cette citadelle afin de tenir, sous la bouche de ses canons, les Toulonnais qui, cependant, n'avaient pas cessé, jusqu'à ce jour, de donner des gages innombrables de fidélité à la cause du roi ; puis il y avait installé une garnison de soldats gascons sous les ordres d'un de ses capitaines, le sieur Signac. Les habitants qui avaient à se plaindre des exactions du duc d'Epernon, et qui, d'autre part, détestaient profondément Signac à cause des corvées dont il les accablait, se jetèrent avec empressement dans le le complot que fomentait, depuis longtemps déjà, le commandant de la place, Escarravaques. On décida de détruire la forteresse et de chasser les troupes du duc

---

(1) Ce terrain constituait, sous Henri IV, tout l'établissement maritime de Toulon.

d'Epernon. L'assaut fut donné le 27 novembre, et la citadelle emportée après 95 coups de canons. Le troisième jour, il ne restait plus pierre sur pierre de cet ouvrage, tant les Toulonnais avaient apporté d'ardeur à en faire disparaître les traces.

En revenant devant la porte d'entrée de l'arsenal, on aperçoit, à droite, un corps de bâtiment qui forme l'angle Nord-Est de l'esplanade. Cette immense construction est occupée par les bureaux de la Majorité Générale (1), la bibliothèque de la marine et le tribunal maritime ; les entrées de ces divers services se trouvent soit dans la rue l'Arsenal, soit sur la place d'Armes. Toutefois, une partie du rez-de-chaussée s'ouvre directement sur l'esplanade ; elle est affectée au magasin d'habillement des équipages de la flotte et à l'ancien bureau du surveillant général de l'arsenal. Tout ce corps de bâtiment a été édifié, vers 1840, sur l'emplacement de l'ancienne école des gardes-marine, créée par ordonnance du 14 septembre 1674 et supprimée sous la Révolution (2). Cette école possédait une élégante chapelle où l'on célébrait encore, dans les premières années du XIXe siècle, la messe, les dimanches et jours de fêtes.

En 1794, l'école des gardes-marine servit provisoirement de magasin général, en remplacement de celui

---

(1) Le major général de la marine a dans ses attributions l'armement et la mobilisation de tous les bâtiments du port autres que ceux de l'escadre de la Méditerranée, la police générale de l'arsenal, l'approvisionnement général en matériel du service de la flotte, la Direction des mouvements du port, le 5e dépôt des équipages de la flotte, les écoles de canonnage, de timonerie et des mécaniciens.

(2) Cette école comprenait 80 gardes-marine, pris parmi les jeunes gentilshommes, et à mérite égal, parmi les fils des officiers de marine. Les gardes-marine remplissaient les fonctions dévolues, de nos jours, aux aspirants de marine. L'ordonnance de 1674 avait également créé deux autres écoles dans les ports de Brest et de Rochefort.

que les Anglais avaient incendié au moment de leur
fuite, dans les derniers jours de 1793.

Les bureaux de la Majorité Générale, avant la
construction du bâtiment où ils sont actuellement établis,
se trouvaient en ville, dans une maison particulière
louée par l'administration de la marine. En 1786, le
ministre décida que les bureaux du major général
seraient transférés dans le bâtiment de l'Horloge. Huit
ans plus tard, ils étaient de nouveau déplacés et installés
dans une maison de la ville ; ils y restèrent jusqu'à
l'achèvement du monument actuel.

Une ruelle sépare l'immeuble précédent de la Corderie, véritable chef-d'œuvre d'architecture simple, qui
reste encore l'un des plus beaux monuments de la
marine construits par Vauban. Commencée en 1684, la
Corderie ne fut terminée que fort longtemps après. Cet
édifice qui a 320 mètres de longueur sur 20 de largeur,
s'étend jusqu'à la petite place située devant la Direction
des Travaux hydrauliques. Il se compose de deux pavillons reliés par un long corps de bâtiment. L'intérieur
comprend un rez-de-chaussée, un premier étage et des
mansardes.

Au rez-de-chaussée, des arcs successifs en plein
cintre, supportés par des piliers en pierre dure formant
voûte, soutiennent le premier étage où se rencontrent
les mêmes dispositions d'architecture.

Primitivement, la Corderie, comme son nom l'indique, était affectée à la confection des cordages. Le
rez-de-chaussée servait à l'allongement des filins. Au
premier étage se trouvaient les ateliers des fileurs et des
peigneurs de chanvre. Dans une partie des mansardes,
étaient les ouvriers batteurs. Le pavillon le plus rapproché de la porte d'entrée était réservé aux tisserands,
buandiers, relieurs, tapissiers et matelassiers.

La longueur de ce bâtiment s'explique par le fait
qu'il fallait une étendue de 300 mètres au moins pour
filer à l'aise les torons des câbles. Là étaient installées

autrefois deux énormes roues, dans l'intérieur desquelles se plaçaient des forçats pour imprimer le mouvement à 32 rouets et à 3 dévidoirs. Un tronc placé par ces malheureux, à l'entrée d'un des ateliers, portait l'inscription suivante : *La roue que nous tournons n'est pas celle de la Fortune.*

C'est dans un local du pavillon Est de la Corderie qu'avait été transféré, en dernier lieu, l'atelier des sculpteurs.

L'abandon complet de la sculpture appliquée à la décoration des navires de l'Etat date de l'époque où la marine à vapeur a remplacé la marine à voiles. De tous les ports militaires de la France, Toulon est assurément celui où l'art de la sculpture fut porté à son plus haut degré de perfectionnement. L'heureuse tradition des ouvrages de P. Puget et le voisinage de l'Italie y avaient maintenu le talent et le bon goût, et en avaient fait l'école des ateliers des autres établissements maritimes. Les premières applications de la sculpture dans l'ornementation des vaisseaux commencèrent à se révéler au port de Toulon, d'une manière véritablement artistique, dès le second quart du XVIIᵉ siècle. « Comme autrefois en Grèce et en Italie, les arts, à Toulon, fleurirent au milieu des guerres, mais avec la différence que, dans cette ville, ce furent les guerres de mer qui les firent fleurir ; en sorte qu'on peut dire de l'architecture, de la sculpture et de la peinture, que contrairement à ce qui d'ordinaire arrrive, elles n'y furent pas toujours amies de la Paix. » (1).

En dehors de P. Puget, il convient de citer parmi les grands artistes qui ont illustré la sculpture navale : Antoine, Garcin, Veirier, Rombaud, Languenu, Lange, Gibert, Hubac, Boher, Brun Félix, Hubac jeune, Seure, Cachen, Freret, etc.

---

(1) C. Ginoux. *De la Décoration navale au port de Toulon aux XVIᵉ et XVIIᵉ siècles.*

Le bâtiment de la Corderie a perdu, de nos jours, sa destination première depuis que, dans la marine militaire, on a substitué les navires à vapeur aux navires à voiles et qu'on a réduit la mâture. La fabrication des cordages a été confiée au port de Brest.

Actuellement, cet édifice a été aménagé de la manière suivante. Tout le rez-de-chaussée sert d'atelier et de magasins aux 1re et 5me sections du service de la flotte armée. Le premier étage comprend la salle des remises de la flotte, la 2me et la 5me section *bis* de ce même service, à l'exception du pavillon Est qui renferme les salles des Modèles (1), le bureau du contrôle, le bureau de la centralisation du magasin de la flotte, le service des défenses sous-marines et l'école des torpilles pour les officiers. Le deuxième étage de ce même pavillon est affecté à l'école de Maistrance destinée à former des maîtres dans les différentes professions de l'art naval. L'étage supérieur est occupé entièrement par la 4me section du magasin de la flotte.

Le corps de bâtiment parallèle à la Corderie, est l'ancien atelier des grandes forges ; il a été construit, vers 1850, sur l'emplacement de quatre hangars à bois édifiés, le premier en 1686, le deuxième en 1724, et les deux autres en 1776. Le 30 juillet de cette même dernière année, le ministre de la marine demandait, au port de Toulon, le plan et les devis estimatifs d'une immense construction qu'il se proposait d'élever devant la Cor-

---

(1) La salle des Modèles est un Musée naval où se trouvent en miniature les vaisseaux de diverses dimensions et la plupart des machines employées dans l'arsenal. Ce Musée fut créé dans les premières années du XIXe siècle, par M. Dupin, ingénieur de la marine, qui l'appelait « *une encyclopédie de marine en relief.* » Il avait été primitivement installé dans un local du bâtiment de l'Horloge. Le Musée naval du Louvre s'est enrichi des pièces les plus remarquables de la salle des Modèles de Toulon.

derie. Le projet, dressé à cet effet, fut rejeté uniquement parce qu'il aurait masqué la belle façade de cet édifice. En 1821, M. Rancourt, ingénieur des Travaux hydrauliques, proposa de nouveau de construire un vaste hangar en maçonnerie sur le même emplacement. Sa proposition ne fut pas mieux accueillie. Enfin, en 1843, le même projet fut repris « parce qu'alors les besoins du service devenaient trop impérieux et qu'il fallait dès lors sacrifier le coup d'œil d'un bel édifice aux nécessités du service. »

Dès 1854, l'atelier des grandes forges qui se trouvait, depuis 1776, dans le bâtiment de l'Horloge, venait s'installer dans la nouvelle bâtisse.

Cet immeuble a changé, de nos jours, de destination ; il est occupé actuellement par l'atelier central de la flotte armée.

Après avoir dépassé une ruelle, on aperçoit sur la même ligne que l'ancien atelier des grandes forges, deux pavillons isolés l'un de l'autre par un petit passage. Le premier de ces pavillons est affecté à l'atelier du zingage, et le second, dit de l'ambulance, comprend le poste du médecin de l'arsenal et le magasin aux bougies et aux huiles minérales.

Immédiatement après le pavillon de l'ambulance, on rencontre un emplacement appelé place des Travaux hydrauliques, du nom du bâtiment qui le borde à l'Ouest. La Direction des Travaux hydrauliques est chargée de la construction et de l'entretien des bâtiments à terre, des quais, des bassins de radoub, des dragages, des voies ferrées de l'arsenal, des postes sémaphoriques et photoélectriques de tout le littoral du Ve arrondissement maritime.

Avant de poursuivre notre promenade autour de la darse neuve, nous retournerons vers la porte principale d'entrée de l'arsenal ; puis, refaisant le trajet que nous

avons déjà parcouru, dans la direction du passage
Dubourdieu, nous passerons en revue les différents
édifices qui se trouvent sur le côté Sud de l'allée des
platanes.

Parallèlement au quai Ouest du canal de l'Horloge,
creusé en 1640. s'étend le bâtiment du même nom ; il
est ainsi appelé parce qu'il est flanqué d'un pavillon (1)
carré pourvu d'une horloge à compensation dont les
quatre cadrans, placés sur chacune des faces, indiquent
l'heure dans toutes les parties de l'arsenal. La terrasse
supérieure de ce pavillon sert de loge à un guetteur qui
est chargé de surveiller, jour et nuit, tout ce qui se passe
dans l'arsenal, sur la rade et même dans la ville. Ce
guetteur transmet, au moyen d'un porte-voix, ses découvertes à la Direction des mouvements du port qui les
signale elle-même à la préfecture maritime par l'inter-
médiaire du bureau central télégraphique de l'arsenal.
A côté de la loge du guetteur, on aperçoit une immense
cloche bien connue de tout le personnel de l'arsenal.
Cette cloche donne, par des tintements répétés, le signal
d'entrée et de sortie pour les ouvriers du port ; elle
annonce aussi la reprise des travaux dans les chantiers
et ateliers.

Du haut de cette tour le regard embrasse en entier
le magnifique panorama de l'arsenal, de la rade et de la
ville de Toulon.

Le plan du bâtiment de l'Horloge qui devait être
édifié sur l'emplacement des vieux ateliers tombant en
ruines, fut dressé et approuvé en 1773. Le nouveau monument comprenait, au rez-de-chaussée, divers ateliers, et,
au premier étage, les bureaux de l'administration de
l'arsenal et ceux des officiers du port et des contrôleurs.
En 1786, on installa au premier étage, ainsi que nous

_____

(1) La construction de ce pavillon est postérieure de deux années
à celle de tout le bâtiment principal.

l'avons dit précédemment, les services de la Majorité Générale. Ce n'est que vingt ans après l'achèvement du bâtiment de l'Horloge, qu'une partie des ateliers qui occupaient le rez-de-chaussée fut remplacée par les bureaux des Directions des constructions navales et par ceux des chantiers.

Seul, l'atelier de la sculpture subsista, au rez-de-chaussée, jusqu'en 1817. Lorsqu'on le transféra, à cette époque, dans un hangar en bois situé devant la Corderie, M. Dupin eut l'heureuse idée de lui substituer une salle de modèles. Le premier soin de cet ingénieur fut de faire retirer de la poussière où ils étaient ensevelis depuis plus d'un siècle, les chefs-d'œuvre de P. Puget et d'en orner le nouveau Musée naval.

L'ancien atelier des grandes forges, qui se trouvait derrière le bâtiment de l'Horloge et le long du quai du canal de la Mâture, fut commencé en 1774 et terminé en 1776, C'est à cette dernière date que l'on construisit le pavillon pour lequel le ministre de la marine accorda, le 3 mars 1775, une somme de 23.000 francs.

De nos jours, la partie du bâtiment de l'Horloge faisant face à l'Est et à l'Ouest, est occupée par la Direction des mouvements du port et par celle des Constructions navales. Quant à la partie qui regarde le Nord, elle est affectée au bureau central télégraphique de l'arsenal et au dépôt central des pompes à incendie. Dans le petit pavillon isolé, situé au Sud du bâtiment principal, sont les bureaux des adjoints, chefs surveillants et surveillants techniques de l'atelier du charpentage.

Au delà du canal de la Voilerie, creusé en 1680, s'élèvent deux immenses bâtiments séparés l'un de l'autre par un passage. Le premier, construit en 1800, renferme les ateliers de la Voilerie, de la Pavillonnerie et de la Garniture ; le second, flanqué de deux cales couvertes de 35 mètres de longueur sur 22 de largeur et édifiées de 1818 à 1822, est l'ancien hangar de la

mâture. (1). Ce dernier bâtiment se compose d'un rez-
de-chaussée et d'un premier étage. La partie Nord du
rez-de-chaussée comprend une section de la Garniture
et du Charpentage, et la partie Sud est aménagée comme
chantier pour la réparation des canots à vapeur. Le
premier étage est occupé par une section du charpentage
et le vestiaire des ouvriers des mouvements généraux.
Quant aux deux cales, elles ont perdu leur destination
primitive depuis la construction de celles du Mourillon.
Elles ont été transformées en cales de halage pour y
réparer les torpilleurs. A côté de la cale Ouest, en existe
une autre à ciel ouvert ; elle n'est utilisée actuellement
que pour le halage des bâtiments de servitude et pour
le montage des quilles de roulis.

Une partie du terrain s'étendant de la cale découverte au canal de la Chaudronnerie qui lui sert de
limite à l'Ouest, sert d'entrepôt au Magasin général. Le
petit local en bois, situé non loin de là, est affecté au
service chargé de photographier les détenus de la prison
maritime.

Il y a deux siècles, tout l'emplacement sur lequel
s'élèvent ces constructions, était un îlot appelé l'île de
la Mâture et formé au Sud par la mer, à l'Est par le
canal de la Voilerie, à l'Ouest par le canal de la Chaudronnerie et au Nord par un troisième canal perpendi-
culaire aux deux précédents. Ce dernier canal avait été
creusé en 1701 pour immerger les bois de mâture. Vers
son milieu on avait jeté un joli pont en pierre de taille
muni d'une rampe de fer. Ce pont fut démoli, en 1827,
au moment où l'on combla le canal.

Aux extrémités Est et Ouest de l'île de la Mâture
avaient été construits, en 1750, deux immenses pavillons.
Le pavillon Est fut destiné, à son origine, au bureau du

---

(1) Il fut reconstruit sur l'emplacement même de celui que les
Anglais incendièrent en 1793.

maître-mâteur, ainsi qu'à plusieurs autres bureaux de différents ateliers. C'est devant ce pavillon que tous les ouvriers de l'arsenal venaient autrefois, matin et soir, répondre à l'appel. Devenu ensuite l'atelier des Modèles, il fut transformé, en 1815, en salle de bibliothèque de la marine, lorsqu'on retira des combles de l'hôtel de la préfecture maritime et du pavillon Est de la Corderie les volumes qui s'y trouvaient entassés pêle-mêle depuis 1793. Par suite de l'installation de la bibliothèque dans ce local, l'atelier des Modèles fut transféré dans une pièce du bâtiment de l'Horloge. Le pavillon Ouest, construit à la même époque que le précédent, servit tout d'abord de bureau à divers ateliers ; puis il fut aménagé pour recevoir, au premier étage, le tribunal maritime appelé anciennement *Cour Martiale*. (1). Ces deux pavillons furent démolis, en 1852, pour donner plus de place aux chantiers de construction.

Au devant des cales couvertes se trouvent l'usine d'électricité de l'arsenal, un dépôt de charbon et le parc à tôle de la Petite Chaudronnerie. Sur l'emplacement même où s'élève aujourd'hui l'usine d'électricité existait autrefois l'ambulance du port.

Après le canal de la Chaudronnerie, creusé en 1680, on rencontre le Magasin général qui fut édifié, de 1803 à 1823, sur les ruines de celui que brûlèrent les Anglais, en 1793.

Le Magasin général primitif, moins long et plus étroit que celui actuel ne comprenait qu'un rez-de-chaussée, un premier étage et des combles. Le rez-de-chaussée était affecté aux bureaux de l'administration ; le premier étage au dépôt des marchandises, et les combles à la salle des gabarits.

---

(1) Le tribunal maritime fut installé ensuite dans l'ancien collège de l'Oratoire, puis sur la place d'Armes dans le local qui fut construit à cet effet et où se trouve actuellement une salle d'asile.

Le nouvel édifice, bâti pour braver les siècles et les éléments, offre cette particularité qu'aucune pièce de bois n'a été employée pour sa construction ; il est l'œuvre des forçats. Sa longueur est de 100 mètres et sa largeur de 20 mètres. Il se compose d'un rez-de-chaussée et de trois étages auxquels on accède par un large escalier en pierre d'une seule venue. Chaque étage est partagé par deux rangs de piliers en trois nefs voûtées. A l'époque où le commissaire aux approvisionnements passait les marchés pour tous les services, le magasin général servait de centre d'approvisionnement de l'arsenal. Depuis le décret du 25 août 1900, sur l'autonomie des Directions et celui du 19 janvier 1903 supprimant le Détail des approvisionnements, ce monument a perdu sa destination primitive. Les magasins des Directions reçoivent actuellement les matières et objets achetés désormais directement par les soins des Directeurs. De nos jours, le rez-de-chaussée de ce bâtiment est utilisé par certains services comme lieu de dépôt pour le matériel introduit par les fournisseurs et en instance de recette. Les premier, deuxième et troisième étages servent de magasins pour l'habillement et le casernement des équipages de la flotte et des troupes détachées à la marine.

En sortant du Magasin général on aperçoit en face le passage Dubourdieu (1) qui a remplacé l'ancienne porte de Castigneau et qui fait communiquer l'arsenal avec les terrains incorporés, en 1853, à cet établissement. Tout le corps de bâtiment qui s'élève au-dessus de ce passage est occupé par le service des Travaux hydrauliques et le service de la flotte armée. Cette construction marque la limite Ouest de l'arsenal de Louis XIV.

(1) Ce passage a été ainsi appelé en mémoire de l'amiral, préfet maritime du même nom, mort en 1858.

Avant de commencer la description de l'établissement maritime de Castigneau, nous allons terminer notre
visite de l'arsenal principal en faisant le tour des jetées
de la darse neuve.

Parallèlement à la façade Ouest du Magasin général,
s'étend une ruelle dite de Gervais. C'est là que se trouvait
primitivement la prison maritime aujourd'hui démolie.
Après avoir longé cette ruelle et laissé à droite le magasin d'ameublement du service des Travaux hydrauliques,
on arrive directement au parc de l'artillerie. Dans ce
parc sont établis les ateliers de la Direction de l'artillerie. Le premier étage du pavillon central renferme la
salle d'armes où préside un goût d'arrangement vraiment
artistique qui a su, pour le plaisir des yeux, tirer parti
des vieilles pièces d'armes afin d'imiter mille sujets
divers. Une petite coupure dite de l'artillerie que l'on
traverse au moyen d'un bac, sépare cet emplacement de
la jetée qui se prolonge jusqu'à l'ouverture de la darse
Vauban, appelée Chaîne neuve. Tout le long de ce quai
sont échelonnés des magasins dits magasins particuliers.
Ces magasins, construits sous Louis XIV, furent ainsi
dénommés parce que chacun d'eux n'était destiné que
pour recevoir le gréement d'un vaisseau de guerre
désarmé dont le nom était écrit en gros caractères au-
dessus de la porte ; ils renfermaient en outre la section
de la Garniture. De nos jours, une partie de ces magasins
est affectée à l'emmagasinage du matériel des navires en
réserve : une autre partie sert à loger le personnel
chargé de faire le triage des objets qui sont ramassés
journellement dans l'arsenal et qui peuvent être encore
utilisés.

A l'angle saillant du môle, qui forme en cet endroit
une ligne brisée, est installée une vigie dont la mission
est de transmettre les ordres du préfet maritime aux
vaisseaux mouillés sur rade. Le local le plus rapproché

de la Chaîne neuve sert de caserne au personnel de la défense fixe.

Après avoir franchi dans un bac la passe de la Chaîne neuve, on arrive sur le môle oriental. De chaque côté de la passe, on aperçoit une série de voûtes ; c'est le lieu où les équipages des vaisseaux mouillés dans la darse Vauban faisaient cuire leurs aliments, lorsqu'il était encore interdit de faire du feu à bord des navires qui stationnaient dans les eaux de l'arsenal. Le premier bâtiment que l'on rencontre était anciennement une annexe de l'atelier de la Menuiserie ; il doit remplacer prochainement l'école des torpilles qui se trouve actuellement sur le vaisseau *Algésiras*. Immédiatement après ce local se dresse une vaste construction, édifiée en 1821, qui fut longtemps l'atelier des Machines. Aujourd'hui, le premier étage de cet édifice est occupé par l'atelier de la Menuiserie, et son rez-de-chaussée renferme l'atelier du Charpentage, les pompes d'épuisement des bassins de la darse Vauban, le vestiaire des ouvriers charpentiers, les moteurs des ateliers du Charpentage et de la Menuiserie et la section de la Menuiserie.

Au Nord, et à quelques mètres seulement de cet atelier se trouvent les trois bassins de radoub. Celui qui est situé tout à fait à l'Est, est l'œuvre de l'ingénieur Groignard qui l'entreprit en 1774 ; il fut bâti dans une caisse en bois que l'on coula à cet endroit. Cette caisse, construite sur un immense radeau flottant, mesurait 300 pieds de longueur, 94 de largeur et 34 de hauteur. Le second bassin, un peu plus grand que le précédent, date de 1830. Enfin, le troisième, de dimensions plus étendues que les deux autres, fut commencé en 1840 et terminé en 1847. Depuis la construction des formes de raboub de Castigneau et de Missiessy, les bassins de la darse Vauban ne reçoivent plus aujourd'hui que les croiseurs, torpilleurs et bâtiments de servitude.

Avant l'invention des pompes à vapeur, l'épuisement des bassins se faisait par le jeu de 28 pompes à chapelet, dont les doubles manivelles étaient actionnées chacune par huit forçats. Cette opération, qui exigeait un temps très long, était la plus pénible des corvées imposées à ces malheureux. Une partie de ceux qui avaient participé à ce travail devaient entrer à l'hôpital du bagne, et il n'était pas rare que l'un d'eux succombât à cet excès de fatigue. De nos jours, une machine à vapeur peut épuiser un bassin en dix heures environ.

Au Sud de l'atelier de la Menuiserie, dans les locaux mêmes qui constituaient anciennement les dortoirs du bagne, se trouve actuellement la caserne du personnel de la défense mobile. Le rempart construit sous Louis XIV a été rasé en partie et transformé en un lieu de promenade pour ce personnel. Un peu plus loin, à l'angle dit Robert, sont les bureaux de la défense mobile. Sur la jetée qui vient s'enraciner au Nord de l'angle Robert et qui forme la vieille darse à l'Ouest, on a construit tout récemment un quai destiné à l'amarrage des torpilleurs. Enfin, à l'extrémité même de la jetée est installé le poste chargé de surveiller le passage des bateaux à vapeur qui franchissent la Chaîne vieille. Ces bateaux doivent stopper, un instant, en face du poste, pour éviter tout abordage.

L'immense corps de bâtiment flanqué de deux pavillons qui borde le quai du Grand Rang fut construit, en 1784, pour servir d'abord d'entrepôt aux marchandises de l'Inde, puis de magasin aux câbles et aux gros cordages ; il devint ensuite une annexe du bagne. Nous aurons l'occasion de parler longuement de ce monument lorsque nous ferons l'historique de l'ancien bagne de Toulon. De nos jours, le rez-de-chaussée de ce bâtiment est occupé par l'atelier de réparation du service des défenses sous-marines, et le premier étage par la section du même service.

A l'angle Nord du quai du Grand Rang, la jetée se prolonge en retour d'équerre vers l'Ouest et parallèlement au canal Mange-Garry. En continuant d'avancer, on arrive devant l'atelier des embarcations. Cet atelier comprend deux parties : l'une est affectée à la construction et à la réparation des embarcations, et l'autre sert de magasin au service des défenses sous-marines. A l'Ouest de ce même atelier est installée la pégoulière, c'est-à-dire le local où l'on fait fondre la poix et le goudron pour enduire l'extérieur des embarcations. Il y a une cinquantaine d'années, en procédant à cette opération, le feu prit au vaisseau le *Trocadéro*, mouillé non loin de là. Cet accident faillit causer l'incendie général de l'arsenal ; on ne put se rendre maître du feu qui dévorait ce vaisseau, et on ne parvint qu'à grand'peine à conduire cette masse embrasée hors du port, où elle se consuma entièrement.

Le canal Mange-Garry, que l'on traverse sur un pont en bois placé sur des radeaux mobiles, sépare la jetée du terrain sur lequel s'élève le magasin aux huiles du service de la flotte, dont nous avons déjà parlé. Dans ce canal se trouve mouillée la *Guerrière*, ancienne frégate-transport qui sert de caserne aux marins vétérans et qui renferme tous les apparaux des mouvements du port.

Toute la nappe d'eau que l'on découvre en longeant les môles que nous venons de décrire, constitue la darse neuve, dite la darse Vauban. C'est là que stationnent les navires en réserve et les anciens transports de Cochinchine. Sur le devant des deux cales couvertes se trouvent les torpilleurs qui doivent recevoir certaines réparations. En face de l'atelier de la Voilerie, on voit trois docks pour la mise au sec des torpilleurs dont la carène a besoin d'être nettoyée.

Arsenal de Castigneau [1]

La création de cet arsenal annexe fut ordonnée en 1853, par l'empereur Napoléon III qui s'était rendu compte par lui-même que le développement de la marine militaire à vapeur exigeait, dans l'arsenal, des ateliers spéciaux pour la réparation des machines des navires.

Tous les établissements qu'il renferme furent bâtis sur pilotis. On dut employer plus de bois pour consolider les terrains de Castigneau que pour élever toutes les constructions réunies de l'arsenal entier. Ce quartier n'était primitivement, en effet, qu'un vaste marais que l'on combla avec les vases et les déblais provenant du creusage du port.

L'arsenal de Castigneau communique avec l'arsenal principal par le passage Dubourdieu, et avec la darse Vauban par la coupure de l'artillerie. Une passe ouverte dans la partie Sud de sa darse la met également en communication directe avec la Petite Rade.

Le premier emplacement que l'on rencontre, à droite, en sortant du passage Dubourdieu, est l'entrepôt des barriques vides remises par les navires au retour d'une campagne. Ces barriques sont soumises à une certaine pression afin de se rendre compte si elles peuvent être encore utilisées. Le local qui se trouve à l'Est de cet entrepôt, et qui occupe en partie l'ancienne porte de Castigneau, sert à loger les cordages de la 3e section du service de la flotte armée ; au rez-de-chaussée sont les fosses à goudron. La ruelle qui sépare ce dernier

(1) L'origine du nom de Castigneau vient d'un bourgeois nommé Charles Castinel, en provençal Castigneou qui, lors de l'agrandissement ordonné sous Louis XIV, se rendit acquéreur d'un grand terrain dans ce quartier.

édifice de la muraille d'enceinte a été toiturée et transformée en magasin de dépôt pour les articles de
tonnellerie.

Immédiatement après, vient la prison maritime (1);
puis un réservoir d'eau qui alimente les différentes fontaines de l'arsenal ; un autre réservoir surmonté d'un
jardin ; un petit atelier dépendant de la Direction des
Travaux hydrauliques et affecté aux fontainiers ; le fourneau économique et enfin la porte de Castigneau qui a
été érigée en 1866.

A gauche du passage Dubourdieu et au Nord du
canal de Castigneau, s'élève le bâtiment où sont contenus
les effets destinés au personnel mobilisable, savoir : des
équipages de la flotte, de la compagnie des ouvriers de
l'artillerie coloniale, des artificiers et provisoirement des
compagnies de dépôt des 4me, 8me et 22me régiments
d'infanterie coloniale.

Sur le quai Ouest de ce canal se dresse l'ancienne
boulangerie (2), bâtie en 1679, sur l'emplacement d'une
vieille chapelle, appelée Notre-Dame d'Entrevignes, et
de quelques constructions adjacentes, première demeure
des Capucins venus à Toulon en 1588 (3). En 1701, on
ajouta une aile à la boulangerie et on afferma, pour
tenir lieu de magasins, les maisons situées sur le quai
Est de la vieille darse qu'on entoura d'une barrière et
qui prit le nom de quai du Parti.

Derrière l'ancienne boulangerie, on aperçoit le parc
à boulets de la Direction d'artillerie, et plus à l'Ouest, les

---

(1) Dans cette prison sont détenus les marins condamnés à
l'emprisonnement et ceux punis disciplinairement ou en prévention
de conseil de guerre.

(2) L'ancienne boulangerie a été remplacée, depuis 1902, par
la nouvelle manutention.

(3) Un document du XVe siècle fait mention d'une famille d'An-
trevinhas qui était propriétaire du terrain sur lequel se trouvait la
chapelle. Archives communales. BB. 41.

ateliers du service des Travaux hydrauliques. De nouveaux bâtiments ont été édifiés, tout récemment, pour remplacer une série de vieilles baraques qui tombaient en ruines. Au Sud du parc à boulets on voit le parc des ferrailles de l'atelier de la Grosse Chaudronnerie ; et non loin de là, l'atelier de la Grosse Chaudronnerie.

En suivant le quai Dupuy-de-Lome, où sont mouillés les vaisseaux dont les machines et les chaudières ont besoin de réparations, on rencontre tout d'abord la grande machine de transbordement de 50 tonnes, haute de 45 mètres ; puis l'atelier de la fonderie.

L'édifice que l'on découvre ensuite est l'ancien atelier des machines. Le rez-de-chaussée comprend l'atelier chargé de l'installation et de la réparation des appareils électriques, et le cabinet des mesures de l'électricité. Le premier étage est affecté au magasin des machines, et le deuxième est occupé par les modeleurs. Tout à fait derrière cet édifice se trouve le pavillon qui renferme les génératrices d'électricité qui servent à donner le mouvement aux machines des ateliers d'électricité et des machines, les dynamos pour charger les bateaux sous-marins et les pompes d'asséchement des bassins de Castigneau. Au fond de la cour de la Grosse Chaudronnerie on voit le dépôt des chaudières qui se prolonge vers le Sud par le nouvel atelier des forges.

Au Sud de l'atelier d'électricité on a construit tout dernièrement un grand hall qui est affecté au nouvel atelier des Machines.

En avançant toujours on ne tarde pas à arriver devant les trois bassins de radoub de Castigneau. A l'Ouest de ces bassins existe une grande construction avec pavillon central ; il renferme le vestiaire des ouvriers charpentiers des bassins, les apparaux des Travaux hydrauliques, la scierie mécanique du Charpentage, une annexe de la section des Machines. Le pavillon central comprend les bureaux, ateliers et salles de couchage des équipages des bateaux sous-marins. Dans le corps de

bâtiment qui fait suite au pavillon on remarque la chaudière du pulsomètre (1) des bassins, les apparaux de ces
bassins et le poste des pompiers. Au premier étage sont
installés des vestiaires pour les ouvriers des constructions navales.

Après avoir dépassé les trois bassins et en poursuivant toujours sa route vers le Sud, on arrive sur l'emplacement où s'élèvent les ateliers et les magasins du
service des Subsistances. Ces ateliers et magasins ont
une très grande importance. La Meunerie à vapeur
moud couramment 500.000 kilos de blé par an, et, en
cas de nécessité, pourrait en moudre jusqu'à 70.000 kilos
par jour. La boulangerie, de son côté, est outillée pour
faire journellement 70,000 rations. Dans les magasins, il
y a des approvisionnements considérables de vin, de
blé, de conserves et de légumes secs. Le stock de vin
peut aller jusqu'à 3.000.000 de litres. Ce service est
assuré par un personnel de 300 ouvriers. C'est dans des
celliers adjacents à la Meunerie qu'on a installé récemment la nouvelle boulangerie. On remarque dans ce
vaste établissement une machine élévatoire pour l'emmagasinage des blés et pour leur transport ultérieur au
moulin.

Non loin de la Meunerie on voit une pégoulière
destinée à préparer le brai pour les travaux de calfatage.

Sur le côté Ouest de la Meunerie s'étend un grand
terrain vague qui est utilisé comme parc à charbon et
entrepôt de bois. Immédiatement après, viennent l'atelier
des mouvements généraux, les écuries et l'abattoir.
Derrière ces divers locaux se trouvent l'ancienne buanderie affectée à l'emmagasinage des conserves de viande
de bœuf, et un jardin qui servait autrefois de séchoir et
qui a été transformé en parc pour les bestiaux.

---

(1) Le pulsomètre est un appareil destiné à vider l'eau qui se
trouve dans le fond du bassin et qui provient soit de la pluie, soit de
suintements à travers les parois de la vanne.

Un canal, dit des Subsistances, sépare les constructions précédentes de l'îlot du parc à charbon limité à
l'Est par la passe de Castigneau et à l'Ouest par celle de
Missiessy. A l'extrême Sud de cet îlot sont disposés les
appontements où viennent s'amarrer les vaisseaux de
guerre pour s'approvisionner de charbon. A l'Ouest de
ces appontements est mouillé l'*Algésiras*, vaisseau-école
des torpilles. Pour limiter les appontements du côté de
l'Ouest, on a élevé une immmense muraille, destinée à
mettre les navires à l'abri du mistral. En dehors de ce
mur et faisant face à la passe de Missiessy se dresse
l'atelier du réglage des torpilles.

L'arsenal de Castigneau peut rivaliser avec l'établissement créé par Louis XIV. Il a été conçu de telle sorte
qu'une escadre puisse, en peu de jours, faire à la fois ses
vivres de campagne, ses munitions et son combustible
en charbon.

Arsenal de Missiessy [1]

Cet arsenal est d'origine toute récente ; sa darse a
été creusée de 1862 à 1868, et ses bassins de radoub
construits, deux en 1875 et le troisième en 1892. On

---

[1] Ce nom est celui d'un ancien quartier de Toulon où la famille
de Burgues possédait une très belle terre. Un document de 1616 la
mentionne sous l'appellation de *Messie sixt*. Originaires de Montpel-
lier, les de Burgues étaient venus se fixer dans notre ville, vers la fin
du XVIᵉ siècle. En 1660, le propriétaire de ce domaine eut l'honneur
d'y recevoir Louis XIV. « Par lettres patentes du mois de décembre
1669, la maison de Missiessy et ses dépendances furent érigées en
fief et seigneurie en faveur d'Antoine de Burgues, en récompense des
services rendus tant par lui que par sa famille en plusieurs occasions
importantes. »
Archives communales. BB. 28. FF. 236.

pénètre dans cet établissement en longeant le mur
d'enceinte qui prend naissance à l'Ouest de la porte de
Castigneau. (1).

Le premier bâtiment que l'on rencontre en arrivant
par ce passage est l'atelier pour la fabrication des torpilles ; il est situé à l'extrémité Ouest de l'atelier des
Machines. Au Nord de l'atelier des torpilles est installé
l'appareil dynamométrique qui sert à mesurer la force
des chaînes et des câbles en fil d'acier. Contre le mur
d'enceinte se trouve le bureau de l'adjoint chargé des
travaux de l'arsenal de Missiessy ; ce bureau est une
annexe de la Direction des Travaux hydrauliques. En se
dirigeant vers l'Ouest, on aperçoit le local où sont logées
les pompes d'épuisement des trois bassins, lesquels sont
situés au Sud de ce même local et s'ouvrent directement
sur la darse de Missiessy.

Avant de poursuivre notre route, nous dirons en
passant que la partie Sud-Est de cette darse est affectée
aux navires en catégorie de réserve, et que c'est devant
le bassin n° 1 que stationnent les bateaux sous-marins.
Enfin, nous ajouterons que sur le quai Est de la darse
de Missiessy est installée une grue hydraulique de
160 tonnes, la plus puissante de toutes celles de l'arsenal. Elle est spécialement affectée au débarquement
des grosses pièces d'artillerie des cuirassés qui doivent
entrer dans les bassins.

Sur l'immense emplacement qui s'étend à l'Ouest de
la darse de Missiessy sont échelonnés la caserne des
ouvriers de l'artillerie coloniale mis à la disposition du
département de la marine, le parc aux vieux fers, l'ancien château de Missiessy, qui sert aujourd'hui de
caserne à la gendarmerie maritime, les baraquements et
trois vaisseaux-casernes où est logé le 8e régiment d'in-

---

(1) Il existe une autre porte, dite de la guerre, qui s'ouvre sur
la rue Militaire.

fanterie coloniale. Plus au Sud et sur la langue de terre qui fait face à ces derniers baraquements sont installés les casernes des équipages de la flotte. Ces casernes comprennent, outre des locaux à terre, quatre vaisseaux-pontons. Au-dessous et sur un autre petit promontoire se trouvent le parc aux ancres (1) et les voies de garage pour les wagons qui viennent de la gare de La Seyne et qui transportent des chargements à destination de l'arsenal de Toulon. Enfin, tout à fait au Sud et bordant le rivage on découvre le champ de tir des équipages de la flotte.

Cette dernière pointe de terre est reliée à l'îlot des appontements par un pont métallique et tournant. Ce pont est actionné par des pompes hydrauliques qui, en lui imprimant un mouvement de giration, le ramènent sur le quai Ouest de la passe de Missiessy ; la passe devient, par cette manœuvre, absolument libre et permet aux vaisseaux de la franchir. Le pont de Missiessy, qui est d'une seule volée, est remarquable par sa construction ingénieuse ; un seul homme suffit pour le mettre en mouvement.

Une voie ferrée raccordée en gare de La Seyne à la Compagnie Paris-Lyon-Méditerranée dessert tout l'établissement maritime qu'elle traverse dans toute sa longueur ; elle vient aboutir à la porte principale d'entrée de l'arsenal.

Arsenal du Mourillon

Cet arsenal est de construction relativement moderne, car il ne date que de 1836.

Depuis la seconde moitié du XVIIIᵉ siècle, le département de la marine utilisait ce point de la Petite Rade

---

(1) Primitivement, les ancres destinées au port de Toulon étaient fabriquées au martinet de Dardennes. De nos jours, toutes les ancres en usage dans la flotte sont confectionnées dans les établissements de Guérigny qui appartiennent à la marine.

comme lieu de dépôt pour ses bois de construction. Vers la fin du premier Empire, un commissaire de la marine, M. de Lagatinerie, obtenait du ministre l'autorisation de créer en cet endroit un jardin potager et une buanderie pour le bagne. Des plantations d'arbres y furent faites et insensiblement les constructions s'y multiplièrent.

Dès 1821, on élevait sur cette plage de vastes hangars pour y mettre à couvert les bois de construction ; et finalement, en 1836, on commençait la fondation de l'établissement actuel qui devait servir d'annexe à l'arsenal principal, devenu depuis longtemps insuffisant. On employa des forçats pour aplanir et niveler le terrain qui n'était alors qu'un immense marécage formé par le ruisseau de l'Eygoutier. Ce furent également les forçats qui construisirent les quais et firent la maçonnerie et la charpente des cales couvertes.

La porte d'entrée principale de cet établissement, dite du Centre, est située sur le boulevard de Bazeilles.

Le premier atelier que l'on découvre, à main droite, après avoir franchi la porte d'entrée, est l'atelier de la Scierie. Détruit, en 1897, par un incendie, ce local est à l'heure actuelle entièrement réédifié. A l'Est de l'atelier de la Scierie, sont les hangars qui servaient à remiser les bois destinés à la construction des anciens vaisseaux. Le bâtiment parallèle à ces hangars et formant mur d'enceinte, est occupé aujourd'hui par les écuries des régiments coloniaux d'infanterie et d'artillerie.

Au Nord de ces mêmes hangars est creusé un chenal le long duquel venaient mouiller autrefois les navires de commerce qui apportaient les bois nécessaires à la marine. Ces bois, après leur déchargement, étaient plongés dans des fosses d'immersion alimentées et par la mer et par l'eau douce de la rivière de l'Eygoutier.

Toujours au Nord se trouve la petite porte d'entrée qui communique directement avec le Port-Marchand.

En sortant de l'arsenal par cette porte, on voit à gauche l'Ecole des Mécaniciens, et, à droite, un local en ligne brisée qui renfermait jadis les bois de construction, et qui est actuellemet affecté au campement de l'armée coloniale.

Si l'on revient vers la porte principale d'entrée, on aperçoit, à main gauche, un immense corps de bâtiment parallèle au boulevard de Bazeilles et faisant face aux casernes d'infanterie et d'artillerie coloniales. Ce bâti- ment est occupé par les bureaux de la Direction du port, l'ambulance, la salle des recettes, le poste des pompiers, le magasin aux fers, le vestiaire des surveillants et ouvriers, le dépôt des outils, l'atelier d'héliographie, les bureaux du dessin et ses dépendances, les bureaux des officiers du génie maritime chargés de la construction des navires et celui du chef d'atelier, l'atelier de l'annexe de l'ajustage, les bureaux des adjoints chargés des tra- vaux, le vestiaire des ouvriers, le local des accumula- teurs hydrauliques et la salle à tracer. A l'extrémité Sud de ce dernier édifice s'élève la caserne de gendarmerie maritime.

Presque en face de la porte principale d'entrée se dressent les cinq anciennes cales couvertes et bâties. Ces cales ne servent plus de nos jours que pour la construc- tion des sous-marins ; elles sont remplacées par deux cales en bois qui ont été édifiées récemment et qui empiètent sur la chaussée du boulevard de Bazeilles. Après la cinquième cale couverte on découvre le local des machines électriques. Non loin de là, se trouve l'atelier des bâtiments en fer qui comprend le hangar du perçage, l'atelier de l'ajustage et celui de la tôlerie ; dans le même plan et plus à l'Ouest, le hangar-annexe de la tôlerie et l'atelier des forges. Tout le reste de l'emplace- ment disponible sert au montage des œuvres mortes des navires en construction.

Enfin, tout à fait au Sud de l'établissement mari- time, on voit une petite darse qui communique avec la

Petite Rade. C'est là que l'on embarque ou débarque le matériel destiné soit à l'arsenal principal, soit aux vaisseaux de guerre.

Le 1ᵉʳ août 1845, un incendie d'une violence extrême dévora tous les hangars qui étaient situés le long du boulevard de Bazeilles et qui renfermaient les bois de construction. Ce stock qui représentait une valeur de 5.000.000 de francs environ, devint en quelques heures, la proie des flammes.

Actuellement, l'arsenal du Mourillon ne concourt à la construction des flottes que dans une faible proportion, la tendance moderne étant de favoriser l'essor industriel en France.

Il y a un demi-siècle environ, il fut un instant question d'abondonner le Mourillon et de reconstruire les cales et les fosses d'immersion dans le nouvel arsenal de Castigneau. La raison que l'on faisait valoir était la difficulté de communiquer, par mer, avec cet établissement lorsque le mauvais temps régnait sur la rade. Une autre considération qui était beaucoup plus sérieuse et dont cependant on ne songea pas à se préoccuper, militait en faveur de ce délaissement. Les progrès incessants de l'artillerie auraient dû éveiller dans l'esprit de nos gouvernants le souci de mettre à l'abri d'un bombardement possible, du côté des Sablettes, les immenses richesses matérielles accumulées dans cet arsenal.

Quoi qu'il en soit, sous l'influence du vieil esprit de routine dont la marine fit malheureusement trop longtemps preuve, le projet fut enterré dans les cartons du ministère où il dort encore et peut-être pour toujours.

La direction et l'administration de l'arsenal, qui est placée sous la haute autorité du préfet maritime, comprennent un personnel officier et assimilé et un personnel n'ayant pas rang d'officier.

Officiers de vaisseau	120
Officiers mécaniciens	25
Officiers du commissariat	20
Ingénieurs de la marine.	30
Ingénieurs des Travaux hydrauliques	4
Manutentionnaires	4
Agents des Directions de travaux	110
Comptables des Matières	180
Agents du Commissariat	90
Adjudants principaux	20
Agents techniques	330
Dessinateurs.	110
	1.043

Les actes administratifs accomplis par ces divers officiers et agents sont soumis au visa de contrôleurs qui constituent un corps spécial placé sous les ordres directs du ministre de la marine.

Le chiffre de tout le personnel ouvrier employé par les différents services de l'arsenal se décompose de la manière suivante :

Personnel ouvrier civil	Chefs - ouvriers, ouvriers, apprentis immatriculés et ouvrières . . .	8.200
Personnel ouvrier militaire	Marins des équipages de la flotte détachés au service de la flotte armée .	230
	Marins télégraphistes	12
	Ouvriers d'artillerie coloniale . . .	469
Personnel militaire sédentaire	Marins vétérans.	630
	Pompiers	75
	Gardes-consignes	25
		9.641

Les différents établissements de la marine, dont l'ensemble forme l'arsenal de Toulon, ont les superficies suivantes :

Arsenal principal, 34^{ha}50 dont 10^{ba}85 de terre-plein et 23^{ha}65 de darses ou de canaux

Castigneau,	40	– 27	—	13		—
Missiessy,	53^{ha}20	– 39	—	14^{ha}20		—
Mourillon,	24	– 23^{ha}60	—	» 40		—
	151^{ha}70	100^{ha}45		51^{ha}25		

CHAPITRE IV

L'Ancien Bagne de Toulon

Origine des Bagnes [1]

Vers le milieu du XVe siècle, alors que la loi s'appliquait dure et implacable dans sa rigide cruauté, une voix osait s'élever en faveur des milliers de condamnés voués à l'immobilité que leur imposaient, nuit et jour, leurs lourdes chaînes. Les accents de ce philanthrope étaient écoutés, et aussitôt une réaction se manifestait dans les habitudes pénales. On arracha ces reclus à la longue agonie des cachots, et on leur donna du travail et de l'air en les attachant comme rameurs sur les bancs des galères.

Toutefois la mesure de clémence ne fut pas complète ; ces hommes que devait réhabiliter un long et pénible labeur n'en continuèrent pas moins à subir, avant leur transfèrement sur ces bâtiments, quelques-

_____

(1) Le mot bagne est emprunté de l'italien *bagno* parce qu'une prison d'esclaves au sérail de Stamboul avait été établie dans un local qui servait précédemment de « bains ».

uns des cruels supplices usités à cette époque de barbarie. La condamnation était toujours accompagnée du fouet et de la flétrissure, et souvent même de la mutilation du nez ou de l'oreille ; de plus, on les marquait, sur l'épaule, avec un fer chauffé à blanc, des initiales G A L. Aussi chaque galère n'était-elle, pour ainsi dire, qu'une infirmerie de mutilés.

Il importe de déclarer, en passant, que les autorités, en cédant au mouvement généreux qui venait de se produire en France, avaient obéi moins à un sentiment de pitié, qu'à une pensée d'intérêt général. Sous des apparences de charité chrétienne, elles trouvaient le moyen de faire tourner au profit de la Nation le travail des galériens.

Cet esprit d'égoïsme ne tarda pas à se révéler bientôt d'une manière particulièrement odieuse et tyrannique. Charles IX, appréciant les services immenses que rendaient à l'Etat les rameurs des galères, enjoignit aux tribunaux de ne pas condamner les criminels à moins de dix ans de peine ; il recommanda même aux capitaines de ces navires de garder à bord les galériens dont le temps d'expiation était expiré. Mais l'abus devint si révoltant, que son successeur Henri III, dut lui-même défendre de retenir les condamnés qui avaient terminé leur peine. (1).

L'envoi aux galères était, comme nous l'avons dit plus haut, la peine infligée aux criminels de France. Là vivaient confondus le sorcier, le magicien, le blasphémateur, le faussaire, le banqueroutier, l'assassin suivant la législation de la province qui avait prononcé l'arrêt. C'est également sur les galères qu'étaient envoyés les prisonniers turcs. (2).

---

(1) Dans les anciennes galères, la mère pouvait vivre près de son fils, la femme près de son époux.

(2) On comprenait sous la dénomination générale de Turcs tous les sujets des puissances barbaresques.

A défaut de condamnés et de Turcs, les équipages de ces bâtiments étaient complétés soit par les « Égyptiens, Bohémiens ou vagabonds », arrêtés dans les villes du littoral de la Provence, soit par des hommes qui s'enrôlaient volontairement et que l'on désignait, dans notre ancienne province, sous le nom de *bono voyo* (1). De plus, les consuls de France dans le Levant, avaient mission d'acheter des esclaves et de les expédier à Marseille « afin de manier la rame pour le compte de Sa Majesté. »

Le document que nous relatons ci-dessous et que nous empruntons à M. J. Fournier, archiviste-adjoint des Bouches-du-Rhône, détermine les conditions des marchés de cette nature ; ces conditions assez curieuses montrent que les esclaves qui en faisaient l'objet étaient considérés, à cette époque, comme une marchandise d'exportation. « L'an mil six cens quatre-vingt cinq et le huitième jour du mois de febvrier avant midy, fut présant en sa personne, par devant nous, notaire royal à Marseille et de la marine soubsigné, et tesmoins bas nommés, sieur Michel Misserel, marchand de la ville de Toullon, lequel, de son gré, promet et s'oblige en faveur de Sa Majesté et pour elle Messire Louis Girardin de Vauvré, conseiller du Roy en ses conseils et en son parlement de Metz, intendant général de la police et finances des armées navales de Sa Majesté ez mers du Levant et des fortifications des places maritimes au département de Tollon, en la présence de Me Henry de Lafont et Estienne Granier, docteur ez droits, conseiller du Roy, commissaire et contrôleur généraux des gallères de France, présans, stipulans, de fournir et délivrer à son risc, péril, fortune et despans, sur les gallères du Roy au port du dit Marseille, pendant trois années, à commencer du premier avril prochain, la quantité de cent cinquante Turcs despuis l'âge de dix-huit ans

(1) Hommes de bonne volonté.

jusques à trente-huit ou quarante années, qu'il achétera aux isles de l'Archipel et autres endroits du Levant, et de les envoyer cinquante toutes les années, par toutes les commodités, en sorte qu'à la fin de chacune desdites trois années le susdit nombre des Turcs se trouve remis en ce port, sur lesdites gallères, à peine de tous despans, dommages et intérêts, et ce moyennant le prix et à raison de trois cens quatre vingt dix livres de chacun des dits Turcs que le dit seigneur intendant, sieurs commissaire et contrôleur, au nom de Sa dite Majesté, promettent lui faire payer par monsieur le trésorier général des dites gallères ou son commis en ce port, sur les ordonnances qui luy seront expédiées au fur et à mesure qui auront esté remis sur lesdites gallères en ce port, après toutesfois avoir resté veus, vizittés, recogneus sains, bons, forts, vigoureux et propres à servir à la rame sur lesdites gallères par les médecins et chirurgiens réalz, ainsi qu'on a accoustumé, et néanmoins par advance et sur le tout moings du prix des dits Turcs ledit seigneur intendant, sieurs commissaire et contrôleur expédieront au dit sieur Misserel une ordonnance de dix mil livres qui ne luy seront précomptées que sur la fin de la livrezon desdits Turcs ; et sera encore remis audit sieur Misserel les chaînes, menottes et aneaux que lui seront nécessères pour enchainer lesdits Turcs, pendant leur trajet jusques en cette ville, qu'il sera tenu de rendre dans les magazins du Roy, en ce port, comme aussi une permission pour pouvoir embarquer sur les bastimans dudit Misserel des coutonnines, cordages, poudres, balles, mousquets, mêches et autres pour le service des corsaires, armateurs contre les infidèles aux parties du Levant, et ce en considération et pour faciliter lesdits corsaires à vendre lesdits Turcs audit Misserel, lequel remetant une plus grande quantité de Turcs de l'âge et de la qualité susdite, dans le susdit temps, que des cent cinquante cy-dessus promis lesdits seigneur intendant, sieurs commissaire et contrôleur seront tenus les prendre et luy en fere payer de chacun trois cent quatre vingt dix livres en la forme susdite, promettant ledit sieur Misserel de donner pour l'assurance du présant traité et de la somme qu'il lui sera remise par advance pour caution sieur Jean Misserel son fils, et de remettre entre leurs mains, dans quinze jours, le contrat de cautionnement de son dit fils, passé par devant notaire, en bonne et deue forme, et soubs les mesmes peynes que dessus, et pour ce observer lesdits seigneur intendant, commissaire et contrôleur ont obligé les facultés de Sa dite Majesté suivant leur pouvoir, et ledit Misserel, sa personne et biens, s'agissant des propres afferes du Roy, à toutes cours et l'ont juré.

« Fait et publié audit Marseille, dans la salle de l'arsenal de Sa Majesté, en présence de Jean-Thomas Chevalier et Joseph Couturier, de ceste dite ville, tesmoins requis et signés avec les parties en trois originaux semblables.

« Signé : de Vauvré ; de Lafont ; Granier ; Michel Misserel ; Couturier ; Chevalier.

« Et nous dit notaire royal héréditaire au dit Marseille, soubsigné ;

« AMOUREUX. »

Enfin, durant les sanglantes persécutions ordonnées par Louis XIV contre les protestants et restées tristement célèbres sous le nom de *dragonnades*, les galères devinrent, selon le mot de M. Alhoy, historien des bagnes, l'ambulance du champ de bataille calviniste.

Nous ajouterons en terminant que l'ensemble des galériens constituait la Chiourme (1) et que la surveillance en était confiée à des aides appelés selon leur grade, comes (2), sous-comes et argousins. Ces surveil-

---

(1) Chiourme, de l'italien *ciurma*, chant de rameurs.
(2) Come, du latin *comes*, compagnon.

lants subsistèrent avec leurs dénominations primitives lorsque les bagnes remplacèrent les galères.

Dans la première moitié du XVIIIᵉ siècle, on substitua aux galères les vaisseaux de haut bord et on songea à utiliser d'une autre manière les bras des rameurs. L'ordonnance de 1748, constituant les bagnes dans les ports militaires, conserva à la marine la surveillance des galériens dont elle avait eu la garde jusqu'alors et qu'elle affecta, à partir de ce moment, aux travaux les plus pénibles de ses arsenaux. Les criminels, considérés pendant deux siècles comme des esclaves, étaient transformés maintenant en ouvriers. En même temps s'adoucissaient les mœurs barbares transmises par la féodalité; le carcan remplaçait le fouet, et les supplices qui précédaient autrefois le départ pour les galères, étaient définitivement abolis. Enfin, la Révolution de 1789, tout en maintenant la peine réservée aux criminels, changeait son nom en celui de travaux forcés à temps ou à perpétuité, et remplaçait les lettres G A L marquées sur la chair des condamnés par celles de T. F. Dès 1830, cette dernière cruauté n'était plus appliquée.

Les règlements qui présidèrent, en 1748, à l'organisation des bagnes, ne varièrent plus, sauf quelques petites modifications, jusqu'au moment de la disparition de ces lieux de misères.

Transfert des Forçats. — Arrivée au Bagne
Travaux des Forçats

Vers le milieu du XVIIIᵉ siècle, la marine ayant fait des progrès qui rendaient inutile l'emploi des galères, les rameurs de ces bâtiments furent répartis dans les arsenaux. En 1749, on envoyait donc à Toulon toutes les

galères qui stationnaient à Marseille (1), leur port d'atta-
che, et on leur assignait, comme poste, la partie Sud du
môle où furent construits plus tard les dortoirs du
bagne. Dès ce moment, on commença à utiliser les
galériens, au nombre de 2.000 environ, en les employant
aux travaux de l'arsenal. Le nom de galérien fut changé
en celui de forçat, et le bagne prit dès lors une destination spéciale.

Primitivement, les forçats étaient dirigés sur les
ports soit en grandes chaînes, soit en chaînes partielles
ou pour mieux dire en chaînes volantes. On désignait
sous ces appellations les convois des condamnés, enchaînés les uns aux autres sur de longues charrettes découvertes qui partaient d'un point central de la France où
on les réunissait. Ils marchaient par étapes. A leur
arrivée, les hommes étaient immédiatement accouplés
sans être soumis à une visite médicale.

Mais ce mode de transport fut plus tard aboli
pour plusieurs raisons. D'abord parce qu'il exposait les
condamnés à toutes les intempéries des saisons et en
faisait un objet de curiosité malsaine pour les habitants
des villes et villages traversés par ces convois ; puis et
surtout, parce que dans ce troupeau humain, se trouvaient presque toujours quelques bandits dont les propos cyniques jetaient l'effroi dans les localités où ils
séjournaient. D'autre part, une hygiène mieux comprise
présida à l'installation des forçats au bagne.

Les charrettes découvertes furent remplacées par
des voitures cellulaires ; ces voitures étaient de longs
omnibus renfermant douze cellules dont onze pour les

(1) En 1682, un grand nombre de galériens furent expédiés de
Marseille à Toulon pour coopérer aux travaux de création de notre
arsenal.

condamnés et la douzième pour le gendarme chargé de les conduire. Chaque cellule était percée, à hauteur d'homme, d'une lucarne à claire-voie par laquelle cet agent pouvait surveiller, à chaque instant, les individus confiés à sa garde. Le forçat était enchaîné à sa place. Il pouvait se lever ; c'était le seul mouvement possible (1). Quoique solidement construites et doublées de toutes parts d'une forte plaque de tôle, ces voitures furent témoins de plusieurs évasions restées célèbres.

A leur arrivée dans l'arsenal, les forçats étaient conduits directement dans une salle du bagne. Dans les commencements, on les cantonnait sous une vaste tente. Généralement, la plupart d'entre eux étaient extrêmement fatigués par le long et pénible voyage qu'ils venaient d'effectuer. Il fallait presque toujours les aider à descendre de la voiture ou plutôt les porter, tant leurs jambes étaient enflées par suite de l'immobilité complète à laquelle ils avaient été soumis durant le trajet.

Après avoir laissé le forçat se reposer quelques heures, on constatait son identité, on le lavait à l'eau tiède et on lui coupait les cheveux en escaliers. (2). Puis on lui enlevait ses vêtements qu'on s'empressait de brûler, on lui faisait endosser l'uniforme du bagne, et s'il était trouvé valide, on l'accouplait avec un autre condamné. Ces différentes opérations accomplies, on enfermait les nouveaux forçats dans un local où ils demeuraient trois jours avec des vivres dits d'arrivants, qui se composaient de pain, de vin et de viande. Pendant ce temps on prenait leur signalement. Le quatrième

---

(1) La ration journalière du forçat mis à la chaîne de voyage se composait de : une livre et demie de pain, deux onces et demie de pain à soupe, un litre de bouillon, une demi-livre de viande, deux onces de fromage, un litre de vin, cinq livres de paille fraîche pour coucher.

(2) Grâce à cette coupe de cheveux, on pouvait arrêter plus facilement un forçat qui s'évadait.

jour, ils étaient passés en revue par le commissaire de la marine chargé du bagne (1), et envoyés ensuite aux travaux de grande fatigue.

Habillement du Forçat [2]

L'habillement comprenait une chemise de grosse toile écrue, une casaque en moui rouge sans bouton ni collet, un pantalon de drap jaune garni de boutons et ouvert sur les côtés afin de laisser passer la chaîne et de pouvoir la vérifier, d'une paire de gros souliers ferrés et d'un bonnet de laine rouge ou verte, selon que la condamnation était à temps ou à perpétuité. Sur le bonnet était attaché le numéro du forçat, marqué en grands chiffres sur une plaque de fer blanc. Chaque individu était désigné par un numéro, car au bagne il n'avait plus de nom.

On délivrait en outre au forçat une couverture de rechange (3). La durée assignée par l'administration à ces différents effets était de un an pour le pantalon, la chemise et le bonnet ; de deux ans pour la casaque et de trois ans pour la couverture.

Afin de distinguer les diverses catégories de forçats, on avait chamarré leur costume de la manière suivante : les condamnés aux travaux forcés à perpétuité portaient

---

(1) Le commissaire était connu, dans la chiourme, sous le nom de *quart d'œil*.

(2) Anciennement, les forçats portaient durant toute l'année, à Toulon, un pantalon de toile. A la suite des épidémies de typhus qui ravagèrent le bagne en 1829 et 1833, on leur avait accordé, pour la la saison d'hiver, un pantalon de drap.

(3) En 1828, M. Raynaud, alors commissaire du bagne de Toulon, faisait distribuer aux forçats, pendant la saison d'hiver, un gilet confectionné avec les couvertures hors de service.

la casaque rouge, le pantalon jaune et le bonnet vert ;
les condamnés de cinq à dix ans ne différaient de ceux-ci
que par la couleur du bonnet qui était rouge ; quant
aux condamnés à plus de dix ans et aux récidivistes, ils
se distinguaient des précédents, à savoir : les premiers
par un galon jaune, appelé turban, qui entourait leur
bonnet, et les seconds par une manche jaune.

Nous empruntons à M. Alhoy les lignes vraiment
curieuses qu'il consacre à l'histoire du bonnet des
forçats. « En 1793, le bagne attira l'attention des législa-
teurs ; ce ne fut pas pour amender l'institution, il s'agit
seulement alors d'une grave question de coiffure.

« Après avoir brisé l'antique couronne qui parait le
front des rois, la Révolution prit un dégoût subit pour le
chapeau de feutre qui, depuis plusieurs siècles, couvrait
la tête de toutes les classes de la société ; elle préféra et
adopta la coiffure phrygienne, ou, pour parler plus
intelligemment, le bonnet de laine en usage, depuis un
temps immémorial, parmi les pêcheurs grecs ; on appela
le bonnet rouge le bonnet de la nation...... Mais, par
une coïncidence singulière à laquelle on ne fit pas
d'abord attention, il se trouva que le bonnet de la nation
était précisément celui des galériens.

« Un membre de la Convention Nationale se préoc-
cupe gravement de cet incident ; il monte à la tribune
et demande que le bonnet rouge disparaisse de la tête
des condamnés. La motion est adoptée. Un commissaire,
chargé de l'exécution du décret, se présente à Toulon et
fait enlever tous les bonnets. La Convention n'ayant pas
pensé à régler le mode de coiffure que l'hôte des bagnes
devait substituer à celle dont on le privait, non seulement à cause de la couleur, mais encore à cause de sa
forme, il fut décidé, faute de décision, que le forçat
resterait nu-tête provisoirement.

« La Nation ne persévéra pas dans son goût pour le
bonnet phrygien, et peu à peu elle reprit le feutre héréditaire, et les forçats reprirent la coiffure distinctive dont
la loi leur a restitué depuis la possession exclusive. »

La dernière opération relative à l'habillement du forçat était le ferrement et l'accouplement. Le condamné était couché à plat ventre sur une pièce de bois évidée dans son milieu et appelée souche ; un forçat lui faisait plier le genou en lui élevant la jambe passée dans l'ouverture de la souche, jusqu'à la hauteur d'une enclume fixe. On lui mettait au-dessus du pied gauche un anneau de fer, nommé la manille, qui était aussitôt fermé et rivé à froid par un chaloupier. (1). L'opération était prompte ; mais le moindre coup de marteau donné à faux par le chaloupier qui frappait à tour de bras sur la manille pouvait briser la jambe du patient. La chaîne était ensuite raccordée à la manille. A l'aide d'un anneau de jonction, on mariait cette chaîne à celle d'un autre condamné. On avait soin de n'accoupler ensemble que des condamnés de la même catégorie, et en assortissant, autant que possible, les caractères ; car l'accouplement était l'esclavage dans l'esclavage, un supplice ajouté à un supplice. Le forçat revêtait enfin une ceinture en cuir à laquelle était attaché un crochet en fer qui supportait une partie de sa chaîne et la relevait, le long de la jambe, jusqu'à la ceinture. La chaîne, composée de dix-huit maillons, pesait 7ᵏ200, et la manille avec son boulon, un kilogramme et demi.

Établissements du Bagne. — Hôpital

Logés primitivement sur les anciennes galères, les forçats furent transférés, après l'abandon de ces navires, sur quatre vieux vaisseaux appelés bagnes flottants et dans les baraquements édifiés à terre sur le môle Est de la darse Vauban. Aux baraquements succédèrent ensuite

---

(1) Forçat qui ferrait et déferrait.

des constructions plus confortables qui sont celles qui existent encore, de nos jours, plus ou moins transformées.

Le premier bagne flottant se trouvait dans la vieille darse, le long du quai du Grand Rang, vis-à-vis la salle des éprouvés. Le second était à l'ancre en face de l'arsenal du Mourillon actuel. Les deux autres étaient mouillés non loin de la darse de Castigneau ; ils étaient affectés aux condamnés arabes.

Le bagne installé à terre comprenait un vaste corps de bâtiment ; son entrée était fermée par une solide grille en fer qui restait ouverte pendant le jour. Les salles destinées au logement des forçats étaient très vastes, parfaitement aérées et proprement tenues ; chacune d'elles, au nombre de six, pouvait contenir 500 hommes.

L'ameublement de ces salles se composait uniquement d'un immense lit de camp en planches coupé, dans sa longueur, de cinq mètres en cinq mètres, par un passage où se trouvaient une latrine et un robinet d'eau potable. Ce lit était appelé tollard en langue du bagne. Quand le forçat méritait de la bienveillance par sa bonne conduite, on lui permettait l'usage d'un petit matelas d'étoupes, épais de deux ou trois doigts et connu sous le nom de strapontin. On ne saurait s'imaginer combien cette faveur était enviée et faisait de jaloux. A la partie supérieure du lit était roulée la couverture dont le condamné s'enveloppait, pendant la nuit, sans jamais quitter ses vêtemnets ; tout à fait au sommet du tollard figurait le numéro matricule du forçat ; il désignait la place qu'il devait prendre chaque soir. Au pied du lit, de forts anneaux en fer recevaient la barre de même métal, le ramas, que l'on introduisait dans la chaîne de chaque individu. A une des extrémités de la salle se trouvait le poste des gardes-chiourme dont les carabines toujours chargées étaient rangées sur un ratelier d'armes. De l'autre côté de cette même salle existait un petit réduit pour la chaudière dans laquelle on faisait cuire les aliments des forçats. C'est là qu'était installée aussi la cantine où les condamnés pouvaient acheter quelques mets plus recherchés. La vente du vin était expressément interdite aux cantiniers.

Les bagnes flottants étaient à peu près aménagés de la même manière que les dortoirs à terre. On y montait par un large escalier en bois séparé en deux par une rampe. Arrivé au dernier échelon, on pénétrait, en se baissant, dans un carré où se tenait le poste des gardes-chiourme. Deux locaux situés sur les côtés de cette pièce et communiquant avec elle, renfermaient l'un, le bureau des adjudants, et l'autre la cuisine des forçats. En face de l'entrée et dans le fond du carré s'ouvrait une batterie où l'on arrivait après avoir dépassé une grille en fer. Cette batterie était le dortoir. Sur les bagnes flottants, les condamnés n'avaient pas de lit de camp ; il couchaient sur le plancher du navire, attachés au ramas qui était boulonné et plombé à ses deux extrémités. Selon l'expression d'un historien, « quand les forçats étaient ainsi couchés, serrés et rangés, on aurait dit un équipage de négriers massacrés dont le sang aurait rougi le faux-pont. » Chaque bagne flottant possédait une cantine où les détenus pouvaient acheter quelques menues denrées.

A l'origine du bagne, des forçats précédaient les personnes qui visitaient les salles de cet établissement et brûlaient, sur leur passage, des plantes aromatiques. Les miasmes pestilentiels des locaux populeux de la chiourme rendaient cette mesure nécessaire, pour ne pas dire obligatoire.

L'hôpital du bagne occupait, en dernier lieu, tout le premier étage du vaste corps de logis flanqué de deux pavillons qui avait été construit, en 1784, pour servir d'abord d'entrepôt aux marchandises de l'Inde, puis de magasin aux câbles et aux gros cordages. Le besoin d'un hôpital à portée du bagne fit changer la destination de

cet édifice. Le premier étage était divisé par deux cloi-
sons en trois salles pour les fiévreux, les blessés et les
galeux ou vénériens ; chacune d'elles contenait un double rang de lits à rideaux, espacés convenablement pour
la facilité du service et la libre circulation de l'air. Le
pavillon Sud renfermait, au rez-de-chaussée, la pharmacie et les cuisines, et au premier étage, le bureau de
l'administration, le poste des gardes-chiourme, le cabinet
des médecins de garde et la chambre de l'aumônier. La
salle d'appareil et le cabinet des sœurs hospitalières se
trouvaient dans l'autre pavillon. La chapelle où l'aumônier célébrait l'office, chaque matin, était située à l'extrémité Nord de la salle de l'hôpital (1). Le rez-de-chaussée
du bâtiment servait de caserne aux gardes-chiourme.
Sur chacun des piliers de cet immense local étaient
installés un ratelier pour y déposer les fusils et une
planchette à charnière qui servait de table et que l'on
abaissait et relevait à volonté. Les gardes-chiourme
couchaient dans un hamac garni d'un matelas qu'ils
roulaient, le matin, en se levant, et qu'ils accrochaient à
la muraille.

Le forçat qui entrait à l'hôpital n'était plus un
forçat, c'était un homme malade ; il recevait les mêmes
soins et la même nourriture que les marins de l'Etat
admis dans les hôpitaux de la marine. Toutefois, il
conservait sa chaîne dont l'un des bouts était fixé au
pied du lit au moyen d'un anneau. On ne la lui retirait
que sur un ordre écrit du médecin. Cette mesure d'une
extrême rigueur était commandée par la prudence. En
effet, en arrivant au bagne, le forçat n'avait plus qu'une
seule préoccupation : déjouer la surveillance dont il
était l'objet et recouvrer sa liberté par tous les moyens
possibles.

---

(1) En 1849, il existait une chapelle aérienne sur un des bagnes
flottants.

Les religieuses étaient secondées par des forçats infirmiers ou servants, choisis parmi les condamnés les plus méritants. Ils ne portaient pas de chaînes afin que le bruit des maillons ne résonnât pas aux oreilles du moribond comme un glas funèbre (1).

L'hôpital était pour le forçat un séjour de délices durant lequel il pouvait goûter quelque repos et oublier, pour un instant, ses tortures physiques et morales. C'était le paradis transporté au sein du bagne ; quelle félicité pour ce malheureux déshonoré, abandonné, dénué de tout, que de pouvoir s'étendre dans un lit moelleux et garni de draps, de ne plus entendre la voix courroucée du garde-chiourme, d'apercevoir le visage souriant et compatissant d'une femme dont les lèvres lui murmuraient des paroles de douceur et de consolation !

Sous Richelieu, les condamnés devenus infirmes ou invalides étaient remis en liberté comme ne pouvant plus se livrer à aucun travail utile. Quant à ceux atteints de maladies temporaires, ils devaient être traités avec les plus grands soins. L'ordonnance suivante témoigne de cette sollicitude. « Aux malades seront les capitaines tenus de faire bailler potaiges, chair etc, au jugement et saine conscience des cirurgiens, et aussi pour ce que à faulte les dits cirurgiens d'être pourvus de drogues et bons médicamens plusieurs accidents adviennent, comme aussi par la négligence et incapacité d'iceulx cirurgiens qui font leurs coups d'essais sur les corps infirmes des pauvres forsaires en stropiant et perdant plusieurs (chose de grande commisération), ce qui importe beau-

---

(1) Anciennement, un grand nombre de forçats ne portaient seulement qu'un anneau à la jambe ; ils étaient désignés sous le nom de *chaussettes*. Mais cette faveur fut supprimée, et le seul privilège désormais accordé consista à mettre le condamné en chaine brisée ou à la demi-chaine.

15

coup au service du Roy et à l'intérêt particulier des capitaines, attendu que les dits forsaires sont les nerfs et la force des gallères pour à quoi pourveoir, il est expédient que le Roy érige de nouveau un office de cirurgien, qu'on dira cirurgien royal. » La raison qui incitait à veiller, avec tant d'empressement, à la santé des galériens est facile à expliquer si on se rappelle que ceux-ci étaient employés comme rameurs à bord des galères et que leur recrutement n'était pas toujours une chose bien aisée. On conçoit donc l'intérêt capital qu'avait la royauté à conserver bien portant et le plus longtemps possible le personnel de la chiourme.

Nourriture des Forçats. - Hygiène du Bagne

La ration journalière accordée au forçat était de 917 grammes de pain apuré à un douzième de fin ou de 700 grammes de biscuit (1) et d'une soupe composée de 120 grammes de fèves, assaisonnée de 33 centigrammes d'huile d'olive et de 10 grammes de sel. Les condamnés faisaient trois repas par jour et mangeaient dans leurs salles respectives ; on leur délivrait 48 centilitres de vin quand ils étaient sur les travaux. Ils ne recevaient jamais de viande, sauf les invalides, qui y avaient droit tous les jours, et les éprouvés, le dimanche seulement, avec addition de légumes verts. Indépendamment de la nourriture ordinaire, le forçat pouvait se procurer, chez le fricotier, une portion d'aliments cuits, excepté de la volaille et de la viande fine. Le prix de la ration variait entre 10 et 40 centimes. Chaque jour, une commission composée d'un médecin de la marine, d'un employé de l'administration

---

(1) On leur donnait du biscuit quand il y avait des résidus avariés provenant des désarmements de navires.

et d'un adjudant des chiourmes passait l'inspection des viandes des fricotiers, et si elle en découvrait de gâtées, elle les faisait jeter à la mer. De plus, le fricotier était mis à la chaîne et perdait son emploi, objet d'une persévérante ambition. Ici les ustensiles de première nécessité faisaient complètement défaut. Chaque escouade se repaissait à un baquet commun et chaque bouche s'abreuvait au même bidon. Il arrivait souvent que deux malheureux qui n'avaient pu satisfaire leur appétit avec leur faible ration, se jetaient, comme deux chiens affamés, sur quelques restes abandonnés.

La plus grande propreté régnait dans toutes les salles du bagne. D'autre part, les forçats étaient entourés de tous les soins hygiéniques désirables. Ils étaient rasés deux fois par semaine, et ils changeaient de linge tous les dimanches. Dans la belle saison, ils devaient se laver très souvent, et se baigner dans la mer deux fois par mois. Le blanchissage du bagne était donné à l'adjudication. Le dimanche était consacré au repos. Cependant ce jour-là était encore rempli par les travaux de nettoyage des locaux du bagne, par la lecture des règlements et par les offices de la religion.

Les anciennes ordonnances des rois de France contrastent étrangement avec les règlements d'une époque plus moderne. Une de ces ordonnances portait : « Les forçats seront entretenus, vêtus et nourris, ainsi qu'il suit, à sçavoir : chacun, de deux paires de chausses de toile appelées bragues, une camisole de drap, un caban à manches de drap, long et ample, surpassant la plante des pieds, pour se couvrir, et un bonnet de marine.

« Item, les dits forçats seront nourris de biscuits ordinairement, tant qu'il en sera besoin et nécessaire, et surtout du potage, trois fois la semaine, des febves, ris et autres légumes ; et à ceux qui travailleront en terre, sera donné, durant le dit travail, un quarteron de vin par jour ; et aux malades sera baillé chair et autres choses qui seront ordonnées par le barbier.

« Que aucuns gens de gallères ne soient si ozés de battre aucun forçat en gallère. Réservé les députez à tel office, sous peine de trois ans à estre à la chaisne et perdre les gages de semblable temps.

« Que les barbiers seront tenus de visiter tous les jours à leurs chaisnes, et faire leur rapport à leur capitaine, du nombre des malades, et la qualité des maux, afin qu'ils soient pansés et gouvernés. Que les dits barbiers soient tenus laver et razer les dits forçats. »

Les raisons qui faisaient veiller avec une si grande sollicitude au service alimentaire et à l'hygiène des galériens, étaient les mêmes que celles qui poussaient à les entourer des meilleurs soins lorsqu'il se trouvaient en traitement à l'hôpital.

Travaux des Forçats. — Bazar du Bagne
Industries illicites

Autrefois, les individus condamnés à perpétuité ou au-dessus de quinze ans, n'étaient pas admis au travail ; ils restaient, jusqu'à la mort, attachés à leurs bancs. Seuls, les forçats qui subissaient quinze ans de peine et au-dessous étaient employés au travaux de l'arsenal.

Ce n'était assurément pas le vœu du législateur. Mais les difficultés d'utiliser une masse d'hommes contre qui une surveillance rigoureuse et continuelle s'imposait, furent les motifs de cette mesure. Une mortalité effrayante fut la conséquence de cette distinction qui plaçait une foule d'hommes dans les étroites limites d'une salle empestée.

A partir de 1820, grâce à la noble initiative de M. de Lareinty, ancien intendant de la marine à Toulon, tous les condamnés furent occupés. On finissait par comprendre qu'il importait de faire servir les facultés morales et physiques des forçats à la prospérité des arsenaux. On se rendait compte, d'autre part, que la majeure partie des condamnations était due à l'ignorance d'un métier, et que c'était rendre un service réel à la société d'en donner un à ceux qui n'en avaient pas, et qui, après leur libération, pourraient ainsi se procurer de l'ouvrage. Les condamnés « ouvriers » devinrent les moniteurs de ce genre d'enseignement. On excita l'émulation des jeunes détenus, en les admettant comme apprentis dans les ateliers. Le reste des forçats fut distribué dans les divers chantiers. Puis, afin de multiplier le nombre des actes de repentir, on forma des divisions basées sur les différences de criminalités. Les forçats à vie, ceux condamnés à vingt ans et au-dessus furent accouplés entre eux et logés séparément de ceux qui attendaient un terme plus rapproché à leur peine. Les vieillards, les incurables furent employés à des travaux légers et sédentaires. Enfin, on chercha à réveiller, plus par l'appât des récompenses que par la crainte des punitions, l'amour du travail dans ces natures dégradées et endurcies aux châtiments.

Ce nouveau régime eut une influence favorable sur le moral de la chiourme : la plupart des forçats devinrent plus dociles, moins irritables et surtout laborieux. D'un autre côté, il se produisit une diminution notable dans le nombre des malades qui descendit tout d'un coup de 10 0/0 à 4 0/0. Ces heureux effets au physique et au moral amenèrent le commissaire du bagne à ordonner le déferremeut d'un grand nombre de travailleurs qui s'étaient plus particulièrement signalés par leur habileté et leur bonne conduite ; et cette mesure de bienveillance fut depuis lors maintenue en faveur des condamnés qui firent preuve de soumission.

M. Raynaud, commissaire du bagne de Toulon, toujours soucieux d'améliorer le forçat, avait créé un corps de musique dans cet établissement. Au moyen d'un petit prélèvement fait sur un fonds secret dont il avait la libre disposition, il avait trouvé le moyen d'acheter un maté-

riel musical ; puis il avait recruté des artistes parmi les
condamnés. Ce corps de musique ne vécut pas longtemps. Un beau jour, le ministre de la marine fit enlever
du bagne tous les instruments pour les donner au régiment d'infanterie de marine de notre ville qui n'en possédait pas encore.

Les travaux des condamnés se divisaient en travaux
de *grande fatigue* et de *petite fatigue*.

La grande fatigue était la première étape de la vie du
forçat : elle comprenait les travaux les plus pénibles, tels
que transporter des pièces de bois, s'atteler aux chariots
et aux diables, ramer enchaînés dans de grosses chaloupes, hâler des bacs, porter des gueuses, embarquer
ou débarquer des caronades, mâter ou démâter des vaisseaux, etc. En un mot, le forçat était transformé en
simple bête de trait. Les condamnés employés à la grande
fatigue n'avaient droit à aucun salaire. Ce serait une
erreur de croire avec certains écrivains trop enclins à la
pitié, que les travaux de la grande fatigue excédaient les
forces ordinaires d'un homme. Le nombre des couples
attelés à la besogne rendait le travail relativement léger
pour chaque condamné. Tous venaient en aide, de toutes
leurs forces, au travail commun. Du reste, le forçat
n'était pas d'une nature à être dupe d'un simulacre de
labeur de la part de ses compagnons. Grâce à la surveillance constante dont ils étaient l'objet, il ne pouvait y
avoir ni tromperie de la part de l'un d'eux, ni entente
possible entre condamnés.

Les individus qui, depuis leur entrée au bagne, donnaient des preuves sincères de repentir, étaient admis à
la petite fatigue, après avoir accompli une grande partie
de leur peine. Les travaux de cette catégorie étaient
moins rudes : ils s'effectuaient dans les magasins de l'arsenal, à bord des bâtiments, dans les ateliers, etc. Parmi
ces travaux, il en était un pour lequel on faisait appel
aux hommes de bonne volonté : nous voulons parler de
l'opération qui consistait à galvaniser les clous, les pla-
ques de fer et les chaînes. Ce travail était très dangereux

à cause des émanations corrosives qui se dégageaient des matières employées. Les forçats affectés à cette besogne recevaient un salaire plus élevé ; de plus, en raison des risques qu'ils couraient, ils étaient recommandés de préférence à la clémence du chef de l'État pour une diminution de peine.

Une des principales faveurs accordées à l'homme de la petite fatigue était la dispense de l'accouplement ; on le mettait alors en demi-chaîne, autrement dit en chaîne brisée. Les fers qui l'associaient à un autre étaient rompus ; il portait, attaché à sa ceinture pour n'avoir pas à le traîner, le bout libre de sa moitié de chaîne. Le forçat à la petite fatigue touchait un salaire qui variait de 5 à 25 centimes par jour. La paie s'effectuait une fois par mois. Sur ce salaire, l'administration faisait une retenue d'un tiers, appelé *pécule* (1). Une partie de ce pécule était remise au condamné, lors de sa libération ; le reste était envoyé au maire de la commune qu'il avait choisie pour résidence afin de lui être versé à son arrivée et de pouvoir lui procurer les moyens d'exercer son métier. Tout forçat était, en effet, apte à gagner sa vie à l'expiration de sa peine. « Quand des ateliers, dit M. Henry, avaient un besoin pressant d'ouvriers, on prenait parmi les arrivants ceux qui connaissaient cette profession, et qui alors étaient exemptés, par exception, de la grande fatigue. S'il ne se trouvait pas parmi les anciens forçats des ouvriers pour les métiers qui avaient besoin d'une augmentation de personnel, on le faisait apprendre aux plus intelligents. La construction du Magasin général, des belles cales couvertes, de l'hôpital de Saint-Mandrier, toute opérée, sous la direction de maîtres habiles, par des forçats, dont bon nombre ne se doutaient pas, avant de tomber dans le crime, de devenir maçons, tailleurs de pierre ou serruriers. donnent une idée des travaux délicats qu'on pouvait leur faire exécuter.

(1) La création du pécule remontait à 1820.

Ce sont eux qui ont fabriqué les briques creuses, qui ont extrait les pierres au cap Cépet, qui ont préparé tous les matériaux de ces grandes constructions. »

Les condamnés à perpétuité admis à la petite fatigue ne subissaient pas de retenue sur leur salaire : ils le recevaient intégralement. Le salaire des forçats évadés constituait un fonds de réserve sur lequel on prélevait les gratifications accordées à quelques travaux extraordinaires et les primes données pour récompenser les actions de dévouement et de courage.

Les individus employés en dehors de l'arsenal, soit à l'hôpital de la marine soit sur les chantiers de l'Etat, étaient toujours accompagnés d'un certain nombre de gardes-chiourme. Un garde conduisait cinq couples de forçats.

D'après une vieille tradition encore accréditée de nos jours dans la population toulonnaise et nullement contredite jusqu'ici par les hommes de l'art, la mise à l'eau d'un vaisseau de guerre comportait, anciennement, une dernière opération très dangereuse et presque toujours fatale à l'ouvrier qui en était chargé. Après la création du bagne à Toulon, cette opération fut, dit-on, confiée à un forçat de bonne volonté qui était mis immédiatement en liberté, s'il survivait à ce tour de force. Il s'agissait pour le malheureux de hâcher un arc-boutant, placé à l'arrière du bâtiment, qui s'opposait, comme dernier obstacle, au glissement de celui-ci vers la mer. Un trou était creusé sous l'estambot du navire, en contre-bas de la cale, pour que le condamné pût s'y blottir pendant que le vaisseau passait au-dessus de lui. Cette opération très périlleuse demandait beaucoup de sang-froid, d'adresse et d'agilité. Les progrès de la construction navale actuelle ont permis de supprimer ce procédé primitif qui exposait à la mort une existence humaine chaque fois qu'un vaisseau quittait son berceau.

Dès que le coup de canon avait donné le signal des travaux dans l'arsenal, la cloche du bagne retentissait bruyamment. Les forçats étaient aussitôt délivrés du ramas et envoyés au travail. Il ne restait pour toute réserve dans les différentes salles que les condamnés punis de la double chaîne, ceux employés à divers détails intérieurs et les *marengos* (1). Les forçats qui devaient aller à la grande fatigue recevaient une ration de vin qu'ils devaient boire en présence des adjudants.

Tous le matins, le commissaire de la marine, chef absolu du bagne, prêtait ses sujets, pendant un certain nombre d'heures indéterminé, aux différentes Directions de l'arsenal, et aux chantiers dépendant de l'Administration de la marine.

Chaque couple enchaîné, en franchissant la dernière marche de la salle, devait présenter au rondier la jambe qui supportait les fers ; celui-ci frappait, avec un marteau, la manille et les chaînons, afin de s'assurer qu'ils n'avaient point été limés durant la nuit. A leur retour au bagne, les forçats regagnaient leur salle respective où ils étaient immédiatement fouillés par un garde-chiourme ; puis ils prenaient leur repas. Aux repas succédaient quelques instants de loisir que le forçat travailleur employait à confectionner ces nombreux objets de fantaisie, destinés au bazar de l'industrie des condamnés.

Au coup de sifflet donné par un surveillant après le repos du soir, les conversations devaient cesser sur le champ. Chaque condamné s'enroulait dans sa couverture et s'allongeait soit sur le tollard soit sur le faux-pont du bagne flottant, selon l'endroit où il était caserné. Et durant toute la nuit, régnait dans les salles un silence de mort que seuls venaient interrompre parfois les pas du rondier visitant les barreaux des fenêtres ou le bruit des fers d'un forçat réveillé en sursaut.

_____

(1) Les invalides.

Il fut un temps où la faveur et la protection venaient bien souvent soustraire des forçats aux rigueurs de leur peine. C'est principalement sous le Directoire et pendant les premières années du Premier Empire que les privilèges les plus scandaleux existèrent dans les bagnes au profit de condamnés riches ou possédant des amis puissants. Ils portaient un costume auquel ils s'efforçaient d'enlever, le plus possible, toute marque infamante, étaient déchaînés nuit et jour, et remplaçaient la manille par un morceau de fil de fer, quelquefois même d'argent, qu'ils dissimulaient sous leur pantalon.

Les uns, vêtus de costumes de fantaisie, passaient leur temps à se promener en ville ou faisaient des visites ou chantaient dans des concerts mondains. D'autres, moins fortunés ou moins fortement recommandés, étaient employés comme commis ou domestiques chez de notables habitants de la ville ou chez des fonctionnaires de l'administration de la marine. On avait son forçat comme on avait ailleurs son petit nègre. Dans certaines familles on se faisait comme un point d'honneur de ne choisir le cuisinier, l'instituteur ou le professeur de musique que parmi les bonnets rouges. La liberté ou le bien-être se négociait au bagne comme sur un marché, et en raison des ressources pécuniaires du condamné.

Nous nous ferons ici l'écho de certains propos que nous avons souvent entendus dans notre extrême jeunesse, alors que le bagne subsistait encore à Toulon. Quelques hauts personnages, chargés des intérêts de l'Etat, s'étaient montrés, disait-on, très peu scrupuleux, en utilisant autrefois, à leur profit, les bras des forçats sans débourser beaucoup de leur poche. On racontait que leurs maisons de campagne avaient été non seulement construites par des condamnés avec des matériaux provenant de l'arsenal, mais encore pourvues de meubles, d'effets de literie et d'objets de cuisine dont la marine avait fait, à son insu, tous les frais. Quant à leurs jardins, ils étaient soigneusement et journellement entretenus par des forçats moyennant un salaire des plus modiques.

Nous ajouterons d'autre part qu'à cette époque de relâchement dans les mœurs du bagne, le commun des forçats n'allait sur les travaux qu'à tour de rôle : chacun d'eux employait ses longues heures de repos à travailler de son métier dans des échoppes spécialement affectées à cet usage. Nourris abondamment, vivant sous un climat privilégié, travaillant peu, passant leurs loisirs à dormir ou à jouer aux cartes, les condamnés n'étaient alors nullement malheureux. Aussi n'est-il point extraordinaire qu'après avoir visité le bagne de Toulon en 1785, M. Dupaty, président à mortier au parlement de Bordeaux, se soit écrié : « Chose horrible ! il y a peut-être des millions d'hommes en France qui seraient heureux d'être aux galères s'il n'y étaient pas condamnés. »

Ces abus révoltants cessèrent finalement, grâce à de nombreuses et énergiques protestations. Tout condamné dut expier son crime et fut soumis aux travaux de l'arsenal. Il y eut bien toujours quelques régimes de faveur à l'égard de certains individus privilégiés ; mais on se taisait par crainte d'être en butte à une vengeance ou à une disgrâce.

Le bazar contenant les ouvrages des condamnés était situé à côté de l'atelier actuel de la menuiserie. Ce bazar était le dépôt général de tout ce qui se fabriquait au bagne sous le nom d'*ouvrages de fantaisie*. C'étaient des objets en coco sculptés à l'aide d'outils improvisés, un clou ou un mauvais couteau ; des boîtes en paille de différentes couleurs ; des petits meubles, des corbeilles faites avec des papiers de nuances diverses, roulés et collés les uns contre les autres ; des pantoufles, des sacs, des cabas en tissus d'aloès, des ronds de serviette en perles, des pipes et des tabatières en coco ornées de sculptures, des objets de sainteté, des étuis, des écrins garnis de petits coquillages, etc., etc.

Les forçats qui tenaient le bazar étaient ou des condamnés qui n'avaient plus que peu de temps à rester au bagne, ou des hommes que leur bonne conduite et leur intelligence rendaient dignes de la confiance de leur chef. Et le visiteur, se plaisait à constater que les individus qui y étaient employés, ne portaient pas sur leur physionomie ces signes de dégradation morale visibles sur celles des autres forçats.

Dans les commencements, le condamné vendait lui-même aux étrangers les objets qu'il avait confectionnés, et en recueillait directement le prix demandé par lui. A la suite de nombreux abus, l'administration décida la création du bazar de l'industrie du bagne, et exigea que tous les objets destinés à être vendus fussent déposés dans ce bazar. Une Commission les examinait, en fixait le prix et le faisait marquer en chiffres connus. Lorsqu'un acheteur se présentait, un forçat remettait l'objet choisi à un contrôleur, employé civil nommé par l'administration, qui en recevait lui-même le montant et qui le faisait inscrire, au compte de chacun des fabricants, sur un registre tenu par un condamné. Une faible remise était accordée aux vendeurs. A la fin de chaque mois, on remettait aux forçats, qui en témoignaient le désir, les sommes portées à leur avoir, déduction faite d'une retenue de 2 0/0 au profit de la caisse. En aucun cas, le condamné ne pouvait recevoir, y compris le produit de ses salaires, plus de dix francs par mois. L'excédant, de quelque source qu'il provînt, était versé à la masse du pécule.

Quelques forçats trouvaient le moyen d'exercer encore au bagne les industries criminelles qui les avaient fait condamner. C'est ainsi qu'il existait des usuriers, connus sous le nom de *capitaines*, qui tenaient de petites banques clandestines. Moyennant une avance de quelques francs, ils devenaient propriétaires du salaire à venir de leurs débiteurs. Les engagements pris entre les forçats étaient observés avec la plus scrupuleuse exactitude. Ceux qui manquaient d'objets pouvant servir de gage au prêteur, obtenaient quelquefois de l'argent sur parole, mais il fallait qu'ils fussent *reconnus bons* ou qu'ils offrissent une caution. La garantie verbale de certains condamnés jouissant d'une réelle autorité sur leurs co-détenus suffisait généralement. On cite le cas d'un forçat, qui avait donné un tel développement à son industrie, qu'il fut obligé de créer, faute de numéraire, un papier monnaie qui avait cours dans la chiourme.

Le bagne fut aussi parfois un atelier de fausse monnaie. Malgré l'étroite surveillance dont ils étaient constamment l'objet, certains individus parvenaient à se procurer tout l'attirail nécessaire aux faux monnayeurs, et à fabriquer, dans l'espace du court moment où le garde-chiourme les perdait de vue, des pièces d'or et d'argent. Des agences situées en ville se chargeaient de faire écouler les pièces fausses qu'elles recevaient en dépôt, et qui bien souvent leur étaient remises directement par des gardes-chiourme eux-mêmes.

D'autres exerçaient, au détriment de l'Etat, un commerce assez lucratif. Ils vendaient à des femmes appelées *estrassières*, qui les suivaient lorsqu'ils allaient travailler sur les chantiers en dehors de la ville, des objets volés dans l'arsenal, tels que du fer, du cuivre, des cordages, etc.

Police du Bagne. — Peines. — Punitions

La police du bagne était faite avec justice et sévérité. Des instructions imprimées en gros caractères étaient affichées sur les murs des salles et rappelaient aux condamnés leurs obligations ainsi que les peines auxquelles ils s'exposaient s'ils s'en écartaient. De plus, on leur lisait, les dimanches, le règlement. Le Code pénal de la chiourme pouvait se résumer ainsi qu'il suit : (1).

_____

(1) M. Alhoy.

Sera puni de mort

Le forçat qui frappera l'un des agents de surveillance ;

Le forçat qui tuera son camarade ;

Le forçat qui se révoltera ou occasionnera une révolte.

Sera puni d'une augmentation ou prolongation de peine

Le forçat à vie qui s'évadera (3 ans de double chaîne) ;

Le forçat à temps qui s'évadera (3 ans de prolongation) ;

Le forçat qui volera pour une valeur au-dessus de cinq francs.

Sera puni de la bastonnade

Le forçat qui aura limé ses fers ou employé un moyen quelconque pour s'évader ;

Le forçat sur lequel on trouvera des objets de travestissement ;

Le forçat qui volera une valeur au-dessous de cinq francs ;

Le forçat qui s'enivrera ;

Le forçat qui jouera des jeux de hasard ;

Le forçat qui fumera dans l'arsenal ou dans une salle ;

Le forçat qui vendra ou dégradera ses effets ;

Le forçat qui écrira sans permission ;

Le forçat qui sera porteur d'une somme au-dessus de dix francs.

Le forçat qui battra son camarade ;

Le forçat qui refusera de travailler ou qui commettra un acte d'insubordination.

La bastonnade était également donnée aux forçats qui dérobaient des objets soit dans l'arsenal, soit sur les chantiers, et à ceux qui se rendaient coupables de délits contre la moralité. A l'égard de ces derniers délits la surveillance était des plus actives.

Les deux premières catégories de peines étaient prononcées par un tribunal particulier qui portait le nom de Tribunal maritime spécial (1), et dont la composition était analogue à celle des conseils de guerre. La troisième peine était appliquée sur l'ordre du commissaire du bagne.

L'administration avait dans chaque salle des *moutons* ou *renards* (2) qui la tenaient au courant de tout ce qui se disait ou faisait au sein du bagne.

Les forçats punis correctionnellement étaient mis en cellule. Les cellules se trouvaient au rez-de-chaussée d'un local situé près de la caserne des gardes-chiourme. Elles consistaient en réduits en maçonnerie dans lesquelles le jour pénétrait par une meurtrière. Elles avaient deux mètres de largeur sur trois et demi de longueur. Le mobilier se composait d'un lit de camp où le condamné était attaché, le soir, au ramas ; d'une petite table et d'un baquet. Pour occuper les loisirs du prisonnier on lui donnait de l'étoupe à filer.

Une de ces cellules est restée célèbre dans les annales du bagne de Toulon ; elle fut occupée par le même individu pendant plusieurs années consécutives et dans des circonstances qui méritent d'être rappelées. Nous passons la parole à M. Alhoy. « Un jour, le forçat Garatti, condamné aux travaux forcés pour meurtre, était venu trouver M. l'abbé Marin, aumônier des chiourmes ; prédisposé à de violents accès de manie homicide,

_____

(1) Primitivement, les jugements de ce tribunal n'étaient susceptibles ni d'appel ni de revision, même en cas de condamnation à mort. Plus tard, l'exécution d'un forçat ne put avoir lieu qu'après que le dossier eût été mis sous les yeux du chef de l'État.

(2) Mouchards.

il l'avait conjuré d'obtenir qu'on l'enfermât pour toujours dans une cellule. C'était là, disait-il, la seule garantie qu'on pût prendre contre ses instincts terribles. La demande fut présentée au commissaire du bagne. Cet administrateur chercha par des remontrances à combattre cette fureur invincible qui poussait Garatti à l'assassinat ; mais Garatti répondait : « Quand je vois quelqu'un j'ai soif de sang, et cependant je ne suis point un méchant homme; et si je ne vis pas seul, je commettrai malgré moi un crime. »

Une cellule fut ouverte à Garatti ; on lui prescrivit de la quitter de temps en temps afin de ne point prendre des mœurs sauvages, qui, peut-être, retarderaient sa guérison. Quand cet homme eut pris possession de sa cellule, il en sortit une ou deux fois pour aller jusqu'au port ; mais il rentrait vite à son cabanon, comme s'il eût craint qu'on ne s'en emparât. Cet homme, assis sur la tablette de bois qui lui servait de lit, se promenant dans trois mètres d'espace, cherchant le ciel à travers un petit carreau grillé qui dominait sa cellule, occupé sans cesse à faire en cartonnage grossier des chapelles et des rosaires, offrait l'image de la plus grande somme de bonheur à laquelle puisse atteindre un reclus. Toutes les séductions tentées pour amener Garatti à quitter sa cellule avaient été inutiles. C'était non seulement la solitude qu'il aimait, mais encore le huis-clos. Si un gardien n'avait pas la précaution de fermer la serrure de force, Garatti réclamait ; il manquait quelque chose à son bien-être. Et chaque fois que le commissaire du bagne cherchait à exciter en lui la pensée d'une grâce royale, Garatti répondait : « Vous m'avez accordé plus que le roi ne me donnerait ; j'ai une cellule, M. l'abbé vient me voir, je fais de petites chapelles et je suis heureux. »

Indépendamment des cellules, il existait aussi des cachots, véritables sépulcres de pierre éclairés seulement d'un faible rayon de lumière. On n'y jetait que le forçat

qui s'était enivré ou qui se trouvait en proie à quelque
accès de fureur ou de monomanie. Mais le cachot n'était
qu'un lieu de passage ; dès que l'homme avait recouvré
sa raison, on le mettait en cellule. C'est dans ces cachots
qu'étaient enfermés également les forçats condamnés à
mort.

Au temps où les condamnés subissaient leur peine
sur les galères, un bourreau était spécialement affecté
aux ordres du général des galères. Ce bourreau, aux
termes d'un traité passé entre lui et le chef des chiourmes,
recevait :

Pour rompre.	20 livres
Pour pendre	15 —
Pour brûler vif	15 —
Pour couper les oreilles . . .	6 —
Pour couper le nez.	2 —
Pour couper la langue	2 —

Lorsque ces supplices barbares disparurent, l'office
d'exécuteur n'en subsista pas moins ; mais ces fonctions
se réduisirent à infliger la *bastonnade.* Cette peine consistait en un certain nombre de coups appliqués, sur les
épaules du condamné, avec une *garcette* de la grosseur
d'un doigt, longue de 40 centimètres et terminée par un
nœud. Le patient était couché, à moitié nu, sur une souche
appelée *banc de justice* où on l'amarrait avec des cour-
roies, les mains derrière le dos. Généralement, le malheureux perdait connaissance après le dixième coup, et
on devait le transporter à l'hôpital du bagne.

Ce moyen violent de répression était cependant quelquefois sans effet sur certaines natures et n'avait d'autre
résultat que de les rendre plus indomptables encore. On
vit des forçats subir ce châtiment sans se plaindre et
même en riant et en comptant les coups. Au bagne de
Rochefort, il existait, il y a une soixantaine d'années, un
individu qui avait reçu la bastonnade jusqu'à vingt fois.

16

La vue de son corps, de la nuque aux talons, faisait frissonner d'horreur. M. le docteur Lauvergne cite les deux exemples suivants à propos de la peine de la bastonnade. « Un forçat, voleur incorrigible, venait chaque jour, avant le ramas, régler avec le commissaire du bagne la balance de ses larcins et de la bastonnade qui devait lui être appliquée. Un autre, condamné à 25 coups de corde, fit observer au commissaire qu'après avoir réfléchi sur sa dernière condamnation il croyait, en conscience, avoir reçu en trop cinq coups de garcelte, et le priait de vouloir bien les déduire sur les nouveaux qu'il avait à recevoir. Le commissaire lui dit qu'il ne ferait aucune grâce, et que, dans le nouveau jugement qu'il venait de rendre, il avait même été assez indulgent pour ne pas tenir compte de la récidive. Le forçat répondit : Erreur ne fait pas compte, c'est cinq en moins que vous auriez mis cette fois-ci, vous m'en aviez mis cinq en plus la dernière fois ; monsieur le Commissaire peut laisser cela comme il est, tout est en règle. »

Le bourreau chargé d'infliger la bastonnade était recruté parmi les forçats. Dès que la place devenait vacante, les candidats se présentaient très nombreux, les uns poussés par leurs instincts sanguinaires, les autres séduits par les modiques avantages attachés aux fonctions. Primitivement, le salaire de l'exécuteur consistait dans la jouissance du privilège de boire la ration de vin de celui qu'il allait flageller. Plus tard, on se contenta de le récompenser par une prime de quelques centimes et par une augmentation de ration alimentaire.

Jusque dans les dernières années du Premier Empire, le forçat condamné à mort avait été passé par les armes. Lorsqu'on substitua la guillotine à la fusillade, l'administration de la marine à Toulon voulut faire confectionner le terrible appareil par les forçats ; mais ceux-ci se refusèrent en masse de mettre la main à l'œuvre ; et ni l'intimidation d'abord, ni les peines ensuite ne purent vaincre la coalition. Il fallut le commander à Draguignan, au fournisseur ordinaire de la Cour d'assises.

La guillotine, condamnée à une longue inaction, faute de patients, se trouva dans l'imposibilité de fonctionner quand vint le moment d'en faire usage. Nul forçat ne voulut procéder aux réparations. Ce ne fut que sur les exhortations paternelles de M. Raynaud, commissaire du bagne, qui leur fit comprendre que leur obstination prolongeait inutilement les angoisses d'un malheureux, que les forçats se décidèrent à mettre en état l'instrument de mort.

Les exécutions capitales avaient lieu sur le quai du Grand-Rang parallèle à l'hôpital du bagne et faisant face à la vieille darse. La guillotine était dressée sur une estrade, près de la voûte qui communiquait avec la cour principale de l'établissement. Le bourreau et son valet étaient deux forçats. Tous les détenus assistaient au supplice, rangés en haie devant l'échafaud, à genoux et tête nue ; d'une main, ils relevaient les maillons de leur chaîne, rosaire infernal pendu à leur ceinture, et de l'autre, ils tenaient leurs coiffures. Les bonnets verts occupaient le premier rang. Ce troupeau de réprouvés était tenu en respect par deux canons chargés à mitraille et par les mousquetons des surveillants prêts à faire feu au moindre mouvement de révolte. Le public était admis à ce lugubre spectacle.

La victime s'avançait, appuyée sur le bras de l'aumônier du bagne ; une bière la suivait, escortée par la confrérie des Pénitents gris qui devait lui rendre les derniers devoirs (1). Le patient marchait grave et solennel, cherchant des yeux, dans cette foule courbée à genoux, le visage d'un ami à qui il pût adresser un suprême adieu. Arrivé devant la guillotine, il embrassait le prêtre

(1) Durant les trois jours qui précédaient l'exécution, cette confrérie quêtait par la ville le prix des messes pour le repos de l'âme du supplicié.

avec transport et se livrait courageusement au bourreau.
La justice satisfaite, les forçats se relevaient, rentraient
insouciants dans leur salle ou allaient reprendre machi-
nalement leurs travaux. Et l'échafaud, qui se dressait de
nouveau, venait prouver que l'exemple, quoique terrible,
n'avait produit aucun effet sur certaines natures criminelles...

Salle des Indociles et Salle des Eprouvés

Le bagne renfermait deux salles dont la destination
était tout à fait différente : la salle des *indociles* et celle
des *éprouvés*.

Dans la première, située dans la cour intérieure de
l'établissement et au rez-de-chaussée du local occupé par
les bureaux du commissaire, étaient relégués les individus les plus indomptables et les plus dangereux. Sur
un des côtés de la porte d'entrée existait une grille en
fer, à travers les barreaux de laquelle les gardes-chiourme
pouvaient surveiller continuellement les détenus. Les
indociles étaient attachés au ramas du lit de camp par
une double chaîne, et ne pouvaient se promener que
dans l'espace que leur laissait la longueur de cette
chaîne (1). Ils ne se livraient à aucun travail et n'étaient
autorisés à causer entre eux que de dix heures à midi. Il y
avait là des hommes attachés à leur banc depuis de
longues années. Durant la courte promenade accordée
quelquefois aux condamnés de cette catégorie, on
réunissait les chaînes de plusieurs groupes, au moyen
d'un maillon appelé *martinet*. La double chaîne n'était
pas un obstacle insurmontable pour un forçat qui voulait
conquérir sa liberté. L'individu condamné à cette peine

---

(1) Cette peine était également appliquée au récidiviste et à
l'évadé qui subissait un jugement à perpétuité.

pouvait, plus facilement que celui qui allait journellement sur les travaux, couper ses fers, car il avait moins
à redouter l'inspection de ses entraves. Mais il était moins
aisé de se débarrasser de la manille. Cet anneau trahis-
sait presque toujours l'évadé, s'il n'était pas parvenu à le
rompre. On a longtemps cité les cas de quelques forçats
qui, doués d'une conformation physique exceptionnelle
ou au prix d'exercices aussi longs que douloureux, réus-
sissaient à passer leur pied à travers cet anneau.

C'est dans la salle des indociles que le commissaire
de la chiourme faisait infliger la bastonnade. L'accès de
cette pièce, dite l'enfer du bagne, était interdite au public.

La salle des *éprouvés*, appelée le purgatoire du bagne,
se trouvait sur la partie du quai qui aboutit à la chaîne
vieille ; elle était affectée aux forçats que leur repentir et
leur conduite irréprochable rendaient dignes de bienveillance. Un rayon d'espoir semblait éclairer cette salle
qui était presque déjà un lieu de repos et qui respirait
un certain bien-être. Les fenêtres de ce local qui s'ou-
vraient sur la vieille darse permettaient aux éprouvés
d'apercevoir les personnes se promenant sur le quai du
port. C'était pour eux une petite distraction aux heures
de repos. L'admission dans cette salle comportait certains adoucissements à la règle sévère du bagne.

Les éprouvés étaient dispensés de l'humiliante contrainte de l'accouplement et ne portaient qu'une chaîne
d'un mètre de longueur ; ils avaient le privilège de pouvoir coucher sur un *strapontin*. Les aliments qu'on leur
distribuait étaient plus copieux ; ils recevaient, le
dimanche, une ration de viande fraîche de bœuf de
250 grammes, avec addition de légumes verts.

En dehors de ces avantages, il en était un auquel ils
attachaient le plus haut prix : l'obtention de certains
emplois de faveur. Ces postes s'appelaient en langue du
bagne :

Payol, écrivain. Cet emploi était le plus recherché
comme étant le plus lucratif. Le payol faisait, moyen-

nant salaire, la correspondance des forçats illétrés : à ce titre, il connaissait tous les secrets les plus intimes des condamnés.

Fricotier, aide du marchand de comestibles dans les salles.

Fourgonnier, cuisinier des salles.

Garde-bidon, allumeur des lanternes qui éclairaient les salles pendant la nuit.

Chaloupier, ferreur et déferreur.

Barberot, perruquier.

Servant des hôpitaux.

Canotier.

Balayeur.

Bourreau, etc., etc.

Quelques individus de cette catégorie de privilégiés étaient répartis dans les divers jardins appartenant à la marine ; d'autres devenaient tonneliers, matelassiers de l'hôpital, etc.

C'est dans cette même salle qu'étaient relégués les condamnés invalides ou incurables. Là, se trouvaient des manchots, des nains, des aveugles, des bossus, des culs-de-jatte, en un mot on pouvait y admirer un échantillon de tous les individus disgraciés de la nature. C'étaient en grande partie les forçats logés dans cette salle qui confectionnaient les divers objets que l'on vendait au bazar de l'industrie des condamnés. Plusieurs d'entre eux occupaient leurs loisirs à élever des animaux, tels que des rats, des chats, des chiens, des moineaux, et même des insectes aussi hideux que repoussants.

Evasions, Révoltes, Types de Forçats

Les forçats arrivaient au bagne avec des pensées et des résolutions diverses ; les uns se résignaient et se plaisaient à espérer, dans un avenir plus ou moins éloigné, une amélioration à leur sort ; d'autres acceptaient la chaine comme l'animal le collier de peine; d'autres encore, dans leur orgueil, souriaient à la captivité. Mais le plus grand nombre, pour ne pas dire tous, ne caressaient qu'une idée en franchissant la porte du bagne : recouvrer leur liberté par l'évasion ; c'était l'objet de leur préoccupation constante et le but sur lequel ils portaient, nuit et jour, la puissance de leur intelligence (1). Le forçat, très méfiant par nature, ne confiait que bien rarement son projet de fuite ; lorsqu'il en faisait part à un camarade, c'était généralement pour déjouer la trahison. Cependant le condamné avait besoin d'aide dans ses préparatifs, surtout lorsqu'il procédait par le moyen de la *cachette* (2), dont nous aurons l'occasion de parler bientôt.

L'énergie et l'adresse que la plupart dépensaient au milieu des obstacles de tous genres et sous les yeux d'une surveillance qui ne s'endormait pourtant jamais, tenaient parfois du merveilleux. Ils ne reculaient devant aucune difficulté, dussent-ils, pour prix de leurs efforts surhumains, perdre la vie ou retomber dans un plus long esclavage. Quelques-uns n'hésitaient pas à recourir au meurtre même ; d'autres ne craignaient pas de risquer toute une existence pour devancer de quelques mois leur élargissement. Chaque évasion révélait un instinct particulier ; elle portait le cachet de l'individu qui l'accomplissait. Le désir de s'évader passait quelquefois à l'état de manie chez des forçats qui ne possédaient aucune des qualités nécessaires pour mener à bien leur entreprise. Tel fut le cas du forçat Gonnet, vieillard de soixante-huit ans ; il fut repris huit fois après des tentatives malheureuses qui ne dénotaient aucune preuve d'adresse ni d'intelligence. Pendant fort longtemps une *gonnette* servit à désigner dans la chiourme de Toulon une évasion mal combinée.

---

(1) Les forçats qui s'évadaient étaient appelés des *marrons*.
(2) Lieu où se réfugiait provisoirement le fugitif et qui était la première étape de l'évasion.

Tous les condamnés qui voulaient s'évader avaient la précaution de se munir d'un *nécessaire* qu'ils avaient fabriqué et qu'ils cachaient dans les parties les plus secrètes de leur corps. Ce nécessaire était une boîte en bois ou un étui en fer dans lequel ils introduisaient les divers objets qui devaient leur servir pour rompre leurs chaînes ou se travestir. Ces objets étaient le plus souvent un bastringue (1), une lime, un ciseau à froid, un rasoir, un canif, de faux cheveux, une paire de moustaches ou de favoris confectionnés avec les poils qu'ils s'arrachaient des aisselles ou de l'estomac et qu'ils collaient sur un morceau de taffetas.

Voici, à titre de curiosité, les détails d'un nécessaire que l'on découvrit en faisant l'autopsie d'un forçat mort à l'hôpital de Vannes, en 1861 :

1. Une enveloppe de crépine destinée à dissimuler la forme du nécessaire ;

2. Un étui cylindro-conique en fer battu, formé de deux pièces, d'une longueur de 16 centimètres sur 14 de circonférence ;

3. Un tube en fer provenant d'un canon de fusil, coupé en croix à l'une de ses extrémités et d'une longueur de dix centimètres ;

4. Une vis en fer trempé ;

5. Un écrou de même métal ;

6. Une clef à dévisser à œillade octogonale (2) ;

7. Une scie d'acier fondu pour entamer le bois ;

8. Une scie de même métal pour attaquer les métaux ;

9. Une mèche au fût de vrille ;

10. Un tiers-point ou lime prismatique ;

---

(1) Petite scie faite d'un ressort de montre et propre à scier le fer.

(1) Ces quatre derniers objets, en s'agençant, pouvaient composer un cric d'une très grande puissance, capable de tordre et d'écarter les barreaux d'une fenêtre.

11. Une pièce de 2 francs et quatre pièces de 1 franc, liées ensemble avec du fil blanc.

12. Un morceau de graisse pour entretenir les instruments.

A l'origine, on tirait le canon quand un forçat s'évadait. Dans la suite, on se contenta de hisser un pavillon particulier sur la Tour de l'Horloge et d'afficher son signalement aux portes de l'arsenal ainsi qu'à celles de la ville. On accordait une prime de 50 francs à la personne qui ramenait un évadé dans la ville et de 100 francs à celle qui le saisissait extra-muros.

Nous allons énumérer quelques cas d'évasion vraiment extraordinaires, ainsi que les principaux actes de révolte qui se produisirent, au siècle dernier, au bagne de Toulon, et nous terminerons ce paragraphe en faisant connaître quelques types de forçats restés légendaires dans les annales de la chiourme de notre ville. Nous empruntons ces détails soit à M. Lesueur soit à M. Alhoy, et nous nous faisons un devoir scrupuleux de déclarer que nous les reproduisons presque textuellement.

Le forçat Eymard, mis à la salle des indociles pour punition, devait rêver depuis quelque temps à son évasion, puisqu'à son entrée dans cette salle, il était déjà muni d'un pantalon de garde-chiourme et d'une veste de fantassin d'infanterie légère qu'il sut dissimuler à la surveillance des gardes. Il parvint, avec du papier qu'il noircissait aux soubassements du mur intérieur, à se fabriquer une casquette de garde-chiourme, et à noircir, avec ce papier, le collet jaune de la veste, de façon à dissimuler un costume d'argousin. Après avoir fait tous ces préparatifs, il saisit un jour l'instant où, le matin, une demi-heure avant le coup de canon de la diane, la salle du bagne était ouverte pour les soins de propreté ; et, profitant du moment où le gardien, chargé de la surveillance des forçats à l'intérieur, se trouvait à l'extrémité de la salle, il passa hardiment devant la sentinelle qui, bien que le prenant pour le garde de service, l'interpella sur sa sortie. Eymard répondit que c'était l'affaire d'une minute, pour un besoin pressant. Arrivé à la grille du bagne, il fut encore arrêté par le sergent de service, à qui il déclara qu'une évasion ayant eu lieu la veille au soir (c'est ce qui était arrivé en effet), il allait prévenir la femme de l'adjudant de garde que celui-ci n'irait pas déjeuner chez lui, Enfin, arrêté de nouveau à la porte de l'arsenal, il fit la même réponse avec la même audace. Le soir, il se présentait dans une maison de campagne, près de La Valette, pour demander des vêtements, sous prétexte qu'étant soldat déserteur, il pourrait circuler plus librement pour aller embrasser une dernière fois sa vieille mère avant de passer à l'étranger. On le fit mettre à table, et, pendant ce temps, le paysan qui avait entendu le coup de canon qui signalait les évasions, et se doutant qu'il avait affaire à un forçat, courut au village pour requérir le commissaire de police, qui vint arrêter le forçat fugitif (1).

Une des cellules du bagne de Toulon a vu une évasion curieuse par ses détails et vraiment inimaginable par la patience que donne à l'homme captif le désir de recouvrer sa liberté.

Ceci se passait au mois d'août 1860. A neuf heures du soir, on ramena au bagne le forçat Faure, à la grande stupéfaction des agents qui n'avaient pas encore eu connaissance de cette évasion. On apprit alors que ce galérien, infirme, affligé d'un pied bot, mis en cellule depuis quelques jours pour une faute disciplinaire, avait pratiqué, au moyen de la barre transversale du lit de camp qu'il était parvenu à démonter, un trou à côté du soupirail de sa cellule. Voici les moyens qu'il mit en

---

(1) M. Lesueur.

œuvre pour arriver à son but. Il se servit de cette barre pour faire tomber le plâtre qui recouvaît le gros mur de la cellule, puis pour desceller plusieurs pierres de la bâtisse. Ce travail demandait beaucoup de temps èt surtout une grande prudence, car les coups répétés sur la muraille pouvaient facilement éveiller l'attention des gardiens ou des factionnaires qui se promenaient sur le quai, côté qu'il avait choisi pour sa fuite.

Il mit donc plusieurs jours pour accomplir sa tâche. Afin de dissimuler les débris ainsi que la poussière du plâtre, il les cachait dans l'intérieur de sa veste, qu'il avait le soin de laisser à terre ou sur le lit de camp, lorsqu'on venait le visiter ou lui apporter sa nourriture habituelle. Au moyen de mie de pain mâchée ou détrempée dans de l'eau, il collait ou rajustait certaines parties du mur démoli, qu'il recouvrait ensuite avec de la poussière, et favorisé par l'obscurité qui régnait dans sa cellule, il parvint à dissimuler son travail aux yeux subtils des gardiens. Enfin, quand le mur fut percé complètement, il cacha les pierres les plus grosses dans son pantalon, mit le baquet sous sa veste, emplit les manches de ce vêtement avec du plâtre et de la poussière, fixa son bonnet rouge sur un bidon dans lequel on lui apportait sa nourriture, et plaça deux pierres pour figurer deux pieds en dehors du pantalon. Son costume ainsi disposé représentait assez bien un homme endormi qui tournait le dos à la porte. Une fois ces dispositions prises, il attendit que la ronde fût passée, et quand la nuit vint, il se hissa vers le trou qu'il avait pratiqué dans le mur et engagea son corps ; après beaucoup d'efforts pénibles pour franchir cette ouverture étroite, il se trouva l'avant-corps pendant en dehors du mur. La position était peu tenable et d'ailleurs dangereuse, car d'un côté il avait à craindre qu'un mouvement, un bruit quelconque n'attirât vers lui l'attention d'un fonctionnaire, et de l'autre il risquait de se tuer en tombant, la tête la première, de 4 mètres de haut. Mais l'espoir de la liberté soutint son courage ; il avait, du

reste, bien calculé son plan. Le long du mur de l'hôpital, à environ 49 centimètres en avant, il existait des
barres de bois scellées dans le mur, pour faire sécher
les fauberts qui servent à nettoyer le pont des navires et
les salles du bagne. La nuit était belle et la lune éclai-
rait le quai de sa lumière blanchâtre, qui se confondait
avec la couleur de la muraille. Le forçat se laissa glisser,
le haut du corps en avant, et par un mouvement rapide,
comme on fait souvent au gymnase, il saisit des deux
mains la traverse de bois et s'y suspendit un moment
comme à un trapèze ; puis, après avoir obtenu son
équilibre, il lâcha ce soutien et se laissa tomber à terre
le plus légèrement qu'il lui fut possible. Il resta, une fois
sur le sol, dans une immobilité complète. Quand il se
fut assuré qu'il n'était pas découvert par les sentinelles,
il rampa comme un reptile jusqu'au bord du quai ; là,
il s'arrêta encore, il touchait pourtant presque au but de
ses désirs ; la ville était devant lui avec son quai rempli
de promeneurs et ses boutiques étincelantes de lumières.
La mer, le seul obstacle à franchir pour être libre,
s'étendait en face de lui, mais que faire ? Il ne savait pas
nager ; il hésitait. Heureusement, près du quai de
l'hôpital, il découvrit une tartane amarrée à quelques
pas de lui. Il rampa encore jusque là ; la tartane était
chargée de bois pour l'arsenal. Le fugitif se mit à l'eau
en se tenant à l'amarre, et, arrivé près du navire, il en
fit glisser une planche ; cette planche était celle du
salut. Une fois ce frêle soutien à l'eau, il se plaça résolument dessus, et à l'aide de ses mains dont il se servait
comme de deux pagaies, il se dirigea vers la panne,
long morceau de bois qui sert à marquer la limite du
port militaire dans la vieille darse. Il franchit ce nouvel
obstacle en se glissant en dessous avec la planche, et enfin
se trouva dans le milieu du port. Là, il prit sa direction
vers les navires marchands mouillés dans le fond de la
vieille darse ; mais, craignant d'être aperçu par les
embarcations militaires qui vont, à cette heure, rejoindre
leurs navires, il se dirigea vers la petite bâtisse qui se

trouve au milieu de l'eau et qui sert de logement au gardien des vaisseaux des équipages de la flotte.

Fatigué par cette traversée pendant laquelle l'eau malpropre du port avait pénétré dans sa gorge, il atteignait exténué, le bord de ce petit poste, lorsque le gardien, entendant du bruit, sortit et aperçut le malheureux forçat. Croyant que cet homme se noyait, il l'aida à sortir de l'eau ; mais la chaîne fixée à la jambe gauche du naufragé lui fit reconnaître que c'était un forçat. Aussitôt, il appela du renfort ; on arrêta le pauvre condamné qui voyait échouer, au moment où il croyait être libre, le résultat de ses combinaisons et de ses peines sans nombre. On le ramena le soir même au bagne ; le lendemain il reçut la bastonnade, et le tribunal maritime spécial le condamna à trois nouvelles années de fers. Le gardien seul eut le bénéfice de l'évasion ; il gagna la prime de 50 francs. (1).

Les deux faits suivants montrent combien l'esprit de ruse était développé chez certains de ces misérables.

Enchaîné sur son lit à l'hôpital, un forçat quoique surveillé très étroitement, coupe ses fers, s'affuble d'un drap qu'il tourne autour de son corps comme un tablier de pharmacien et cache sa tête sous une casquette qu'il a eu la patience de confectionner, pendant les nuits, avec des morceaux d'étoffe ; puis il passe au bout de la salle, sous le feu des regards de deux gardes-chiourme assis sur les premiers lits, s'ouvre un passage au milieu de plusieurs sous officiers qui causent, franchit le mur et s'évade (1).

Deux forçats, Cauvin et Richard, liment leurs chaînes, et dans une nuit, chacun avec sa couverture confectionne une jupe et un corsage qu'il trouve moyen d'emporter à l'heure du travail, et dont il se revêt. Leurs têtes se cou-

---

(1) M. Lesueur.
(2) M. Alhoy.

vrent et s'entourent de coiffes et de cheveux bouclés que
leur fournissent des femmes employées dans l'arsenal en
qualité d'étoupières, Ils se teignent les jambes en bleu,
dérobent des souliers de matelots, et, ainsi accoutrés, ils
espèrent franchir la dernière limite. Par malheur pour
les deux commères, un sous-officier des chiourmes, le
sieur Legaineux, doué d'une sorte de seconde vue qui lui
indiquait le fugitif sous le travestissement le mieux porté,
se trouvait assis près de la porte de l'arsenal. Ce surveillant possédait le flair du chien d'arrêt ; il sentait le forçat.
Les plus habiles artistes en cheveux du bagne n'avaient
jamais pu mettre en défaut sa perspicacité. Le rêve de
liberté caressé par Cauvin et Richard ne fut pas de
longue durée. Ils furent ramenés au bagne, exposés, dans
leur burlesque costume, aux yeux de leurs camarades
au moment de la rentrée dans les salles ; et cette comédie
se termina par une bastonnade (1).

Nous avons dit précédemment que le forçat procédait
souvent, pour s'évader, par le moyen de la *cachette.* Ce
moyen exposait parfois le fugitif aux plus terribles tortures, ainsi que le prouve le cas suivant :

Les forçats Tercet et Nercy creusent une fosse dans
un terrain peu compact, derrière la cabane du contre-
maître tailleur de pierres. Cette œuvre s'accomplit lentement, car ils ne peuvent travailler qu'au moment du repos
dans les courts intervalles où la surveillance se ralentit.
Quand le sépulcre est prêt, et qu'on y a porté des provisions pour plusieurs jours, Tercet et Nercy s'y couchent ;
les camarades scellent sur cette tombe une large pierre
que les deux inhumés soulèveront pendant la nuit pour
ressusciter à la liberté. Mais les deux forçats, le lende-

___
(1) M. Alhoy.

main de leur enterrement, sont trahis et rendus à la lumière par un adjudant qui a eu révélation du complot (1).

Mais presque toujours, au lieu de choisir des gîtes aussi dangereux et aussi longs à creuser, les condamnés se cachaient tout d'abord dans un baril ou une jarre laissés à l'extérieur de quelque magasin.

Les forçats touvaient parfois dans leurs parents et amis des auxiliaires dévoués qui les secondaient dans leurs tentatives d'évasion. En voici un exemple entre mille. Un négociant, propriétaire d'un bâtiment de commerce au mouillage aux îles d'Hyères, fit savoir à deux forçats de Toulon, condamnés pour faux en écriture, qu'une chaloupe serait envoyée, à un jour convenu, au cap Cépet et qu'elle attendrait les évadés pour les conduire à bord de son navire. Il ne s'agissait plus pour les deux criminels que de tromper la surveillance ou de séduire le gardien. Un ordre d'aller à Saint-Mandrier, situé à peu de distance du cap Cépet, est aussitôt fabriqué et montré à un garde-chiourme qui a une extinction de voix et qu'on a choisi de préférence. Ce garde s'embarque avec les deux condamnés, persuadé qu'il obéit aux ordres supérieurs. Les deux fugitifs suspendent un moment leurs préparatifs pour adresser au commissaire du bagne une lettre ironique dans laquelle ils le remercient de l'hospitalité paternelle qu'il leur a accordée, et ils promettent de tenir bientôt correspondance avec lui, en langue italienne qu'ils vont aller apprendre, disent-ils, à Milan. Les évadés avaient compté sans le vent du Sud ; celui-ci se leva et souffla avec violence. Les forçats qui venaient de faire confidence à leur garde muet du projet de gagner le cap Cépet, ne purent tenir la mer ; malgré tous leurs efforts, ils furent jetés à la côte, ramenés au

---

(1) M. Alhoy.

bagne, et le commissaire revit les évadés au moment même où il recevait leur lettre d'adieu (1).

Parmi les actes de révolte qui se produisirent au bagne de Toulon, trois d'entre eux méritent d'être rapportés à cause de leur gravité exceptionnelle.

Une dépêche ministérielle venait d'ordonner une translation à Brest de deux cent dix condamnés. Ces hommes, que chaque expérience pénale jetait du Midi au Nord, d'un climat brûlant à un pays brumeux ; qui souvent étaient dirigés d'un bout de la France à l'autre sans qu'il y eût utilité réelle, regardaient presque toujours le transfèrement comme une addition de supplice ; et l'ordre qui arriva causa un soulèvement général. C'était le soir, en rentrant des travaux que l'ordre du départ pour le lendemain avait été communiqué. Un murmure sourd, auquel succéda un silence menaçant, accueillit cette communication. A peine le coup de sifflet, signal du repos, s'est-il fait entendre que les condamnés s'étendent sur leur tollard. Des mots d'ordre s'échangent et circulent dans la salle. Un forçat, plus impatient que les autres, se dresse sur son banc et invite ses camades à la résistance. Les gardes-chiourme accourent et escaladent le banc de l'orateur ; une lutte s'engage, le forçat est emporté et jeté dans un cachot. Un bonnet vert se dresse à son tour ; c'est le forçat Bourgeois. Il reproche à ses compagnons leur lâcheté, car pas un n'a osé s'opposer à l'arrestation ; il se montre comme le drapeau de la révolte. Un coup de carabine, tiré à bout portant, l'étend mort. Le forçat Besson le remplace sur la brèche : mais à peine a-t-il poussé le premier cri de guerre qu'il n'est plus qu'un cadavre. Une double décharge fait ruisseler

---

(1) M. Alhoy.

le sang; les rebelles, intimidés, courbent la tête, et au point du jour l'embarquement s'effectue (1).

Quelques années auparavant, le Mourillon avait été le théâtre d'une prise d'armes encore plus sanglante. A l'heure où les forçats rentraient dans leurs salles pour prendre leur repas, les condamnés à vie occupés à la grande fatigue allaient se mettre au repos sous un hangar. Depuis plusieurs jours, un complot s'était tramé dans l'ombre : il s'agissait de tenter par la force une évasion qui devait rendre à la liberté un grand nombre de condamnés à perpétuité. Il avait été dit que le premier coup de couteau porté au sergent Grisolles serait le signal du soulèvement, et alors chaque escouade devait frapper l'argus qui la tenait en surveillance.

Le sergent Grisolles tombe inanimé. Un cri de révolte se fait entendre. Plusieurs gardes-chiourme menacés se réunissent, se rangent en petite colonne et ripostent par le feu. De tous côtés, les agents armés de la surveillance accourent. Les forçats travaillant à la fosse aux mâts veulent prendre part au mouvement; réunis sous un hangar, ils tentent la sortie. Les rondiers d'élite arrivent au pas de course sous la conduite d'un adjudant; les séditieux se jettent sur eux dans l'espoir de les envelopper; mais, de son mousqueton, le chef étend mort à ses pieds un des mutins. Les gardes, rangés en bataille, ne se laissent pas entamer et ripostent par de vives décharges. Les cadavres jonchent le sol; le forçat combat avec des pierres, avec des fragments de fer arrachés à sa chaîne, et celui qui ne peut faire une arme d'un outil de travail ou d'une pierre, se sert, comme la bête fauve, de ses dents. Si les révoltés désarment les gardes-chiourme, ils ont des chances d'avoir le dessus dans la lutte; on ne peut prévoir les graves conséquences de cet

(1) M. Alhoy.

événement. Mais les détonations ont été entendues ; le commissaire du bagne est arrivé avec une escorte ; elle eût été insuffisante, et l'administrateur allait peut-être succomber lui-même, quand il vit déboucher deux compagnies d'infanterie envoyées par le commandant du fort La Malgue, sous la conduite d'un lieutenant-colonel.

La sédition fut apaisée ; quarante blessés furent relevés et seize cadavres portés à l'amphithéâtre de l'hôpital de la marine (1).

Enfin, dans une autre circonstance, le même commissaire des chiourmes, ne dut la conservation de sa vie qu'à un hasard providentiel. Un coup de poignard qui lui était destiné fut reçu par un adjudant. Aux cris du mourant, un sous-adjudant accourt ; blessé mortellement à son tour, il tombe, et un troisième sous-officier qui survient reçoit quatre coups de couteau dans la poitrine. C'était au moment de la rentrée dans les salles après les travaux. Les gardes ne peuvent maîtriser l'émeute ; le forçat Lejoile la commande ; il a une influence considérable sur ses camarades. Les armes se chargent ; Lejoïle semble animé par la menace ; il se présente au devant des carabines. Une balle le frappe, mais elle rebondit sur son front qu'elle n'entame pas. Il jette, en riant, un lazzi à celui qui l'a ajusté, et faisant allusion à la vie civile qu'il a perdue, il crie : *On ne tue pas les morts.* Il essuie de nouveau plusieurs décharges sans être atteint ; enfin, poursuivi et acculé contre un mur, il est percé d'un coup de baïonnette ; il tombe, mais la vie lui reste encore.

Ce forçat se rétablit promptement. Traduit devant le tribunal maritime spécial, il fut condamné à mort. Il monta sur l'échafaud et mourut avec indifférence (2).

(1) M. Alhoy.
(2) —

Sous le bonnet vert s'est montré de temps à autre le forçat gentilhomme, et le plus souvent toutes les recherches furent inutiles pour lever le doute que laissaient son nom et l'origine qu'il se donnait.

Le condamné qui soutint avec le plus d'audace le vol d'un noble nom, vol qu'il sembla vouloir quelquefois racheter par des actes d'estime et de bravoure, ce fut Cognard, plus connu sous le nom de comte de Pontis de Sainte-Hélène. Cet homme semblait être né pour le commandement ; sa stature était haute et dans des proportions correctes, les traits de sa figure réguliers et effilés, et sa tête vraiment belle d'une régularité admirable. Son regard et sa bouche témoignaient de leur leur longue contrainte à jouer son rôle sur la grande scène du monde, rôle qu'il avait beaucoup médité et étudié. Son œil fixe, scrutateur, œil de lynx, s'il en fut jamais, était caché dans un cadre de paupières à vingt plis qui se déroulaient à mesure qu'il parlait.

L'orgueil perdit Cognard ; évadé du bagne, s'il n'eût pas voulu être comte, ou plutôt s'il ne s'était pas fait comte lui-même, en s'appropriant les véritables titres de la famille Pontis dont il fit disparaître tous les membres par un moyen resté toujours impénétrable ; si le forçat libre n'eût pas rêvé une illustration militaire, le bagne n'eût peut-être jamais repris sa proie.

Ce qui semble inexplicable dans les événements de l'existence de Cognard, c'est qu'après son évasion, il se réfugie en Espagne, qu'il y connaît la famille de Pontis de Saint-Hélène, qu'à la mort du dernier membre de cette famille, il se fait l'héritier du nom et qu'il obtient facilement une sous-lieutenance dans les armées d'Espagne. Bientôt il est fait chef d'escadron et prend une part active à l'assaut de Montévidéo, où il gagne le grade de lieutenant-colonel. Plus tard, il forme une légion étrangère et va prendre parti dans les luttes politiques de la Péninsule. Il affiche une rigide probité en matière de comptabilité, et à propos d'un détournement d'effets militaires, il signale à l'autorité supérieure deux officiers coupables. Ceux-ci se liguent contre leur dénonciateur, l'enveloppent dans sa propre accusation, et le général Wimpffen fait retomber le blâme sur le chef du corps qu'il menace de mettre en état d'arrestation.

Cognard, hors de lui, met le général au défi de donner suite à cette parole. La force armée vient en aide à Wimpffen ; Cognard lutte longtemps, mais enfin il cède au nombre. Incarcéré, il s'évade ; repris, il tente une nouvelle fuite qui réussit encore. Mais saisi pour la seconde fois, il est transféré à Palma, où sont les prisonniers français. Cognard fait un roman pour expliquer sa position dans les rangs espagnols, et il révèle son audace près de ses compagnons de captivité par un trait dont le dénouement doit être pour tous la mort ou la liberté. Un brick espagnol est mouillé dans la baie ; il faut s'en rendre maître. Cognard dirige le coup, il prend pour lui la part la plus périlleuse de l'action, et bientôt le navire, monté par les prisonniers, fait voile pour Alger. Là, on vend le bâtiment et les fugitifs se dirigent vers Malaga, ville occupée par les Français.

Le comte Pontis est nommé chef d'escadron dans l'état-major du duc de Dalmatie. Quand l'armée française opère sa retraite, il rentre avec elle en France ; il est fait chef de bataillon du 100e de ligne.

Au siège de Toulouse, Pontis, à la tête d'une colonne volante, prit une batterie importante ; à Waterloo, il paya héroïquement de sa personne. La destinée lui refusa une place dans ce grand et glorieux sépulcre ; c'eût été une fin heureuse. La terre sainte du champ de bataille eût purifié la souillure primitive du forçat. Cognard l'arrosa seulement de son sang ; il fut atteint de plusieurs blessures.

En 1815, le duc de Berri fit Pontis chevalier de Saint-Louis, et le nomma chef de bataillon dans la légion de la Seine, dont il devint, six mois après, lieutenant-colonel. Le prince ayant demandé au forçat-colonel s'il était de la famille de Sainte-Hélène, on dit que Cognard répondit avec autant de grâce qu'un marquis de la régence : « Pardieu, oui, mon prince, je suis noble et de la vieille roche encore. »

C'était jouer gros jeu, de se poser en tête d'un corps militaire et de passer, chaque jour, brillant par l'uniforme et les décorations, à travers cette population parisienne, qui, au premier roulement des tambours, sort du logis et déborde en flots roulants sur les boulevards et les places publiques, entraînant dans son flux les membres de cette grande famille de libérés, de filous réfractaires et de reclusionnaires nomades.

Un jour que le lieutenant-colonel assistait, comme chef de corps, à une dégradation militaire, au pied de la colonne Vendôme, un forçat libéré ou évadé crut reconnaître en la personne de l'officier supérieur un ancien compagnon de chaîne du bagne, et sa pensée spéculatrice fut de le faire rançonner. Mais soit que le lieutenant-colonel s'exécutât de mauvaise grâce, soit qu'il niât l'identité de sa personne avec le nom que l'autre lui donnait, il fut dénoncé.

Le général Despinois mande Pontis, et le salut du nom de gibier de potence. Pontis met l'épée à la main ; mais saisi par quatre gendarmes, il va être transféré à l'Abbaye. Il obtient de l'officier la permission de changer de linge, rentre chez lui, saisit deux pistolets, menace ses gardes, s'élance dehors et disparaît.

Repris six mois après, le comte Pontis de Sainte-Hélène, chevalier de Saint-Louis et de la Légion d'honneur, fut convaincu de faux, soupçonné de meurtre, reconnu forçat évadé et jeté pour la vie dans le bagne (1).

Un condamné, non moins célèbre dans les annales du bagne de Toulon, fut Petit, surnommé l'*idéal* du forçat. Il parlait plusieurs langues étrangères. Il était d'un naturel extrêmement doux, mais d'une imagination

---

(1) M. Alhoy.

ardente et féconde qu'il n'utilisait que pour comploter des vols qui, selon son expression même, fûssent suffisants pour pouvoir l'élever au rang d'honnête homme.

Sept arrêts l'avaient condamné à des peines afflictives et infamantes. Il s'était plusieurs fois évadé, et sans la manie funeste dont il était atteint, il eût toujours échappé aux recherches dirigées contre lui.

C'est Petit qui, exposé au carcan à Paris, annonçait et le jour où il arriverait au bagne de Toulon et le jour où il s'évaderait ; et au jour dit, il partait pour le Piémont, travesti en matelot.

Sa dernière évasion prouve à la fois toutes les ressources de son esprit, les qualités de son cœur et le vice qui le dominait.

Un soir, il se dérobe à la surveillance qui l'entoure ; tout le personnel des gardes-chiourme est en émoi. Tandis qu'on le cherche, Petit grimpe sur un tas de cabestans empilés contre le mur du bureau des armements, suivi de son compagnon de chaîne. Après avoir brisé les fers dont ils sont chargés, les deux forçats montent, au moyen d'une planche, sur le toit du bureau, arrivent à une lucarne, en détachent une vitre, font sauter l'arc-boutant et pénètrent dans une salle ; ils allument une bougie, ouvrent, à l'aide de fausses clefs, le coffre où sont déposés les effets des marins décédés et s'affublent d'un costume. De là, ils entrent dans le cabinet du commissaire où Petit remplit deux feuilles de route de marins congédiés. Ils éteignent la lumière et se tapissent derrière la porte d'entrée, attendant que le gardien, chargé de l'ouverture du bureau, vienne, le matin, leur donner la liberté.

A Gap, on conduisit, un jour, un vagabond devant les magistrats ; cet homme s'exprimait en anglais et ne comprenait pas un mot de français. On fit venir un interprète, et l'on sut que c'était un matelot anglais qui traversait une partie de la France à pied pour aller rejoindre son navire à Libourne. On le relâcha. C'était Petit !

Mais c'est surtout lorsqu'il était arrêté et jeté en prison que Petit déployait toute son adresse d'esprit ou de corps.

Enfermé à l'étroit dans un cachot apparemment trop solide pour qu'il pût espérer de s'en évader, il obtint d'être conduit devant le juge d'instruction, sous le prétexte d'avoir à faire une révélation importante. Effectivement, il rapporta les conversations vraies ou fausses de deux prévenus enfermés avec lui dans le même cachot, et qui causaient entre eux un argot qu'il connaissait. « Mais, ajouta-t-il, ces gens se sont aperçus que je les écoutais. Ils sont furieux et ma vie n'est pas en sûreté auprès d'eux ; ainsi, monsieur le juge, service pour service, je vous prie de me faire mettre dans un autre cachot ». Sa demande fut accueillie ; deux jours après, il était parti.

Appréhendé à Lyon, il est, après enquête, reconnu Ecossais et élargi sur le champ. A Abbeville, il est arrêté cette fois comme forçat évadé. Là, il prévient le maire de cette ville qu'il quittera sa prison, le lendemain, parce qu'elle ne lui semble pas une habitation confortable. L'autorité s'amuse de cette bravade et ne s'en inquiète pas. Cependant les verrous s'ouvrirent ainsi que Petit l'avait prédit. Le prisonnier gagne une chambre où le geôlier plaçait du linge, empaquette les chaînes qu'il porte aux jambes, escalade plusieurs murs élévés, tombe dans un jardin, franchit sa clôture, et quoique forcé de sauter et de marcher à pieds joints, il sort de la ville. Le lendemain, il se débarrasse de ses fers, vient les vendre en plein marché et quitte Abbeville après avoir volé 27.000 francs au receveur des finances.

Un jour, il déjeunait dans un cabaret, près de l'hôtesse, quand des agents du fisc, accompagnés d'un huissier, se présentèrent dans la maison et firent vendre le mobilier jusqu'à concurrence de 150 francs qu'elle devait au Trésor. Petit suit le receveur, entre chez lui pour changer une pièce de monnaie, examine d'un coup d'œil le lieu du dépôt et se retire. Il retourne pendant la nuit, pénètre dans le bureau, enlève les 150 francs plus un sac de 500 francs, et porte le tout à la malheureuse hôtesse. Il part comblé de bénédictions.

Arrêté et mis au cachot à Saint-Omer, les fers aux pieds et aux mains, on le fait quitter son cabanon deux fois par jour pour prendre l'air. Dans ces sorties, il se procure un bout de fil de fer dont il se fait un crochet ; toutes les nuits, il démaçonne les dormants d'une croisée, les mastique à l'aide de pain mâché et dans la journée, il cache son travail avec du plâtre gratté le long du mur et des toiles d'araignée. La veille du jour fixé pour son évasion, il feint un violent mal de dents et obtient du concierge quelques grains de genièvre pour calmer sa douleur ; il confectionne des boulettes de mie de pain dans lesquelles il introduit ces grains et les jette au chien du geôlier qui fait une garde active. L'animal enivré ne tarde pas à s'endormir. Petit sort par la croisée, escalade le mur de la prison, quitte la ville, et à une lieue trouve le camp des Anglais : « Réfugié dans ce bivouac, dit Petit dans un mémoire, j'y restai sept à huit jours, servant d'interprète. Le camp était fréquenté par des femmes publiques de Saint-Omer ; une d'entre elles me reconnut et alla me dénoncer à la gendarmerie. Les gendarmes demandèrent un ordre à M. le procureur du roi pour m'arrêter ; l'ayant obtenue, ils vinrent en assez grand nombre au camp. Les Anglais, surpris de voir tant de gendarmes, et ne sachant à quoi attribuer cette visite, me demandèrent si j'en connaissais le motif. Sur la réponse que je leur fis qu'ils venaient pour enlever les femmes qui se trouvaient là, les soldats, que cette mesure contrariait, se soulevèrent contre la gendarmerie ; le maréchal des logis s'approcha alors d'eux et s'efforça de leur faire comprendre qu'il cherchait un voleur. Les Anglais me demandèrent ce que le maréchal des logis voulait leur dire. Je leur répondis qu'il disait que les

Anglais étaient tous des voleurs. Les Anglais fondirent alors sur les gendarmes, qui furent obligés de prendre la fuite. »

Petit partit le soir même pour Amiens, et quatre ou cinq jours après, soupçonné d'un délit, il fut mis en état d'arrestation. En attendant l'interrogatoire, il fut mis dans une espèce d'antichambre. Près de là était le vestiaire des avocats. L'accusé voyait les membres du barreau déposer leurs costumes avant de quitter le tribunal. Au moment où son propre avocat venait de se déshabiller après avoir conféré avec lui, Petit profita de la circonstance pour se glisser dans le vestiaire, prit la dépouille de son défenseur et passa devant les gendarmes qui le saluèrent, En ville, Petit vendit la robe trois francs et donna le bonnet par dessus le marché.

Petit trouva que c'était trop peu faire pour son avocat que de lui prendre sa robe : une autre fois, il lui prit son nom. Voici comment M. Appert raconte ce fait: « Trouvé par un garde-champêtre et sommé par lui de le suivre chez le maire d'un bourg voisin, il obéit (car il ne résistait jamais ; il était sur ce point d'une docilité parfaite). Arrivé devant l'officier municipal, il ne put exhiber les papiers qu'il n'avait pas. Que faire ? « Monsieur le Maire, dit-il, connaissez-vous M. M...., avocat ? — Oui, mais de réputation seulement. — Eh bien ! monsieur le Maire, c'est moi. Je vais à la cour d'assises de Saint-Omer défendre des malheureux à qui mon absence pourrait être funeste ; et si vous me retenez, j'en laisse peser sur vous toute la responsabilité. J'allais à pied, botanisant, quand un garde-champêtre est venu me dire de le suivre. » Excuses de la part du maire, qui rendit la liberté au prisonnier. Petit avait faim, c'était à l'heure du dîner ; il rappelle au maire que sa femme tenait aux M.... par son aïeul, et établit de lui à elle une parenté au dixième degré. Nous sommes cousins ! s'écrie-t-il. Là-dessus on se reconnaît, on s'embrasse, on l'invite à dîner, il accepte, mange bien et s'en va. »

La vie criminelle du forçat Petit n'eût pas été complète sans une condamnation à perpétuité ; les récidives la lui valurent. La force du brigand fléchit sous l'arrêt ; dès que l'horizon de la liberté lui échappa, quand il se trouva placé dans la catégorie de ces hommes qui ne devaient plus revoir le monde, quand il rencontra partout et à toute heure une surveillance plus ingénieuse que son imagination, il douta de lui-même ; ses facultés se ressentirent de cette méfiance, le dégoût du combat le saisit, il renonça à la lutte, et, sans se résigner, il se soumit.

Petit devint alors un condamné vulgaire ; il vécut quelque temps confondu au milieu du grand troupeau. Cependant, un jour, l'humiliation du joug lui fit sentir son aiguillon ; il se réveilla de sa léthargie, non plus pour prétendre à cette vie aventureuse qui avait été pour lui si bien remplie, mais pour satisfaire un nouvel instinct qui s'élevait en lui : le désir de la mort qui souvent est plus qu'un besoin et devient une ardente passion. Ce forçat, dans le but de payer de sa tête le sang qu'il allait verser, frappa à deux reprises d'une branche de ciseaux un adjudant qui rentrait dans une des salles pour faire une inspection.

Petit fut condamné à mort. Quand le greffier vint lui signifier l'arrêt, « Ne vous donnez pas la peine de me lire cela, dit-il, je sais que c'est fini pour moi, je l'ai mérité. J'ai vu exécuter mon compagnon de chaîne accusé d'assassinat ; c'est moi qui étais coupable, c'est lui qui a reçu la mort. J'ai laissé faire, ce jour-là je n'avais pas envie de mourir ; aujourd'hui, c'est différent, je suis fatigué de l'existence et je veux en finir. »

Le lendemain le condamné montait sur l'échafaud et adressait ces paroles à ses camarades : « Adieu, mes amis, je meurs content de vous avoir servis. Je n'aurais jamais été assassin pour une autre cause. Dieu me pardonnera. »

Transporté subitement de son banc dans le premier salon de la capitale, Petit eût été remarqué par ses manières distinguées, son esprit fin et délicat et sa figure gracieuse. Il était affectueux avec ses égaux, respectueux pour ses chefs et très exact dans ses devoirs. Cependant, avec sa constitution de femme, sa voix flûtée, et sa main de sultane, Petit était un monstre qui a eu des moments de grandeur et de véritable générosité. M. Raynaud, commissaire du bagne de Toulon, considérait la personne de Petit comme la plus gracieuse enveloppe que la nature ait pu donner au crime incarné. Nul forçat des temps passés et présents n'a eu autant de ressources que Petit pour plaire, endormir ses gardiens et s'évader. Il semblait s'être créé lui-même grand maître d'une nouvelle chevalerie errante. Plus d'une fois, on le vit rêveur auprès d'un mur élevé d'une prison ou en parcourir tous les abords, comme un homme de guerre qui cherche à se rendre compte des forces d'une citadelle. Le but de sa pensée ou de sa promenade était la délivrance de quelque prisonnier ou même l'enlèvement complet d'une bande retenue sous les verrous. Il arrivait encore que Petit, dans ses excursions solitaires, se plaçât sur le passage des convois de condamnés, et que, sans avoir eu aucune relation antérieure avec ces hommes, il cherchât à ses risques et périls à leur rendre la liberté, par une ruse qui souvent eut du succès. En fait de ressources et d'expédients, Petit était surhumain (1).

A l'époque de la Restauration, le bagne de Toulon sembla jouir du privilège de posséder les condamnés politiques. Parmi ceux-ci il convient de citer Gravier.

Gravier, capitaine quartier-maître de la garde impériale, condamné à la peine de mort dans l'affaire dite des *pétards*, qui avait eu pour but de provoquer, par une

(1) M. Alhoy.

forte impression de peur, l'avortement de la duchesse de Berry, vit sa peine commuée en celle des travaux forcés à perpétuité. Cet officier fut, en cette circonstance, le jouet d'un homme de police, M. Leydet ; en plaçant des pièces d'artifice sous une arcade du Carrousel, il avait obéi à l'esprit de fanfaronnade et non à une pensée criminelle. Leydet fit profit de cette affaire dans laquelle il avait engagé le capitaine, et il exploita la dénonciation au profit de son avancement ou de sa fortune.

Gravier ne fut jamais grâcié, malgré sa conduite exemplaire depuis son entrée au bagne. Il mourut en 1828, des suites d'une chûte qu'il fit en s'exerçant au saut gymnastique (1).

C'est dans le bagne de Toulon qu'étaient détenus autrefois les militaires condamnés aux fers par les Conseils de guerre (2). Ces malheureux, à qui un acte d'insubordination avait fait encourir une peine non réputée infamante par le Code militaire, et qui pouvaient, d'un moment à l'autre, être rappelés sous les drapeaux, n'en étaient pas moins cependant traités comme de vulgaires forçats. Non seulement on ne les isolait pas des autres condamnés de droit commun, mais encore on n'hésitait pas à les accoupler avec les plus dangereux malfaiteurs. Et le bagne, au lieu d'être pour ces soldats un simple lieu disciplinaire, se changeait bien souvent pour eux en une école du vice et du crime.

---

(1) M. Alhoy.

(2) Sous le Premier Empire, 500 prisonniers prussiens du corps commandé par le fameux général Schiller partagèrent les fers de l'infamie. 1814 les rendit à la liberté.

Transfèrement d'un Bagne dans un autre
Libération. — Grâce. — Décès.

Les forçats pouvaient être transférés d'un bagne dans un autre : c'était un moyen de séparer des condamnés dont on redoutait l'agglomération dans le même établissement. Ce déplacement, qui constituait presque toujours une mesure de précaution, ne pouvait être effectué qu'en vertu d'un arrêté du ministre. Quelquefois, la faveur seule provoquait ce changement.

Le forçat, qui n'avait plus à subir que vingt-quatre heures de captivité, était conduit au bureau du commissaire du bagne. Après lui avoir donné lecture des articles du Code pénal relatifs à l'interdiction de séjour et à la surveillance de la haute police, on lui demandait d'indiquer le lieu de résidence qu'il avait choisi. A partir de ce moment, le forçat était admis à laisser croître ses cheveux et sa barbe.

Le jour de sa libération, il était amené de nouveau devant le commissaire des chiourmes ; on rectifiait son signalement primitif et on lui délivrait un costume de couleur foncée et on lui délivrait un congé dit de forçat.

Lorsqu'un condamné était mis en liberté par suite d'une grâce, son départ donnait lieu à une cérémonie imposante. Tous les forçats étaient rangés en bataille devant le bagne, les bonnets verts en tête, les éprouvés au centre et les autres catégories à gauche ; les rondiers se plaçaient sur les côtés. Le personnel de la chiourme se trouvait réparti au milieu de ce troupeau humain.

Le gracié s'avançait, porteur de sa chaîne, et revêtu du costume de forçat ; il était accompagné d'un rondier

et d'un chaloupier munis d'outils nécessaires au déferrement. Un second chaloupier tenait le vêtement qui devait
remplacer la livrée du bagne. Bientôt apparaissaient le
commissaire et l'aumônier. Après un coup de sifflet
donné par le premier adjudant afin de commander le
silence, le commissaire donnait lecture des lettres de
grâce et prononçait une petite allocution. Puis cet officier ordonnait au chaloupier de procéder au déferrement.
Le gracié venait se placer près du commissaire, et les
forçats, deux à deux et le bonnet bas, défilaient devant
celui qui allait les quitter.

En 1844, un forçat, du nom de Picco, s'évada le
jour même où on l'informa qu'il était l'objet d'une grâce.
Ce condamné, Piémontais d'origine, avait encouru dans
son pays une condamnation à mort. Sachant qu'après sa
mise en liberté il serait renvoyé dans sa patrie et qu'il
aurait à répondre de son crime, il avait préféré la chance
de passer inaperçu en France ; de plus, il avait la certitude, que, dans le cas où il serait repris, il obtiendrait
une prolongation de séjour de trois années au bagne,
peine bien minime par rapport à celle qui l'attendait au
Piémont.

Les condamnés septuagénaires étaient dirigés sur les
maisons centrales. Ce dernier asile, que la loi leur accordait, était plus redouté que désiré par eux. On vit, en
effet, plus d'un forçat habitué à la vie du bagne, ne s'éloigner de ce lieu qu'avec une poignante tristesse et ne pas
survivre longtemps à cette séparation.

Le corps du forçat décédé était enterré dans la fosse
du cimetière réservée aux criminels, à moins qu'il n'allât
servir de sujet d'études dans la salle d'anatomie de l'hô-

pital de la marine ou qu'il ne fût transformé en sque-
lette et exposé comme ornement. Par un sentiment dicté
par la sagesse, le législateur avait décidé, pour ne pas
déshonorer toute une famille, que l'acte de décès du
forçat ne ferait pas mention de sa position et qu'il serait
déclaré simplement mort à l'hôpital de la marine.

Les bagnes furent supprimés en principe par le
décret du 25 mars 1852 et par la loi de 1854, qui,
à la peine des travaux forcés dans ces établissements,
substituèrent la transportation dans les colonies de la
Guyanne et de la Nouvelle-Calédonie. Les bagnes de
Rochefort et de Brest furent évacués les premiers (1);
celui de Toulon, qui depuis longtemps ne servait plus
que de lieu de dépôt pour les forçats avant leur transfèrement, ne fut fermé qu'en 1873.

Qu'il nous soit permis, en terminant ce lugubre historique, de faire connaître les sentiments qu'a éveillés en
nous l'étude de l'ancien bagne de Toulon. La première
impression que nous avons éprouvée, en jetant un regard
en arrière sur ce lieu d'esclavage, a été le dégoût et
l'horreur nés du spectacle de tous les échantillons de
perversité, d'immoralité et de souillure qu'il a renfermés:
Mais bientôt une pensée inquiète à envahi notre
esprit, un doute a germé et une douloureuse tristesse à
pesé sur notre cœur. Nous nous sommes pris à songer
que la Loi, toujours prompte à frapper et toujours hési-
tante à reconnaître ses erreurs, avait peut-être marqué
du fer de l'infamie quelques innocents qui, malgré leurs

(1) Un des premiers actes du Gouvernement de Juillet fut de
fermer le bagne de Lorient (1830).

protestations, ne purent jamais obtenir justice. D'autre part, en présence de toutes les rigueurs du bagne, nous nous sommes demandés s'il y eut toujours égalité dans la faute et le châtiment ; et si les juges eux-mêmes ne commirent pas quelquefois un grand crime en faisant enchaîner pour la vie des hommes qui n'étaient coupables que par excès de dévouement ou par nécessité, pour éviter à leur famille la faim ou le déshonneur.

Sans doute, le bagne a possédé de grands criminels ; mais il a eu aussi, comme l'a dit M. Alhoy, ses fous, ses malades, ses martyrs....., peut-être ses héros !

Pitié donc pour toutes ses misères.

Descente du Rhône par une « Chaîne de Forçats »

— Arrasso eila-davans ! — Sus la ribiero
Un long cop de siblet gisclè tout-d'uno
E, descendèn à la mudo, à la coucho,
l'aguè'no embarcacioun que rasclè contro
En gagnant de camin : uno grand fusto,
Aguènt d'un bout à l'autre uno cadeno
Que i'èron enresta, couble pèr couble,
Un bourdigau de touto traco d'ome.
— Arri, li bòni-voio ! anè ié dire
Un jouine ribeirié. — Chut ! sarnibiéune,
Que vous demandon pas se l'auro es bruno,
Faguè l'atroun Apian. Li miserable
An bèn proun de soun mau, sènso l'escorno....
E faguès pas semblant de li counèisse,
Que, marca sus l'espalo, cercon l'oumbro....
E que d'eisèmple en touti acò vous fugue !
Van à Touloun, ai ! las ! manja de favo....
E i'a de tout, aqui : de gènt de glèiso,
De sacamand, de noble, de noutàri,
Enjusquo d'innoucènt ! — Emé d'iue torge
Passèron li fourçat, tau que li trèvo
De la Barco à Caroun. Ansin lou mounde,
Ansin lou tressimàci de la vido,
Lou bèn, lou mau, lou chalun, la magagno,
Van en courrènt, van chauchiero-e-boutiero,
Entre lou jour e la niue, sus la lono
Dòu tempourau que se debano e fuso.

(Lou Pouèmo dou Rose, cant VIII).   F. MISTRAL.

— « Gare devant, là-bas ! » sur la rivière — Un long coup de sifflet
stridula tout à coup — Et, descendant taciturne, à la hâte, — Rasa
bord à bord, une embarcation — Qui prit le devant : une grande toue, —
Ayant d'un bout à l'autre une chaîne de fer — Où était attaché, couple
par couple, — Un ramassis de toute espèce d'hommes. — « Ohé !
bonnes-voglies ! » alla leur dire — Un jeune marinier. - « Silence,
maugrebleu ! — Vous demande-t-on si la bise est brune ? — Fit le
patron Apian. Les misérables — Ont bien assez de leur mal, sans
l'insulte... — Et n'ayez pas l'air de les reconnaître, — Car, marqués
sur l'épaule, ils cherchent l'ombre... — Et que d'exemple à vous tous
cela serve ! — Ils vont manger des fèves à Toulon, malheureux ! —
Il y a là de tout : des gens d'église, — Des chenapans, des nobles, des
notaires. — Voire des innocents ! » L'œil de travers, — Passèrent les
forçats, tels que les spectres — De la Barque à Charon. Ainsi le monde,
— Ainsi l'agitation, le trantran de la vie, — Le bien, le mal, le
plaisir, la douleur, — S'en vont courant, s'en vont confusément, —
Entre le jour et la nuit, sur le fleuve — Du temps houleux qui se
déroule et fuit.

(Le Poème du Rhône, chant VIII).   F. MISTRAL.

18

CHAPITRE V

Événements historiques

Depuis que l'arsenal de Toulon existe, de nombreuses escadres y ont été armées. Les premières réprimèrent l'orgueil des puissances barbaresques, et vengeant les anciens désastres de notre cité, portèrent plusieurs fois la flamme dans leurs villes et la destruction dans leurs flottes.

En 1622, de l'arsenal de Toulon partait une escadre de dix galères et de plusieurs vaisseaux ronds. Cette escadre passait le détroit et paraissait devant La Rochelle que Richelieu assiégeait par terre.

Au mois de juillet 1636, cinquante-neuf vaisseaux de différents tonnages se trouvèrent réunis sur notre rade. C'est la première concentration d'une grande escadre dans notre port qu'enregistre l'Histoire. Cette force navale, commandée par le duc d'Harcourt, portait quatre cents pièces de canons et était montée par six mille cinq cent cinquante hommes.

Quelques années plus tard, Toulon devenu le centre de tous les mouvements dans la Méditerranée, comptait vingt vaisseaux et quelques petits bâtiments. Cette escadre, sous la conduite du duc de Brézé, quittait, en 1643, les eaux de notre rade et allait battre les Espagnols devant Barcelone et à la hauteur de Carthagène de Murcie.

Le 23 avril 1646, une armée navale forte de vingt-quatre vaisseaux, douze brûlots et flûtes, vingt galères et soixante-dix tartanes et portant 10.000 hommes de troupes, sortait de notre port et s'emparait de Télamone et de Saint-Stefano dans les présides de Toscane.

En 1654, une flotte de quarante navires, parmi lesquels se trouvaient cinq vaisseaux, était armée à Toulon et transportait à Naples 7.000 hommes qui périrent presque tous dans la folle entreprise du duc de Guise, en faveur du pêcheur Masaniello.

L'année suivante, une nouvelle flotte, composée de six vaisseaux et six galères, sous le commandement du duc de Mercœur, prenait la mer, allait secourir Rosas, en Catalogne, et battait l'escadre espagnole devant Barcelone.

En 1662, deux escadres appareillaient de Toulon ; la première, sous les ordres du chevalier Paul, comprenait six vaisseaux dont un, le *Soleil*, était monté par Duquesne, et venait croiser sur les côtes de l'Algérie et de la Tunisie. La deuxième, composée de trois vaisseaux et commandée par le capitaine d'Alméras, franchissait le détroit pour opérer sur les côtes du Maroc.

Vers la fin de juin 1664, une flotte de quatorze vaisseaux, sous les ordres du duc de Beaufort, ayant à bord 6.000 hommes de troupes, quittait notre port pour se rendre devant Djidjelli, petite bourgade africaine, située au bord de mer. L'expédition aboutit à un immense désastre.

En 1667, Toulon se voyait élever au rang des premiers ports militaires, et son arsenal avait l'honneur de construire le premier vaisseau de 120 canons, le *Royal-Louis*. Ce vaisseau était magnifiquement orné et doré avec profusion à l'avant, à l'arrière, dans l'intérieur des chambres et sur les préceintes.

En 1672, les flottes de Vivonne et de Duquesne, parties de Toulon, s'emparaient des escadres anglaises et hollandaises.

C'est du port de Toulon qu'était sortie l'escadre, commandée par Duquesne, qui gagna, en 1676, sur l'illustre marin hollandais Ruyter, la bataille d'Agosta, près de Syracuse, où celui-ci fut mortellement blessé.

Un fait qui, à première vue, peut paraître matériellement impossible, se trouve relaté dans les archives de notre commune. Nous nous bornerons à le reproduire textuellement, laissant aux hommes de l'art le soin d'en discuter la véracité. « Au mois d'avril 1684, M. le marquis de Seignelay, secrétaire de l'État de la marine, arriva en cette ville pour faire la campagne de Gênes. On lui fit construire dans un jour un vaisseau nommé la *Frégate-Royale*, dont les pièces étaient travaillées et préparées. » (1).

A la même époque, le marquis de Seignelay surveillait, dans le port de Toulon, l'armement de l'escadre

_____

(1) Archives communales II. 6.

qui, sous les ordres de Duquesne, alla bombarder Alger et Gênes.

C'est dans l'arsenal de Toulon que furent armées la plupart des flottes qui, pendant quelques années, poursuivirent sur l'Océan celles de l'Angleterre. Et si, plus tard, cette puissance rivale acquit et conserva longtemps la suprématie sur mer, les revers que subit la marine française ne furent pas toujours sans quelques éclairs de gloire.

Au mois de mai 1693, le comte d'Estrées sortait de Toulon avec vingt-deux vaisseaux de ligne et trente galères pour assiéger Rosas par mer, tandis que le maréchal de Noailles devait l'attaquer par terre. Le 10 juin la place capitulait.

Cette même année, Tourville ramenait à Toulon vingt-quatre navires anglais et hollandais qu'il avait capturés. Son armée navale, forte de 87 vaisseaux de guerre, de 50 bâtiments inférieurs, et montée par 3.000 officiers et 7.000 matelots, séjourna quelque temps à Toulon. Jamais on n'avait encore vu sur notre rade une flotte aussi formidable. Son arrivée donna lieu, en ville, à de très grandes fêtes. On dressa pendant plusieurs jours, des tables dans toutes les rues, sous des tentes et des pavillons.

C'est du port de Toulon que partit, en 1704, la dernière flotte importante que la France organisa sous le règne de Louis XIV. Elle comptait 50 vaisseaux de ligne sous les ordres du comte de Toulouse, assisté du comte d'Estrées. Le 23 août, cette force navale découvrait devant Malaga l'escadre anglaise de l'amiral Rook, composée de 65 gros vaisseaux. Après 10 heures d'un combat acharné, les deux flottes ennemies, fort maltraitées l'une et l'autre, se séparèrent sans que la victoire se fût prononcée.

Lorsque, en 1707, le duc de Savoie vint bloquer Toulon avec une flotte de cent voiles, M. de Langeron, lieutenant-général des armées navales et commandant de la marine en ce port, réunit chez lui un conseil de guerre auquel assistaient l'intendant de la marine, les chefs d'escadre et tous les capitaines de vaisseau. Il fut décidé qu'on « enlèverait des magasins de l'arsenal les cordages, les mâts, les voiles et tout ce qu'on avait de meilleur ; qu'on embarquerait ces agrès sur des tartanes, ainsi que les canons en fonte aux armes du roi, et que le tout serait transporté à Arles pendant qu'on expédierait par la voie de terre, la comptabilité de la marine à Avignon. »

Quelques jours plus tard, M. de Roye recevait l'ordre de ramener à Marseille les sept galères qu'il commandait et qui se trouvaient en relâche à Toulon. Enfin, on coulait les vaisseaux qui étaient mouillés dans les darses, en leur faisant des ouvertures à fond de cale. « Ceux de 1er rang, dit le journal du siège, faisaient voir encore sur l'eau la batterie d'en haut, dans le temps que ceux de 2e et 3e rang étaient entièrement submergés. On coula quelques-uns de ces derniers et même de plus petits pour servir d'estacade aux deux vaisseaux le *Tonnant* et le *Saint-Philippe*, et c'était pour empêcher les brûlots de les aborder. On peut dire que ce qui fait la beauté de Toulon était alors ce qu'il y avait de plus difforme à voir : les vaisseaux étaient sans mâts, les uns couchés sur bâbord, les autres sur tribord, les uns enfoncés de l'avant, les autres de l'arrière. »

Toutes ces mesures avaient été prises autant pour éviter l'incendie des vaisseaux pendant le bombardement que pour empêcher les ennemis de les emmener si Toulon était pris. La place dut son salut plutôt aux armées qui accoururent pour la défendre et à l'ardeur de sa marine assiégée qu'à ses faibles et vieilles fortifications.

Le cardinal Fleury, afin de ne pas mécontenter l'Angleterre, avait complètement négligé notre marine.

A la mort de ce ministre, la France n'avait que 35 vaisseaux à opposer aux 110 de sa rivale. Dans les batailles
navales que la France eut à soutenir, le courage de nos
marins fut admirable, mais impuissant ; et l'Angleterre
ne dut ses succès qu'au nombre très supérieur de ses
navires.

La victoire qui se montrait depuis bien longtemps
infidèle à nos armes, sembla un instant, leur sourire de
nouveau.

Le 20 mai 1756, l'amiral de la Galissonnière, parti
de Toulon avec une flotte de 17 vaisseaux qui transportait à Minorque le corps expéditionnaire du duc de Richelieu, infligeait une défaite sanglante à l'amiral anglais
Byng.

En 1778, Toulon voyait s'embarquer d'Estaing et
Suffren qui, dans la guerre américaine, tinrent en échec
la puissance anglaise sur les mers.

Mais le cours des événements réservait à Toulon la
plus douloureuse des humiliations. Profitant des troubles
civils qui désolaient notre ville, l'étranger, sous prétexte
de la secourir, parvenait à se la faire livrer par un parti
factieux qu'avait entraîné le désespoir.

En 1793, l'amiral anglais Hood, commandant en chef
de la flotte britannique, se présentait devant Toulon, et
s'offrait, au nom de son gouvernement, comme le libé-
rateur de tous ses maux. Le peuple anglais, disait-il en
substance, ne peut être insensible aux horribles cala-
mités qui pèsent sur les Toulonnais et ne voit d'autre
remède que le rétablissement de la monarchie. Je viens
moi-même, avec les forces qui m'ont été confiées, arrêter
l'effusion du sang, concourir au retour de l'ordre, rendre
la paix à la France et la tranquillité à l'Europe. Ayez
confiance dans une nation franche et loyale ; je suis prêt
à voler à votre secours ; je vais vous aider à briser vos
fers et des jours prospères succèderont à quatre années

de misère et d'anarchie. Je m'engage, si vous me remettez les forts, si vous désarmez les vaisseaux et si vous mettez à ma disposition l'arsenal, à faire respecter les propriétés et les individus, et à restituer, après la paix, tout ce qui aura été livré.

C'est en vain que des hommes instruits et clair-voyants s'élevèrent contre de pareilles propositions. Les Anglais, faisaient-ils remarquer, vous offrent des secours ; mais leur politique ne vous est-elle pas connue depuis longtemps ? Ils veulent profiter de nos dissensions, détruire nos vaisseaux et notre arsenal, et nous abandonner ensuite. Gardons-nous de recevoir ces perfides auxiliaires.

L'acte infâme fut consommé le 27 août 1793. A la nouvelle de ce marché exécrable, la partie de la popu-lation qui n'était pas sectionnaire frémit d'indignation et de honte. Si un seul homme capable et énergique s'était montré à cette heure, jamais la flotte anglaise n'aurait doublé le cap Cépet. C'est en vain que le peuple resté pur et les marins toujours fidèles à la patrie cherchaient un chef parmi les officiers : ils ne trouvaient que des cœurs timides ou des traîtres. . . . .

Nous passerons sous silence, parce qu'ils sont trop connus, les événements qui se déroulèrent durant l'occu-pation étrangère, nous contentant d'en retenir deux qui se rapportent directement au sujet de notre ouvrage : nous voulons parler de la honte qui menaça la ville de Toulon de se voir donnée en hypothèque et de l'incendie des vaisseaux de la rade et de l'arsenal par les Anglais en signe d'adieu.

Dès le mois de septembre, les caisses publiques étaient vides, et on ne pouvait plus faire face aux dépenses urgentes nécessitées par les travaux de fortifications, l'achat des vivres et de munitions, la solde des fonction-naires, des marins, des soldats et des ouvriers. D'un autre côté, il n'était pas permis de compter sur le concours des Anglais qui voulaient profiter de l'insurrection, mais qui n'entendaient pas en payer les frais.

Le 24 de ce même mois, on imagina de tenter un emprunt d'un million de piastres à Gênes, en offrant pour hypothèques l'arsenal, les vaisseaux, la ville même et ses dépendances, le tout sous la garantie des amiraux anglais et espagnol. MM. Pernety, trésorier de la marine, et Laurent Caire, négociant, furent nommés *commissaires du peuple toulonnais et du roi* pour contracter un emprunt à Gênes, à Rome, à Livourne et partout où besoin serait (1). Les commissaires partirent pour l'Italie. Mais ils ne purent remplir leur mission, car les événements qui se précipitaient rendaient l'issue du siège fort douteuse et n'étaient pas de nature à disposer favorablement les prêteurs envers les Toulonnais.

Cette scandaleuse opération échoua piteusement, et une grande et nouvelle humiliation fut ainsi épargnée à à Toulon et à la France.

Avant de s'éloigner de Toulon, les troupes coalisées s'étaient partagé la besogne en vue de détruire tout ce qui ne pouvait être emporté. Tandis que les Espagnols devaient incendier les navires mouillés dans la vieille darse et dans la petite rade, les Anglais se chargeaient de mettre le feu à l'arsenal et aux vaisseaux qui se trouvaient à l'ancre dans la grande rade.

Chacun s'acquitta consciencieusement de sa mission criminelle. On commença d'abord par faire sauter les frégates l'*Iris* et le *Montréal* qui servaient de poudrières. L'explosion dit M. P. Cottin, fit trembler le sol jusqu'à La Ciotat. Puis on se dirigea vers les vaisseaux qui composaient la flotte française afin de les embraser. Neuf vaisseaux, trois frégates et un ponton de carène devin-

(1) Voir à la fin de l'ouvrage la note B qui reproduit la procuration donnée à MM. Pernety et Caire.

rent bientôt la proie des flammes (1). Il ne resta que
quatre vaisseaux, plusieurs frégates, quelques bâtiments
plus petits, et le vaisseau le *Sans-Culotte*, de 110 canons,
qui était encore sur les chantiers et qu'on essaya vaine-
ment de faire sauter.

Les Anglais emmenèrent 11 frégates ou gabares et
3 vaisseaux, dont le *Commerce-de-Marseille*, de 118 canons,
qui passait pour le plus beau vaisseau de l'Europe.

Le capitaine anglais Sidney Smith, resté légendaire
par sa haine contre les Français et que Bonaparte retrouva
quelques années plus tard à Saint-Jean-d'Acre, avait sollicité et obtenu la faveur d'être choisi pour brûler l'arsenal et une partie des vaisseaux. Voici en quels termes
cet officier, au sujet duquel Gilbert Elliot, écrivait la
phrase suivante : « *nous n'aurions pu trouver un meilleur
incendiaire* », rendit compte, dans son rapport, des
mesures qu'il avait prises pour assurer le succès de sa
tâche. « Conformément à vos ordres, je me suis rendu à
l'arsenal de Toulon ; j'ai fait les préparatifs pour incendier les vaisseaux et les approvisionnements français.
En raison du peu de forces que j'avais avec moi, et de
crainte que cela nous empêchât de remplir notre objet
principal, je n'ai pas cru devoir inquiéter les gens du

---

(1) « Nous avons sous les yeux un état des divers objets retirés
de la mer du 1er ventose an 2e au 1er germinal au 3e, c'est-à-dire dans
le laps d'une année complète, nous y voyons un total de 82 cables ou
grelins, de 86 ancres, de 478 canons de 24 et de 36, ce qui donne
l'artillerie de huit vaisseaux de 74 (le neuvième brûlé, le *Thémistocle*,
n'était pas armé), de 3 mortiers, 17 obusiers, 11 pierriers, 14.746
boulets ronds ou barrés de 24 et de 36 ; de quantité considérable de
pièces ouvrées en fer et en cuivre. De plus, on releva du fond de la
mer une frégate, deux navires marchands de 200 et de 300 tonneaux,
trois gabares, un ponton, un polacre, sept tartanes, une bombarde,
19 chalands, 38 chaloupes, 12 bateaux, 15 canots, 7 bateaux plats,
5 cure-môles, 2 chattes de 30 tonneaux et la carcasse du vaisseau le
Centaure, charbonnée jusqu'à dix pieds au-dessus de la quille. Les
carcasses des autres vaisseaux brûlés furent retirées plus tard. »
Henry, *Histoire de Toulon depuis 1789 jusqu'au Consulat.*

port. Des galériens, au nombre de six cents, nous regardaient avec des démonstrations qui indiquaient évidemment le projet de s'opposer à nous, ce qui nous mit dans la nécessité de pointer le canon de nos chaloupes sur leur bagne et sur tous les points où ils pouvaient nous assaillir. Nous les assurâmes qu'ils n'auraient rien à craindre s'ils restaient tranquilles. On n'entendit bientôt dans le bagne que le bruit des marteaux avec lesquels ceux qui étaient enchaînés brisaient leurs fers. Je crus ne devoir pas m'opposer aux moyens de fuite qu'ils se ménageaient pour l'instant où les flammes gagneraient jusqu'à eux.

« Dans cette situation, nous attendions avec anxiété le moment convenu avec sir Elliot pour commencer l'incendie. Le lieutenant Tupper fut chargé de brûler le magasin général et ceux qui renfermaient la poix, le goudron, le suif et l'huile; il y réussit parfaitement. Le magasin au chanvre se trouva enveloppé dans les mêmes flammes. Le temps, très calme, en arrêta d'abord les progrès; mais deux cent cinquante tonneaux de goudron répandus sur les bois de sapins propagèrent bientôt l'incendie avec une grande activité dans tout le quartier dont Tupper était chargé.

« L'atelier des mâtures fut en même temps livré aux flammes par Midleton, lieutenant du vaisseau *Britania*. Le lieutenant Pater bravait le feu avec une intrépidité étonnante pour compléter l'ouvrage dans les endroits où la flamme n'avait pas bien pris. Je fus obligé de lui ordonner de revenir; un moment plus tard, tout moyen de retraite lui était coupé. Sa situation était d'autant plus périlleuse, que le feu des Français avait redoublé aussitôt, et que les flammes, en nous éclairant, leur avaient indiqué ceux qu'ils avaient intérêt à combattre.

« Le lieutenant Broumonage, avec le détachement qu'il commandait, protégea notre retraite. Le feu de nos boulets était principalement dirigé vers les endroits d'où nous avions à craindre l'approche des Français. Au milieu du fracas des boulets et du plus terrible incendie, leurs chants républicains perçaient les airs jusqu'au moment où nous fûmes sur le point d'être abîmés, eux et nous, par l'explosion de plusieurs milliers de barils de poudre de la frégate l'*Iris*, qui se trouvait dans la rade intérieure, et à laquelle les Espagnols avaient imprudemment mis le feu au lieu de la couler, suivant l'ordre qu'ils en avaient reçu.

« J'avais commandé aux officiers espagnols d'incendier les vaisseaux qui se trouvaient dans le bassin de la ville.

« Les obstacles qu'ils rencontrèrent les firent renoncer à ce projet. J'en renouvelai la tentative lorsque nos opérations furent terminées, mais je fus repoussé.

« Nous nous disposions à brûler le *Thémistocle*, vaisseau de 74 qui était dans l'intérieur de la rade ; mais lorsque nous en approchâmes, les républicains français que nous avions enfermés sur ce vaisseau s'en étaient emparés, avec la ferme résolution de faire résistance. Dans ce moment, l'explosion d'un autre vaisseau chargé de poudre fut encore plus violente que celle de la frégate *Iris*, et nous courûmes le plus grand danger.

« J'avais fait mettre le feu à tous les bâtiments qui se trouvaient à ma portée, et toutes les matières combustibles que j'avais préparées étaient consumées lorsque je fis route vers la flotte. La précision avec laquelle le feu a été mis à mon signal, ses progrès et sa durée sont les plus fortes preuves que chaque officier et chaque soldat ont fait, dans cette occasion périlleuse, tous les efforts qu'on pouvait attendre d'eux. Je puis vous assurer que le feu a été mis à dix vaisseaux de ligne au moins. La perte d'un grand magasin, d'une quantité immense de poix, de goudron, de résine, de chanvre, de bois, de cordages et de poudre à canon rendra très difficile l'équipement du peu de vaisseaux qui restent. *Je suis très fâché d'avoir été forcé d'en épargner quelques-uns ;* mais j'espère que Votre Seigneurie sera contente de ce

que j'ai fait avec peu de moyens, dans un temps circonscrit et pressé par des forces bien supérieures aux
miennes. »

Tout aurait péri ainsi qu'il avait été résolu sans le courage et le dévouement des habitants, des soldats de l'artillerie de marine, des matelots restés dans la ville, des forçats et des prisonniers échappés du vaisseau le *Thémistocle* qui parvinrent à étouffer l'incendie dans l'arsenal (1).

C'est ainsi que les Anglais tenaient leurs promesses
de « rendre à la France, dès que la paix serait faite, le
port, tous les vaisseaux de la rade et les forts de Toulon,
avec les munitions de toutes espèces, conformément à
l'inventaire qui devait en être fait ».

En 1798, Toulon, qui avait reconquis déjà une partie
de sa puissance maritime, présidait à l'armement de la
flotte de l'amiral Brueys, qui portait en Egypte Bonaparte et son armée.

A Aboukir et à Trafalgar, Toulon voyait périr avec
douleur ses vaisseaux et ses enfants.

C'est de Toulon que partirent les expéditions de Morée,
en 1827 ; d'Algérie, en 1830 ; de Rome, en 1849 ; de Crimée, en 1854-1855 ; de Cochinchine, en 1858 ; d'Italie,
en 1859 ; de Chine, 1860 ; du Mexique, en 1862 ; de Tunisie, en 1881 ; du Tonkin, en 1884 ; du Dahomey, en 1892 ;
et enfin celle de Madagascar, en 1896.

En 1893, Toulon recevait la visite d'une escadre
russe, commandée par l'amiral Avellan. A l'arrivée de cette

---

(1) « Le tourbillon des flammes et de fumée qui sortait de l'arsenal, écrit Napoléon, ressemblait à l'éruption d'un volcan, et les
13 vaisseaux qui brûlaient dans la rade, à 13 magnifiques feux d'artifices. Le feu dessinait les mâts et la forme des vaisseaux ; il dura
plusieurs heures présentant un spectacle unique. »

force navale sur notre rade, un frisson patriotique secoua la France entière. Ce n'était point, en effet, une simple visite de politesse en réponse à celle de l'amiral Gervais à Cronstadt, à la tête de la division cuirassée du Nord, mais la consécration de l'union qui devait sceller, dans une fraternelle étreinte, deux nations unies indissolublement pour le maintien de la paix générale. Et dans la réception magnifique et retentissante faite par la ville de Toulon à ses hôtes, c'était la France, comme l'a dit M. A. Mézières, qui, du plus profond d'elle-même, envoyait à la Russie le meilleur de son âme.

Le 29 mai 1899, un souffle nouveau de patriotisme passait encore sur Toulon. La population toute entière saluait, acclamait un vaillant officier français et ses compagnons d'armes, « qui venaient, selon le mot de M. Lockroy, d'avoir le grand honneur de faire battre le cœur de la France. » La Ville était pavoisée comme aux plus grands jours de fête.

Le croiseur *le d'Assas*, ramenant la mission Congo-Nil, venait de mouiller sur notre rade.

Nous sommes heureux de profiter de cette occasion pour payer à notre illustre et vieil ami, le colonel Marchand, le tribut d'admiration que nous professons pour sa personne, et pour résumer ici sommairement la page glorieuse que son épopée a ajoutée au Livre d'Or de la France.

En 1895, Marchand, alors capitaine, soumettait au ministre des colonies un projet de mission du Congo au Nil, avec retour en France par l'Abyssinie. Le but de cette mission était de prendre sur le Haut-Nil, dans les anciens territoires du Soudan égyptien, devenus *res nullius* depuis le firman de la Sublime-Porte, une position telle que l'Angleterre qui occupait l'embouchure du Nil, fût forcée de provoquer elle-même la réunion de la Conférence européenne qui seule pouvait rendre l'Egypte à ses destinées, en obligeant les Anglais à l'évacuer, conformément à leurs engagements réitérés.

Ce projet fut accepté au mois de novembre de la même année.

Après six mois de préparatifs entravés par des changements ministériels, les départs s'effectuaient de de France par les paquebots de Marseille et de Bordeaux, en mars, avril, mai et juin 1896. Le lieu de concentration choisi sur la côte occidentale d'Afrique était Loango.

La mission se composait du capitaine Marchand, des capitaines Germain et Baratier, des lieutenants Mangin, Largeau, Simon (1) et Gouly (2), de l'enseigne de vaisseau Dye, du médecin de la marine Emily, de l'interprète militaire Landeroin, de l'adjudant de Prat, des sergents Dat, Bernard et Venail, de 150 tirailleurs soudanais et de 50 auxiliaires congolais.

Le 10 juillet 1898, après deux années de luttes héroïques, de dangers et de privations, la petite colonne arrivait à Fachoda, sur les bords du Nil Blanc et y faisait flotter le drapeau français. Le but final était atteint, lorsque le 19 septembre, le général anglais Kitchener, qui avait quitté Omdourman le 10, avec cinq vapeurs, deux canonnières, deux bataillons soudanais, cent higlanders et des canons Maxim, se présentait devant Fachoda.

L'apparition des canonnières fut pour Marchand et ses compagnons la plus douloureuse des visions, bien qu'ils y eussent été préparés par un courrier du général. Kitchener informait Marchand que la présence d'une troupe française à Fachoda et dans la vallée du Nil devait être considérée comme une violation directe des droits de l'Egypte et du gouvernement anglais. L'officier français répondit qu'il avait reçu des ordres précis pour l'occu-

---

(1) Le lieutenant Simon fut remplacé ultérieurement par le lieutenant Fouque.

(2) Décédé à Bia, en Equatoria, en 1898.

pation du pays et l'érection du drapeau de la France à Fachoda, et qu'il ne pouvait, par conséquent, se retirer sans en avoir reçu l'ordre de son gouvernement.

Le 3 novembre l'Angleterre demandait, presque par un ultimatum, le rappel de Marchand, et le 11 du mois suivant, le gouvernement français enjoignait à Marchand d'évacuer Fachoda . . . .

. . . .

Nous laissons la parole à Marchand pour décrire toute la douloureuse tristesse qui débordait de son cœur de Français, en s'éloignant de cette terre qu'il venait d'atteindre au prix d'efforts surhumains. « Nous étions là une poignée d'hommes qui avaient fait ensemble un superbe rêve pour la France ; qui étaient prêts à faire encore pour l'honneur du drapeau ce que ni le climat, ni la marche, ni l'ennemi ne nous avaient empêché de faire, et...., tous ensemble, nous avons ressenti la même désillusion, nous avons vu la chûte de nos grands espoirs, au moment où ils atteignaient leur apogée . . . . . .

« Nous ne comprenions pas comment de telles choses pouvaient être possibles quand des soldats français étaient là, en groupe, liés par la plus solide affection et rendus forts par le même amour . . . .

« C'est alors que le cœur déchiré par le doute, nous ressentîmes la plus grande douleur. C'est là que nous apprîmes.... que la France ne pouvait plus faire, non pas à toute l'Europe, mais à une seule nation de l'Europe, la fière et invariable réponse que dix siècles de gloire, dix siècles d'honneur lui avait enseignée. » (1).....

Aux yeux de l'Univers, qui suivait avec passion les phases de ce drame sur le Haut-Nil, le vainqueur, dans

---

(1) Discours prononcé par Marchand, après son débarquement, à l'Hôtel de ville de Toulon.

cette lutte héroïque et inégale, fut le glorieux vaincu. Et l'Angleterre elle-même s'inclina avec respect devant le plus célèbre pionnier qu'ait eu à enregistrer l'histoire de l'exploration africaine, et qui avait porté, à travers la mystérieuse Afrique, l'âme civilisatrice et généreuse de la France.

Le 18 mai 1899, les membres de la mission Congo-Nil arrivaient à Djibouti, après avoir parcouru 17.800 kilomètres; onze jours plus tard, ils débarquaient à Toulon.

Enfin, le 8 avril 1901, une escadre italienne, commandée par le duc de Gênes, se présentait sur la rade de Toulon. Cette visite était la réponse à la visite courtoise qu'avait faite, au mois d'avril 1899, une escadre française à Cagliari, alors qu'un voyage y amenait le roi d'Italie, Humbert Ier. Le 10 avril, M. E. Loubet, président de la République Française, s'embarquait à Villefranche, sur le cuirassé le *Saint-Louis* et arrivait à Toulon, suivi de toute l'escadre française. De grandes fêtes furent données dans notre ville en l'honneur des marins italiens.

Cet acte de politesse diplomatique vint consacrer l'heureux rapprochement qui se produisait entre deux nations sœurs que des malentendus avaient trop longtemps éloignées.

Avant de déposer la plume, nous rappellerons une phrase célèbre de Napoléon Ier, au sujet du lac méditerranéen, où, selon son expression patriotique, « nul coup de canon ne doit être tiré sans notre permission ».

Notre vœu le plus cher et le plus ardent est que cette parole se réalise à jamais pour l'honneur et la gloire de notre belle France.

Note A

Liste des 73 notables arrêtés le 20 mai 1793 et enfermés au fort la Malgue (1).

AGUILLON, Louis, maréchal de camp ;

AGUILLON, Etienne-François, ancien capitaine de port ;

AGUILLON, César, fils du précédent, enseigne de vaisseau ;

AGUILLON, Alexandre, cy-devant fournisseur de l'arsenal ;

D'ANTRECHAUX, cy-devant noble :

BARTHOUIL DE COULOUMÉ, Jean-Baptiste, cy-devant contrôleur de la marine ;

BAUDŒUF, cy-devant procureur en la sénéchaussée, greffier de la cy-devant prévôté de la marine ;

BOURGES, Joseph, quincailler ;

DE BRUEYS D'AIGALLIERS, François-Paul, capitaine de vaisseau ;

BRUN-BOISSIÈRE, ancien trésorier de la marine ;

DE BURGUES, Claude-Laurent, cy-devant Missiessy, capitaine de vaisseau, ancien sénéchal d'épée ;

DE BURGUES, Thomas-Edouard, cy-devant Missiessy-Quiez, officier de marine ;

CABASSON, Pierre, régisseur de la maison Lazard ;

CAIRE, Laurent, négociant ;

CAUSSEMILLE, Jean-François-Joseph, prêtre ;

DE CHOLET, Joseph, cy-devant issu des princes-vicomtes de Cholet, colonel d'infanterie et maréchal de camp ;

CONTENCIN, Germain-Mathieu-Jean-Baptiste, directeur des douanes nationales ;

DE CONTYE, Charles, cy-devant, capitaine d'infanterie ;

DE CORRIOLIS, César, ancien capitaine de vaisseau, cy-devant marquis ;

DE CUERS, cy-devant père d'un émigré, capitaine de la garde nationale ;

DE CUERS-COGOLIN, Jacques-Philippe, capitaine de vaisseau ;

D'AMBLARD DE LANSMARTRE, officier de marine ;

DEIDIER DE PIERREFEU, cy-devant lieutenant de la connétablie ;

DEIDIER DE PIERREFEU, cy-devant capitaine de vaisseau ;

DEJEAN, François-Xavier, cy-devant prévôt de la marine ;

DELMAR, ancien commissaire aux armements ;

D'EVANT, François-Amant, cy-devant capitaine de la garde nationale ;

FILLOL-LACOMBE, boucher ;

DE FLAMENQ, Louis, ancien commissaire de la marine ;

FOUQUES, coutelier ;

DE GINESTE, Félix-Magdelon, cy-devant noble, ancien capitaine de vaisseau ;

DE GOYE, capitaine de vaisseau ;

(1) Archives du département du Var. Registre des trois corps administratifs de Toulon. 20 janvier 1793 — 17 juin 1793.

De Grasse-Limermont, Etienne-Marc-Antoine-Joseph, capitaine de vaisseau ;

De Grasset, Paul-Emmanuel, cy-devant garde de corps du tyran ;

De Grasset, Louis-Pierre-Joseph-Toulon, frère du précédent, abbé;

De Gravier, Pierre-Toussaint, capitaine de vaisseau ;

Guérin, Balthasard, cy-devant greffier en chef de la sénéchaussée ;

D'Imbert, capitaine de l'*Apollon* ;

Jourdan, cy-devant commissaire du roy ;

Leroy de la Grange, Jean-Louis, père, capitaine de vaisseau ;

Leroy de la Grange, Louis-Michel, fils, officier de marine ;

Lesperon, Balthasard dit le Long, commis du département ;

De Martinenq, Joseph-Hyacinthe, cy-devant aide-major de la place ;

De Martinenq, Joseph-Jules-François, cy-devant capitaine de vaisseau ;

Méry, cy-devant de la Canorgue ;

Milany, chirurgien-major des vaisseaux ;

Molinier, Bernard-Auguste, colonel de l'artillerie de la marine ;

De Mouriès, Charles-François, cy-devant chevalier de Malte et capitaine de vaisseau ;

Moutet, ancien négociant ;

Panon, Jean, amidonier ;

Pasquier, cadet, officier de marine ;

Pavin-Combaud, commis au bureau des armements ;

Perrier de Salvert. Louis-Alexis, ancien chef d'escadre ;

De Pézenas, capitaine de vaisseau ;

De Pontevès-Giens, Léon, capitaine de vaisseau ;

De la Porte, cy-devant comte, capitaine de vaisseau ;

De Possel, Jean-François, capitaine de vaisseau ;

Poulain, Pierre-Antoine, capitaine de vaisseau ;

De la Poype, cy-devant comte de Vertrieux, ex-constituant, ancien capitaine de vaisseau ;

Revertégat, chirurgien ;

Robineau de Villemont, Jules-François, cy-devant commissaire des guerres ;

De Ruyter, Joseph-Bruno, capitaine de vaisseau ;

De Saint-Julien, Jean-René-César, contre-amiral ;

De Saint-Vallier, Jean-Claude, capitaine de vaisseau ;

Simony de Broutière, Louis-Marie, capitaine de vaisseau ;

Terras de Rodillat, capitaine de vaisseau ;

Du Tillet, cy-devant Château-Redon, officier de marine ;

Vacon, négociant ;

Vaquier, Jean, directeur de la messagerie ;

De Venel, Louis-François-Fortuné, capitaine de vaisseau ;

De Venel-Troulet, capitaine de vaisseau ;

Vidal de Léry, Joseph-Marie, capitaine de port. (1)

---

(1) Un grand nombre de ces notables firent partie, plus tard, du Comité général des Sections.

Note B

*Procuration donnée par les autorités contre-révolu-
tionnaires de Toulon, pour contracter un emprunt d'un
million de piastres fortes, hypothéqué sur les domaines
nationaux, royaux, publics, tant de terre que de mer, de
la ville de Toulon et ses dépendances, ensemble l'arsenal
de Toulon, ainsi que les vaisseaux et tout ce qui en dépend.*

L'an 1793 et le premier de la régénération de la
monarchie française et du règne de Louis XVII, et le
24 septembre avant midi, par devant nous notaires
royaux à Toulon, recevant conjointement dans les mains
courantes respectives des sieurs Lesperon et Reboul, nos
confrères, et en présence des témoins, soussignés ont été
présents en personne (*les commissaires délégués par les
huit sections, les membres du Comité général des sections,
les membres de l'administration provisoire du département
du Var, les membres de l'administration provisoire du district de Toulon et les membres de la municipalité de Toulon,
soit 130 noms qui suivent*) et tous ensemble représentant la
ville de Toulon, lesquels, en cette qualité, en exécution
de l'arrêté pris par le Comité général des sections, le
12 du courant, adhéré par toutes les sections en confor-
mité d'icelui, et encore de la nomination faite par ledit
Comité général, le 16 dudit mois, également acquiescé
par toutes les sections, ont donné pouvoir à MM. Jac-
ques-Antoine-Louis Pernety, ancien payeur-général de
la marine, et Laurent Caire, négociant, tous les deux de
cette ville, commissaires nommés, de, pour et au nom
du peuple toulonnais, et pour le Roi, emprunter à Gênes,
Rome, Livourne et tous autres lieux où besoin sera, un million de piastres fortes, sous l'intérêt ou charge, et sous les
pactes, clauses et conditions les plus avantageux ; traiter à
cet effet tant pour le taux de l'intérêt que pour le terme du
paiement ; donner pour hypothèque de cet emprunt tous
les domaines nationaux, royaux et publics, tant de terre
que de mer, de la ville de Toulon et ses dépendances,
ensemble l'arsenal dudit Toulon, ainsi que les vaisseaux
et tout ce qui en dépend, sous la garantie de LL. EEx.
les amiraux anglais et espagnol ; passer tous actes
d'obligation par devant tous officiers publics, avec les
formalités de droit et d'usage dans les pays où l'emprunt
sera fait ; passer aussi tous actes d'assurances, et au
meilleur avantage possible, pour la sûreté du transport
du susdit million de piastres fortes, et généralement faire
tout ce qui pourra leur paraître le plus utile et le plus

convenable. Et de même suite ont été présents en personne LL. EEx. milord Samuel Hood, commandant
l'armée de S. M. Britannique, et don Juan de Langara,
commandant l'armée de S. M. Catholique, lesquels, pour
et au nom des rois d'Angleterre et d'Espagne, donnent
pouvoir auxdits sieurs Pernety et Caire, commissaires
nommés, de, pour et en leurs noms respectifs, garantir
le susdit emprunt d'un million de piastres fortes;
contracter à cet effet tous engagements, sauf le recours
de leurs souverains sur les hypothèques ci-dessus dési-
gnées, et sous la condition que les fonds empruntés
seront adressés et expédiés à LL. EEx. les amiraux
respectifs, pour plus grande sûreté, attendu les circonstances, lesquels fonds seront délivrés au fur et à mesure
des besoins, sur les reconnaissances qui en seront données par ville de Toulon; signer tous actes authentiques, remplir toutes les formalités de droit; le tout sous
promesse, de la part des constituants, de faire approuver,
ratifier et confirmer par la ville de Toulon tout ce qui
sera fait et géré par les dits sieurs commissaires, en
vertu des susdits pouvoirs, et de les relever et garantir
de toutes charges; requérant acte valable, nonobstant
surannation et jusqu'à expresse révocation.

Concédé, fait et publié dans la maison du sieur
Saqui, sise sur le port, dans laquelle le comité général
tient ses séances, et ensuite dans les bords respectifs de
chaque amiral, dans la rade de cette ville, où nous nous
sommes exprès portés, en présence des sieurs Antoine-
Balthazar Brun-Boissière, ancien trésorier des vivres de
la marine, et Guillaume Puel, commissaire au bureau
des subsistances, demeurant audit Toulon, témoins
requis et soussignés avec les constituants, à l'exception
desdits sieurs Penne et Astier, qui ont déclaré ne savoir
écrire, de ce enquis par les notaires, ayant tous approuvé
la rature de cinq mots, comme nuls.

Suivent 132 signatures.

Enregistré à Toulon, le 26 septembre 1793, le premier du règne de Louis, XVIIᵉ du nom. Reçu 20 sous
fixés, le droit à plein ayant été perçu sur la minute de
M. Lesperon.   *Signé :* LEBLANC. (1)

---

(1) La minute de cet acte est déposée dans l'étude de Mᵉ Gence,
notaire à Toulon, et une copie est conservée dans les archives de la
commune de Toulon.

TABLE DES MATIÈRES

TOULON

IMPRIMERIE ANDRÉ LIONS, ROUTE DE LA VALETTE, 148

1904

www.ingramcontent.com/pod-product-compliance
Lightning Source LLC
Chambersburg PA
CBHW070748270326
41927CB00010B/2107